川上郁雄
Kawakami, Ikuo

「移動する子どもたち」の
ことばの教育学

くろしお出版

序

「移動する子どもたち」の
ことばの教育を考える

　本書は「移動する子どもたち」のことばの教育と生き方をテーマにしている。

　はじめにタイトルにある「移動する子ども」について説明しておこう。「移動する子ども」とは私の造語で、①空間的に移動する子ども、②言語間を移動する子ども、③言語教育カテゴリー（第二言語教育、外国語教育、継承語教育、母語教育等）の間を移動する子どもという意味である。詳しくは第1章で述べるが、実体概念ではなく、分析概念として使用している。

　タイトルに込められたコンセプトは「移動」と「ことば」である。私はこの両者が21世紀に生きる子どもたちの最も重要なキーワードのひとつであると考えている。そのことを考えるきっかけは、20数年前にフィールドワークで出会ったベトナム難民の子どもたちであった。当時、博士課程の大学院生として、在日ベトナム難民の定住過程と生活世界をテーマに文化人類学の調査を行っていた私は、ベトナム難民として来日した親たちへインタビューをするために彼らの家をよく訪問していた。そこで彼らの子どもたちに出会った。日本語が多少わかる、その子どもたちにベトナム語で話しかけると、「そんな言葉（ベトナム語）は知らない」という答えが返ってくることがあった。さらに、親に向かって、「ベトナム語、ダサイ」

「ベトナム語、話さんといて」と言っている子どももいた。難民という国境を越えて移動する大人たちの陰で、「移動せざるを得ない」子どもたちが多数いるということ、社会の中でマイノリティに対するまなざしにさらされながら生きざるを得ない子どもたちがいるということ、そしてその現実の中で、生きていくための「移動」と生きていくための「ことば」と向き合っている子どもたちがいることを私は知った。

　それ以後、「移動」と「ことば」、それも複数の言語の中で生きる、あるいは生きざるを得ない子どもたちが頭から離れなくなった。私自身にも、留学と仕事のために子どもを連れて家族で国境を超えた経験がある。異なる言語の社会に暮らした、私の子どもたちの体験も、今なお私の中に残っている。つまり、難民問題に限らず、親たちの移住、ビジネス、留学、国際結婚、国際離婚などで、大人たちに随伴して移動を体験する子どもたちが、今、多数生まれてきていることを考えると、現代社会における「移動」と「ことば」の課題は極めて大きいと言わざるを得ない。このタイトルには、そのような思いが込められている。

　このような「移動する子ども」は現在、人の移動にともない世界中で急増していると考えられる。本書では、主に、日本において日本語を第二言語として学ぶJSL（Japanese as a Second Language）児童生徒を取り上げて、「移動する子ども」のことばの教育と自己形成をどのように捉え、どのような教育実践を行っていくべきかを追究しているが、その議論と探究は、日本国外で日本語を継承語として学んでいる子どもたちのことばの教育も視野に入れつつ、進めてきた。その理由は、これらの「移動する子どもたち」のことばの教育は、日本に限らず、また日本語に限らず、世界各地で大量の子どもたちが直面している教育的課題であり、グローバル・イシューであると思われるからである。したがって、本書が最終的に目指すのは、「移動する子どもたち」のための総合的な言語教育としての「移動する子ども」学の提唱にある。

　では、本書の内容について簡潔に述べてみよう。

　第Ⅰ部では、なぜ「ことばの力」の把握が大切かをテーマにしている。第1章の「「移動する子どもたち」のことばの教育とは何か」では、「移動」を視点に現代社会に生きる子どもたちを捉えることを提起し、分析概

念としての「移動する子ども」の導入を提案した。加えて、「移動する子ども」が大人になるとどのようになるのかを例示し、子どもを成長の軸とライフコースの中で捉えること、子どもたちの言語能力意識という主観的な世界を視野に入れたことばの教育を行うことが必要であることを主張した。

　第2章の「ことばの力の捉え方が言語教育のあり方を決定する」では、実践者が「ことばの力」をどのように考えるかが実践者の行う言語教育のあり方を決定するということを述べた。実際に、日本で第二言語として日本語を学ぶ子どもたちへの実践を例に、そこで見られる「ことばの力」の捉え方から指導の方法について議論を行った。

　第3章の「子どものことばの力を把握することの意味とは」では、日本語を学ぶ子どもたちの日本語の力を把握するためにこれまでどのような方法論が採られてきたかを検討したうえで、私が研究している「JSLバンドスケール」について、その理論的な背景と「ことばの力の捉え方」について考察した。それらを踏まえて、子どもたちの「ことばの力」の把握が実践に直結することを論じた。

　第II部では、「移動する子どもたち」のことばの学びをどうデザインするかをテーマに、①実践の捉え直し、②教材の捉え直し、③学校教育環境の捉え直しを検討する3本の論文を配置した。第4章の「「移動する子どもたち」とどう向き合い、実践を行うのか―主体性と動態性の年少者日本語教育学―」では、子どもがことばを主体的に学ぶことをテーマに、実践者が子どもとどのような関係性の中でことばの教育を行うべきかを、主体性と動態性を視点に論じた。

　第5章の「実践と「教材」はどう結びつくのか―「移動する子どもたち」への実践的教材論の試み―」では、子どもを対象にした実践で何が教材となるのかをテーマに、具体的な実践例をもとに考察した。大人を対象にした、これまでの教材研究論とは異なり、教育現場の実践と直結した教材とはどうあるべきかについて論じている。

　第6章の「学校教育環境を捉え直す―日本語教育コーディネーターの創設―」では、三重県鈴鹿市に導入された日本語教育コーディネーターについて論じた。これまでも地域や学校に導入された連絡調整役、ファシリテ

ーターについての論はあったが、鈴鹿市での日本語教育支援システムを支えた日本語教育コーディネーターが実際の学校現場でどのような働きかけを行ったかを検証することから、日本語教育コーディネーターの有効性と専門性を論じた。

つづく第Ⅲ部のテーマは、「移動する子どもたち」のアイデンティティと「ことばの力」である。「移動する子ども」の教育で重要なテーマである、子どもに必要な「ことばの力」とは何かというテーマ、ことばと子どものアイデンティティの関係をどう捉えたらよいのかというテーマ、そして、それらの課題に学校や地域や大学などの周りの大人たちがどのように関わっていくことができるのかというテーマについて、3本の論文で検討した。

第7章の「「移動する子どもたち」に必要な「ことばの力」を捉え直す」では、日本にいる日本人の子どもの日本語能力を目標とするのではなく、多様な背景を持つ子どもたちの個別性と普遍性を踏まえた「ことばの力」の捉え直しを提起した。そのうえで、他者との関係性の中で生まれる実感としての「ことばの力」を育てることを提起した。

第8章の「「移動する子どもたち」のアイデンティティの課題をどう捉えるか」では、日本の学校現場で行われている実践例をもとに、「移動する子どもたち」のアイデンティティの捉え方の課題を論じ、それを踏まえたことばの教育実践のあり方について論じた。

第9章の「「移動する子どもたち」への支援と連携とは何か」では、近年盛んに議論されている行政や政策の議論で抜け落ちる傾向のある、ことばの教育という視点から見た支援と連携のあり方を論じた。

終章の「「移動する子ども」学の創発へ向けて―日本語教育学的語りと文化人類学的語りの節合―」では、今後の「移動する子ども」の実践研究のあり方を問うている。まず、日本語教育全体に関わる「ことばと文化」の議論から実践のあり方と語り方について議論を行い、それを踏まえて「移動する子どもたち」へのことばの教育を行う実践研究のあり方を提起し、最後に総合的な言語教育として「移動する子ども」学を提唱した。

本書のメッセージは、子どもの「ことばの力」についての理解と探究が、「移動する子ども」のことばの教育の中心になるということである。

つまり、実践者が子どもの力をどう把握し、どのような「ことばの力」を育むことが当該の子どもにとって必要なのかを深く考えることが重要であることを主張する。実践者にそのような「ことばの力」への理解力と、その力を育成するための実践構想力がない限り、「移動する子ども」のことばの教育は成功しない。この点が本研究の基軸となる考え方である。

　この地点にたったとき、本研究の議論と知見が、学習者が子どもであれ、大人であれ、日本語教育のすべてに共通する視角を提供することになれば、望外の喜びである。

目　次

序　「移動する子どもたち」のことばの教育を考える …………i

第Ⅰ部　なぜ「ことばの力」の把握が大切か …………………1

第1章　「移動する子どもたち」のことばの教育とは何か………3
1．子どもの「移動」を視点に現代を見る ………………………3
2．分析概念としての「移動する子ども」 ………………………6
3．ケーススタディ―「移動する子ども」だった大人の語り― …9
4．複数言語能力意識と不安感 …………………………………18
5．複数言語能力意識と言語教育実践の構造 …………………21
6．「移動する子どもたち」のことばの教育学は何をめざすのか …27

第2章　ことばの力の捉え方が言語教育のあり方を決定する …29
1．言語教育におけることばの力と実践の関係 ………………29
2．ことばの力の捉え方と言語教育の関係 ……………………30
3．ことばの力の把握の方法と観点 ……………………………31
4．学校現場で見られることばの力 ……………………………33
5．JSLバンドスケールに見る「ことばの力の捉え方」………34
6．「移動する子どもたち」のことばの力 ………………………37
7．ことばの力を踏まえた日本語教育の観点
　　―「個別化」「文脈化」「統合化」― ………………………39
8．「複数視点によることばの力の把握」から新しい協働的実践へ …44

第3章　子どものことばの力を把握することの意味とは ………47
1．「移動する子ども」のことばの力を把握する前提 …………47

2．ことばの力を把握するための研究 …………………………48
　3．ことばの力を把握するための方法と観点
　　　—JSL バンドスケール— ……………………………………56
　4．JSL バンドスケールを支える「ことばの力の捉え方」………62
　5．子どものことばの力は実際にどのように見えるのか …………65
　6．改めて、子どものことばの力を把握する目的とは何か …………69

第Ⅱ部　「移動する子どもたち」のことばの学びを
　　　　　どうデザインするか……………………………………73

第4章　「移動する子どもたち」とどう向き合い、実践を行うのか
　　　　　—主体性と動態性の年少者日本語教育学— ………………75
　1．「移動する子どもたち」の窮状 ……………………………………75
　2．子どもの「主体性」をどう捉えるか ………………………76
　3．「子どもの学び」をどう捉えるか ………………………………77
　4．日本語を学ぶ子どもの「学び」をどう捉えるか ………………83
　5．「移動する子ども」の動態性 ………………………………91
　6．「移動する子ども」のことばの力 ……………………………95
　7．「移動する子どもたち」のことばの力の動態性 ………………97
　8．「移動する子どもたち」の言語教育実践のあり方を考える ……101

第5章　実践と「教材」はどう結びつくのか
　　　　　—「移動する子どもたち」への実践的教材論の試み— ……107
　1．子ども向け教材開発の問題性 ……………………………107
　2．実践と「教材」はどう結びつくのか ……………………109
　3．子どもを対象にした日本語教育の実践をする上で必要なことは何か
　　　—実践を分析する視点の構築— …………………………112
　4．実践例の分析 ………………………………………………117
　5．考察—実践の中で実践者はどのように「教材」を考えるのか—…122

6．年少者日本語教育における「実践的教材」とは何か …………125

第6章　学校教育環境を捉え直す
　　　　　―日本語教育コーディネーターの創設― ……………129

1．学校現場になぜ年少者「日本語教育コーディネーター」が
　必要か ………………………………………………………………129
2．日本語教育コーディネーターの役割 ………………………130
3．検証―日本語教育コーディネーターの役割とは何か― ………137
4．「教育支援システム」における
　日本語教育コーディネーターの意義 ……………………………145
5．実践研究としての「教育支援システム」 …………………147

第Ⅲ部　「移動する子どもたち」のアイデンティティと「ことばの力」 ……………151

第7章　「移動する子どもたち」に必要な「ことばの力」を捉え直す …………………153

1．子どもを対象にした日本語教育で想定されてきた
　日本語の力とは何か ………………………………………………153
2．「移動する子どもたち」はなぜ議論されてこなかったのか ……154
3．世界の言語教育の動向と「移動する子どもたち」 ……………156
4．年少者日本語教育で「ことばの力」はどのように
　捉えられてきたか …………………………………………………161
5．子どもの主体性と「ことばの力」、そして関係性 ………………165
6．関係性こそ、「ことばの力」 ………………………………167

第8章　「移動する子どもたち」のアイデンティティの
　　　　　課題をどう捉えるか ……………………………171

1．「移動する子どもたち」の今日的意味 …………………………171
2．ある小学校の授業風景 ……………………………………172
3．「移動する子どもたち」の背景 ……………………………175
4．「移動する子どもたち」のアイデンティティ ………………176
5．「移動する子どもたち」の人類学的観点と課題は何か ………180

第9章　「移動する子どもたち」への支援と連携とは何か……185

1．「移動する子どもたち」の教育に関する
　　「支援」と「連携」とは何か ……………………………185
2．年少者日本語教育における「連携」と「支援」を考える視点 …186
3．「ことばの力の捉え方」と「支援」「連携」の関係 ……………188
4．JSLバンドスケールを使った調査と実践 …………………190
5．考察―「支援」「連携」を実質化するとは何か― ……………193
6．地域日本語教育と教員養成および教員研修への示唆 …………197

終章　「移動する子ども」学の創発へ向けて
　　　　―日本語教育学的語りと文化人類学的語りの節合―……199

1．「移動する子ども」を学問する ……………………………199
2．「ことばと文化」をめぐる議論 ……………………………201
3．「ことばと文化」をめぐる文化人類学的語り ………………201
4．「ことばと文化」をめぐる日本語教育学的語り ……………204
5．「実践」をめぐる文化人類学的語り ………………………208
6．「実践」をめぐる日本語教育学的語り ……………………210
7．日本語教育学的語りと文化人類学的語りの節合 ……………212
8．「移動する子ども」学の創発に向けて ……………………216

あとがき―「移動する子ども」学のアプローチを考える― ………219
参考文献 ……………………………………………………223
索　引 ………………………………………………………239

第Ⅰ部
なぜ「ことばの力」の把握が大切か

第1章

「移動する子どもたち」の ことばの教育とは何か

1. 子どもの「移動」を視点に現代を見る

　現代社会をどのような社会として捉えるかは、見る人の視点によって異なるだろう。現代を「移民の時代」と呼ぶのは、その1つの例である（Castles & Miller, 2009）。「移民の時代」と呼ぶ背景には、労働、移住、避難、結婚（離婚）、留学、旅行等の理由で大量の人口が国境を越えて移動する現象がグローバルにあるという認識があるからだ。しかし、その陰で、その大人たちに随伴する子どもたちがいることも現実である。大量の大人たちが自分の意思で移動するのに対し、大量の子どもたちはその大人たちによって「移動」させられている。そのような現象が、今、世界各地で起こっているのだ。

　ここでドイツ、日本、オーストラリアで私が見た「移動させられる子どもたち」の例を示そう。まず、ドイツのドレスデン市にあるインターナショナル・スクールを訪ねたときの光景だ。ある教室の壁に、クラスの子どもたちがこの学校に編入学するまでの「移動」の軌跡をまとめた表があった。たとえば、ある子どもの父親はポーランド→ドイツ→ポーランド→フランス→ドイツと移動し、母親はロシア→フランス→オーストリア→オランダ→ロシア→ウクライナ→ロシア→ポーランド→ドイツ→スウェーデン

→イタリア→ドレスデン（ドイツ）と移動し、子どもはベルリンで生まれた後、3か所を移動してドレスデンに来た。そのクラスの子どもたちは、ほとんどが同じように複数の国や都市を移動してドレスデンに来ていた。案内してくれた学校関係者は、子どもたち同士がそれぞれの背景を知ること、そして自分の「移動」の生活が特別ではないことを知ることが子どもたちにとって重要だと強調した。

　日本では、日本国外から来日する親に随伴して来日する子どもや、それらの親のもと日本で生まれる子どもたちが増加している。三重県鈴鹿市では、外国人児童生徒が1999年には242人だったが、10年後の2009年には641人と、その数は約2倍半に増えた。その多くは日系ブラジル人や日系ペルー人の子どもで、家庭ではポルトガル語やスペイン語を話し、学校では日本語を使用する子どもたちである。中には、日系ブラジル人の父とフィリピン人の母を持つ子どももいる。その子の場合、家庭内ではポルトガル語、タガログ語、日本語が使われているという。このような子どもたちが集中する「外国人集住都市」は2009年現在、28に及ぶ（http://www.shujutoshi.jp/member/index.htm）。

　もう1つの「移動する子ども」の例は、オーストラリアのブリスベン市の高校で会ったソフィアという女子生徒だ。彼女は自分の生い立ちを英語で語るというクラス活動で、以下のような文をパワーポイントのスライドに書き、説明していた（原文は英語）。

　　「私はロシア人です。7歳のとき、家庭の事情でロシアから日本に行くことになりました。母と私は日本へ行き、私は日本で10年間暮らし、日本で教育を受けました。だから、私の第一言語は日本語です。でも、私はロシア語も話せます。英語は第3言語です。将来はもっと英語がうまくなりたいし、今はその目標に向かって勉強しています。高校を出たら、私は日本の大学へ進み、グラフィックデザイナーになるのが夢です」

　私はソフィアの口頭発表を聞いて、すぐに彼女が「移動する子ども」であると気づいた。そこで、後日、このパワーポイントのデータを送ってく

れるようにメールで依頼すると、彼女は次のような日本語のメールを送ってくれた（本人の許可を得て転載する）。

　「ご質問ですが、名前も写真も載せていただいてかまいません。そして、私が日本に来た年齢ですが、これは7歳です。誕生日の後だったのでよく覚えています。載せる内容のほうも問題ありません。大丈夫です。学会に出したいとおしゃっていた、PowerPointですが、内容が役に立って幸いです。もちろん、出していただいてかまいません。また、ご質問などありましたら、ご一報ください。喜んでお答えします。それでは。by Sofia」

　ソフィアのような子どもを私たちはどのような子どもと表現したらよいのであろうか。「外国につながる子」「外国にルーツを持つ子ども」と言えるだろうか。ソフィアが初めて日本に来て日本語を学んだときは、彼女は「日本語指導が必要な外国人児童」とか「JSLの子ども」と呼ばれたであろう。そしてオーストラリアで英語を学んでいるとき、彼女は英語を母語としない「ESL（English as a Second Language）生徒」と呼ばれる。日本でもオーストラリアでも、ロシア語を学んでいるときはロシア国外の「ロシア語を母語とする子ども」や「ロシア語を継承語として学ぶ子ども」と呼ばれたかもしれない。しかし、どの「くくり方」もソフィアの姿の一面しか捉えられない。

　本書が提起する課題は、ソフィアのような「移動する子ども」の「複数のことばの学び」を子どもたちが生きている姿と重ねてどのように理解し、どのように「ことばの教育」を行うのかという問題である。

　私たちが生きている時代とは、子どもたちにとってどのような時代なのか。「移動させられる子どもたち」の視点から現代を見ることは、大人たちの考える時代や教育のあり方を問い直す力があるのではないか。あるいは、今後増加すると予想される、これらの子どもたちの「複数のことばの学び」を抜きに、今後の言語教育のあり方を考えることはできないのではないか。

　本章は、そのような問題意識から、「移動する子ども」を視点に、「こと

ばの教育」のあり方を考察することを目的とする。

2．分析概念としての「移動する子ども」

「移動する子ども」とは、以下のような3つの条件を持つ分析概念である（川上、2009c）。3つの条件の1つは「空間的に移動する」、2つは「言語間を移動する」、そして3つは「言語教育カテゴリー間を移動する」である。ここでいう言語教育カテゴリーとは母語教育、外国語教育、継承語教育等、子どもの言語教育や言語学習を表すために大人が作った既成のカテゴリーである。つまり、これらの既成の境界を越えて子どもたちが「移動」するという動態的な意味が含まれている分析概念なのである。

では、このような含意の分析概念を使用する意図はどこにあるのか。

過去を振り返れば、「移動する子ども」はどの時代にもいたはずだ（川上・池上、2006）。戦前の日本の植民地はもちろん、戦後も日本国外の日本人学校や日本人補習授業校に複数の言語を操る子どもたちがいたし、日本国外に住む日本人や日系家族の子どもたちが現地の言語と家庭内の日本語を使い分けるケースは普通のことであった。またそれらの子どもが日本に帰国すれば「帰国子女」「帰国生」と呼ばれ、日本の学校社会でどう生きるかが教育関係者や子どもの家族の中で焦点化された。しかし、そのような文脈で語られる子どもは、常に1つのカテゴリーでくくられて議論される傾向があった。「日系ブラジル人子弟への日本語教育」や「継承語教育の子ども」、「帰国子女教育」などがその例だ。たとえば、ブラジルで日系の子どもたちに教えられる日本語は「えせ日本語」であり、それを正していく教育が必要である（野元、1974）と主張されたり、アメリカやカナダで継承語として日本語を学ぶ日系の子どもたちについて、「継承学習者の認知面の力は、年齢相応の母語話者に比べて4年遅れと言われる」（中島、2003）と指摘され、日本国外の子どもたちの日本語学習の困難さが繰り返し指摘されてきた。しかし、それらの言説の背景には、日本で使用される日本語を「規範」として想定する視線や、日本で生活する日本語母語話者の子どもたちの「国語力」としての日本語能力を到達目標として想定する視線があった。そのため、日本国外で日本語を学ぶ子どもたちにとっての日本語学習環境を日本国内の環境になぞらえてどのように整えたらよ

いかという発想になり、その中で「個人の意識的言語選択の実現が望ましい」という提言（佐々木、2003）があっても、子どもたちの主体的な視点にたった「ことばの学び」や「ことばの教育」をどう構築するかについてはほとんど語られてこなかった。

このような先行研究に共通するのは、日本国外の子どもたちの特性を「継承語と現地語のバイリンガル型」「3代で継承語が消滅する」と見る子ども観である。そして、これらの子どものことばについては「母語と外国語に分けることは難しく、むしろ「継承語」と「現地語」という概念でくくる方がぴったりする」（中島、2003）と指摘された。

しかし、このような子ども観や言語観では、前述のソフィアの「ことばの学び」やその生き方を捉えきれない。つまり、ここで必要なのは、複数言語環境で生きる子どもの主体的な「ことばの学び」を捉える方法論である。それが、ここでいう「移動」を視点にした「移動する子ども」という分析概念を使用する理由である。

ここで一般的に分析概念とは何かを簡単に説明しておこう。分析概念とは、目の前の事象を分析するための枠組みである。たとえば、民俗学や人類学では「ハレ」（非日常）と「ケ」（日常）という分析概念で日本の日常生活を分析することがある。たとえば、祭りは日ごろ抑圧されている民衆の心理的発散と捉えられがちだが、質素で倹約に価値があり、ぜいたくを戒める日常の生活（ケ）があるからこそ、大きな消費をする祭りという非日常（ハレ）があると考えられる。つまり、ハレとケという分析概念を使うことによって、連続する生活の時間と空間がハレとケのバランスのうえに成り立っていることがわかるのである（波平、1999）。

もう1つ例を示そう。言語人類学では、言語レパートリー（verbal repertoire）という分析概念を使って、特定の個人が習得した言語変種の総体を示すことがある。言語人類学者は、この分析概念を使うことによって、個人が所有する言語変種の数や特質がその個人の社会的アイデンティティや地位を示す良い指標となるばかりか、その個人が異なるアイデンティティや地位を持つ話者と、言葉を使った交流を行うときにうまくいくかどうかを予想させる指標にもなりうると考える。言語レパートリーは、人が他者と言葉を使って社会的に関わるために装備する武器と例えられるこ

ともある。多くの武器を持つ兵士のように、言語レパートリーに多くの言語変種を持った人は、広い社会的状況の中で目的を達成していくことができると捉えられる。言語レパートリーという分析概念を使った研究でわかったことは、自由になる言語コードが少ない話者は他者との交流が社会的にも言語的にも制限されるということであった（Lavenda & Schultz, 2009）。

　このように「ハレ」と「ケ」、「言語レパートリー」という分析概念を用いることによって、連続する時間を区切り、人々の考えを析出したり、言語変種の種類と数から人の行動を分析したりすることが可能になるのである。そのような意味で、分析概念は事象を捉えたり分析したりする上で有効な道具となりうるのである。

　本書でいう「移動する子ども」という概念も分析概念であって、実体概念ではない。つまり、目の前にいる子どもを「移動する子ども」かどうかと峻別するために使う概念ではない。「移動する子ども」も物理的に移動しなくなることもあるし、移動しない子どもが「移動する子ども」になることもある。「移動する子ども」という分析概念の中心にあるのは、幼少期の言語形成期に複数言語環境で成長するという経験であろう。ただし、これも年齢（幼少期とは何歳までか）や複数言語との接触期間（何か月から何年までか）や環境（どの地にいて、どのような生活をしたか）によって、「移動する子ども」を限定することは不可能である。「移動する子ども」の数だけそのあり様は変化するのであって、「移動する子ども」とそうでない子どもを区分する境界を設けることはできないし、意味がない。これまで「継承語学習者」や「帰国子女」と命名してきたのは、ある条件下の子どもたちを特定の文脈で取り上げて論じるために大人が作った限定的なくくり方にすぎない。しかし、そのような限定的な捉え方では、現代の社会全体や言語教育のあり方を広く論じることはできないだろう。なぜなら前述のドイツや日本やオーストラリアの例が示すように、子どもたちは大人が作ったさまざまな境界やカテゴリーを軽々と越境して成長していくからである。「移動する子ども」という分析概念は、そのような多様で動態性のある子どもたちの主体的な生きざまを捉えるための「子ども像」なのである。この点が「移動する子ども」のことば[1]の教育を構想する上

でなぜ重要かは、本章の最後にもう一度、考察することにしよう。
　では次に、「移動する子ども」という分析概念を使うことによって、何が見えるのかについて、具体的に論じてみよう。

3．ケーススタディ─「移動する子ども」だった大人の語り─

　ここで取り上げる例は、「幼少期の言語形成期に複数言語環境で成長した子ども」のケースである。そのリサーチ・クエスチョンは以下の5つである。

① 　複数の言語を子どもはどのように学ぶのか
② 　複数言語を意識するときはいつか
③ 　複数言語能力を意識するきっかけは何か
④ 　複数言語能力意識と、自己と向き合うことはどうつながるのか
⑤ 　複数言語能力意識は、個の生き方にどうつながるのか

　これらの問いを考えるためには、複数言語環境のただ中にいる当事者の子どもよりも、このような経験を持つ大人が自らの成長についてどう認識しているかを糸口に考えるのが適当ではないかと考えた。その理由は、大人であれば、幼少期から大人になるまでの長い時間とその経験を経た現在の心境までを語ることができると思われるからである。そのような着想から、「幼少期の言語形成期に複数言語環境で成長した子ども」だった大人を対象にした調査を行った（川上編、2010）。調査では該当者10名に一人1時間ほどのインタビューをした。ここでは、そのうち、セイン　カミュさんと一青妙(ひととたえ)さんのインタビューを再録し、検討してみたい。
　以下、いくつかの項目に分けて2人の協力者の調査結果と考察を述べる。

3.1．幼少期に複数言語環境をどう認識し、どのように複数言語を使用していたのか

【セイン　カミュさん】の語り（以下、それぞれの語りを紹介する）

1　本章の「ことば」は「移動する子ども」の複数言語をいう。

「えーと、レバノンの言葉としては、アラビア語とフランス語だったんですね。（レバノンが）元フランスの植民地だったんで、イタリア語とフランス語は共通語です。で、うちのおふくろはイギリス人なんで、母国語という言葉はイギリス英語ですね。はい、だから、レバノンに行って、プレスクールに入ってた時、まあ三カ国語ぐらいは喋れてましたけども。ただ、低レベルの言葉なので、あんまり達者ではないと思いますけども、コミュニケーションはとれてました。レバノンにいた時は、でも、あの、入り混じってましたね。いろいろと。アラビア語、フランス語、英語。（お母さまとお話しする時は？）基本的には、たぶん、英語。フランス語、アラビア語、少々っていう感じですね。（そのときの気持ちは？）いや、全然意識的にはなかったです。それが普通になってたような気がします。だから、英語で分からない言葉っていうのは、フランス語で対応したりとか。それで、分からなかった言葉は、アラビア語で対応したりとか、っていう。（言葉が違うっていうのは意識されてたんですか？）えっと、どうですかね。あの、やっぱ違う、違いっていうものはあったっていうふうに意識はしてたと思いますね。違う言葉であると。だから、この、喋り方。この言葉っていうよりかは喋り方なのかな。この喋り方だと、この人とは会話出来るけれども、この人とは出来ない。あー、この人と喋る時は、こういう喋り方で、っていう使い分けっていうのは何となく出来てたような気がします。」

【一青妙さん】

「私、生まれてから半年くらいしてすぐに台湾に行きまして、そこからずっと逆に台湾の生活になったんですね。半年後から小学校6年の終わりまでずっと台湾の現地の学校に通ってましたんで、その中でおそらく、言葉をしゃべったり、記憶に残っているようなのは、3歳とか4歳くらいで、はじめて外でしゃべってることばとうちの中でことばが違うって、おそらく外国人なのかなっていうのを意識した記憶があります。（中略）自然と中国語と、台湾語を聞き分けて使っていた。あと父方の親戚は全員台湾に住んでいますので、その方たちとは台湾

語であったり北京語だったり。記憶にあるのは、母より、私が大きくなってから言われたのは、普通だったら一歳くらいでことばを発すると思うんですけど、すごく遅かったと言われて。たぶんそれはいろいろなことばの環境の変化にどう対応していいのかっていうのをじっと待ってるような時期で、ある日突然、かなり遅れてすべてのことばを話しはじめたっていうのを母からは聞いているんですけど。今考えるとそれからは何も考えずに、スイッチを切り替えていた、意識もせずにやっていたんだと思います。」

幼少の頃に複数言語環境に育つ子どもたちは、複数言語を理解して使い分けるというよりは、相手に応じて使い分けているように見える。

3.2. 子どもの頃、「移動」した先で、言語および言語学習をどのように意識したか

【セイン カミュさん】
　小学校1年生のときに中東から日本にやって来て、公立小学校に編入したセインさんは、日本語がほとんど分からなかったという。母語でも、文字を覚える時期であった。

> 「それが、僕は出来なかったんですよね。英語はもちろん。で、アラビア語は、自分の名前を書くくらいはたぶん出来たと思うんですけれども。フランス語もままならないっていう感じでしたし。だから、そっから今度は日本語も覚えなきゃいけなかったんで。日本語は平仮名、カタカナ、漢字でしょ。もう、平仮名覚えるのに必死で。漢字がだんだん、こう、遅れていったっていう感じだったんですよ。」

【一青妙さん】
　台湾の小学校へ6年生まで通っていた妙さんが、日本に来て公立小学校の「帰国子女クラス」に入ったとき、自身の中国語について、どのような意識を持ったのか。

「ほとんどが英語圏、アジア圏ではないところからの子どもだったんですね。そういう人たちはそれでいい意味でねたまれたり、あ、外国から来たんだっていう感じだったんですけど。でも私は日本語が普通ですし、見た目ハーフっていう感じじゃないので帰国子女だっていうのを忘れされていたって感じですね。でも最初苦労したのは漢字が、台湾の場合、繁体字ですので、日本に来た時に国語の授業の時に全部繁体字で書いていたんですね。そうすると、その時には、そんな知ったかぶりをしてっていうことを言われていやだったなって思った記憶があります。」

小学校1年生で日本にやってきたセインさんは文字を認識する時期に移動した。そのため、日本語を覚えるのも苦労が多かったようである。一方、漢字圏から小学校6年生で日本に移動した妙さんは、台湾で習得していた繁体字の漢字が逆に使えない経験を語っている。母語の文字認識がない子どもや漢字圏の子どもでも、一人ひとりの言語意識は微妙に揺れている。

3.3.「移動」することで、自分の複数言語についてどのように感じたのか

【セイン カミュさん】

では、小学校に編入したセインさんは、日本語についてどう思ったのか。

「(「外人」という言葉が)あまりにも多く聞こえてくると、なんかこう、何なんだろ、「そこまで言うの」っていうのはありますけども。だから、逆に、それも、ちょっと、一つのコンプレックスになったせいか、じゃあ、ここまでこう言われるんだったら、言葉で返そうというか。だから、出来るだけ、外人訛りの日本語とかいうのもすごい嫌だったですし、出来るだけ同じようにネイティブに(日本人のように)、喋りたいっていうのがそこらへんから出てきたのかもしれないですね。

だから、(僕が)エジプトにいた時も、レバノンにいた時も、みん

な、発音はすごくいいって誉められてたのはあるんですよ。だから、もしかしたら、慣れる耳が出来あがってたのかもしれないんで、たぶん、どんどん、どんどん、日本語に対しても、上手く出来るようになっていったのも、きっかけになっていったのかもしれないですね。」

【一青妙さん】
　台湾の小学校で自分は中国人と思っていたという妙さんは、日本で中国語を使ったのか。

　「一切言わなかったですね。向こうも興味を持っていなかったですし。聞かれもしなかった分、自分から言わなかった。あとは、同じクラスにたまたま英語圏から帰ってきた子がいたんですけど、その子がみんなから言われて、怒るときも全部英語で返していて、そういうのを見ながら、あんまりそういうことをしても得にはならないなって、しゃべらない方だったと思います。（自身の中国語能力や台湾の知識を発揮することは？）なかったですね。自分では封印していたのと、自分では勉強もしてなかったです。５年くらいは全く（中国語を）使わなかった。台湾に帰るのは年に一、二回ありました。その時は親戚と話すときに中国語を使っていたという程度。積極的に日本で（中国語を）勉強したっていうのはなかった。でも親はすごく（中国語を）記憶させたかった。必死に、最初は中一、二（年）と北京語の先生を家庭教師としてつけてくれた。でも私はそれをすごく嫌がって、真面目にやらなかったので、諦めてなくなってしまったっていう。（嫌がったっていうのは？）必要ないって思ってたんですね。やっても楽しくないですし。」

セインさんは周りの子どもたちの反応から「日本人のように喋りたい」という気持ちが生まれた。妙さんは周りの子どもたちの反応から中国語を封印し、中国語学習が進まなかった。どちらも子ども自身の気持ちが日本語習得や中国語維持に影響している。しかし、その意識は、自身が成長し、環境が変わることによって、変化していく。

3.4. 複数言語についての意識が変わったとき

【一青妙さん】

　妙さんは大学時代、中国語を使うアルバイトをして、自分のもつ中国語能力を再評価するようになった。しかし、その中国語能力については不安もあったという。

> 「すごく不安になりましたよね。これで通じているのだろうかとか、小学校の時点で止まっているのでダメなんじゃないかとか。実際にアルバイトで会議とかに来るような方の通訳をすると専門用語などが出てくるので、政治的な問題だとか大人の社会で使われる中国語は私は分からないんだっていうことが分かった。仕事としても中途半端ですし、会話ができても日本で検定試験を受けると受からない。すごく宝のもち腐れというか、結局、中途半端で何もないんじゃないかって思いましたね。今まではずっと、分かっている、でもただ封印してるって思っていたので、そこで初めて自信なくなったという記憶があります。」

【セイン カミュさん】

　セインさんはインターナショナル・スクールを卒業してからアメリカの大学へ進学した。しかし、そこで英語や英語文化について十分に知らないことを自覚した。

> 「自分は何、何人なのか、っていう、ちょっと落ち込んだ時期もありましたし、日本に行ったら外人なんだけど、日本のこと、いっぱいよく知ってると思ってるし、アメリカに来たらアメリカ人として扱われるけどアメリカのこと、知らないし、何、何、何なんだろう、俺。これってどこに当てはまる人間なのかなって。全然ダメじゃんって思ってた時期もあって、それが逆にある日、何かのきっかけで、これは逆にいいことじゃないのかなってポジティブに考えるようにしてみたら、両方のいいところを持ってるわけだから、そこを活かせばいいん

じゃないか。それを自分の武器にすれば、より一層効果的なものが、creative なものが出てくるかもしれないので、っていうところから、まあ、大学時代を楽しく過ごせるようになったんですけれども。」

自分の持つ複数言語能力について意識が変わることがある。妙さんは日本語と中国語、セインさんは日本語と英語を高度に使いこなせるが、その意識の陰に不安や葛藤があることがわかる。その意識は社会的な関係性や他者の評価に加え、自己のあり方と向き合う中で生まれてきているように見える。

3.5. 自身の複数言語能力について、現在、どのような意識を持っているのか

【一青妙さん】

妙さんは、中国語は前より上達したと話すが、一方で、次のように言う。

> 「今でも不安ですね。年齢的にも四〇とか五〇（歳）とかになってきますと、話すこともパブリックな感じの内容、読む文章も固めのものを読んだり。向こうの「日経」（新聞）に値する新聞とかを読んでも辞書を引かないとわからないことだらけですし、雑誌とかもスラングとか流行っている言葉も意外と分からないなって。私の場合、同年代の現地の友達とか若い友達と接しているわけでもないので、そういったものは分かってないと思います。」

【セイン カミュさん】

英語で詩を書くこともあるというセインさんに英語と日本語とどちらが得意かを聞くと、

> 「話すのは、どっちもどっちです。話すのはどっちもどっちなんですけれども、物を文に起こして書くってことになってくると、英語の方が気持ちいいです。日本語は、やっぱ苦手っていうのが、どっかに、

どっかにあるんですよね。」

また、セインさんは、英語を読むことについて、以下のように語る。

「未だに、まだ、読むのは嫌いじゃないんですけれども、遅いんですよ。読めば読むほど早くなるよって、みんな言うんですけれども、それが、いっこうに速くならないんですよ。悔しいことに。もっと速くなれば、俺も楽しく読めるようになると思うのに、時間かけて読むから。なんだろ、一語一句読んでるからいけないのかな。ほら、みんな、かたちっていうか、言葉を一つの言葉として読んじゃうじゃない？ 僕は言葉を認識はしてないと思うの。eternally だったら、パッと見て、eternally、俺は、e-ter-nal-ly って発音して読まないと register しない（認識されない）。なんか、脳に障害あんのかな、あの、だからね、そこが自分に対してのすごく劣等感的な部分でもあるんですけれども、読むっていうことに関して。読めないわけじゃないし、読むの好きなんだけれども、時間がかかるから、めんどくさくなっちゃう。」

高度な中国語能力を持つ妙さんも高度な日本語能力を持つセインさんも、どちらも自らの複数言語能力のどこかに不安な意識を持っている。そして、この不安な意識が自分の複数言語能力を考えたり、言語を使用したり学習したりするときに、離れずついてくるということである。

以上、2人の大人の語りを見てきたが、ここで2人を「移動する子ども」という分析概念で捉えることの意味について考えてみよう。これまでは、セインさんのような「外国人」の子どもが日本の学校に入ってくると「日本語指導が必要な外国人児童」、あるいは「第二言語としての日本語を学ぶ子ども：JSL 児童」と呼ばれ、日本語指導の対象と見られた。一方、一青妙さんのような子どもは、日本で生まれたが海外で過ごしたのち日本にやってくる子ども、つまり「帰国子女」と見られた。実際、妙さんは都内の「帰国子女受け入れ校」に通った。そこでは子どもをいかに日本の学校文化に適応させるか、そしてそのための「日本語教育」指導が行われ

た。つまり、セインさんと妙さんのような子どもたちは、これまで別々のカテゴリーで議論されてきたのである。しかし、「移動する子ども」という分析概念を使うことによって、両者に共通する課題が見えてくる。

　たとえば、「移動する子ども」は、幼少の頃の複数言語環境ではほとんど意識せずに複数言語を習得し使用しているが、成長するにつれて、複数言語環境あるいは他者との関係性により複数言語能力についての意識が生まれ、かつその意識が変化していく。そのような言語能力意識が「移動する子ども」の主体的な姿勢を生み、ある時は積極的に、ある時は消極的に言語使用や言語学習を進めていく。成長期の言語能力意識は、他者との関係性やそれに対応する自己の主体的な姿勢の中で形成され、成人しても引き継がれていき、自分の中にある複数の言語についての意識と向き合うことは自分自身と向き合うことを意味するようになる。つまり、幼少の頃から、成人して社会で活躍するまで、言語能力に関する意識には主体的なあり方が深く関わっている。このように、セインさんや妙さんのように、これまで違うカテゴリーで議論されてきた子どもたちを「移動する子ども」という分析概念で捉えることによって、グローバル化する現代社会の子どもたちに共通する課題が浮き彫りになるのである。そのことによって、「移動する子ども」に関する教育についても、多様な視点から議論することができるようになる。「移動する子ども」という分析概念を使う有効性はまさにここにある。

　ここで、セインさんや妙さんのように幼少期に複数言語環境で成長した成人日本語使用者の言語習得と言語能力観についてまとめておこう。それは以下の5点である。①子どもは社会的な関係性の中で言語を習得する、②子どもは主体的な学びの中で言語を習得する、③複数言語能力および複数言語使用についての意識は成長過程によって変化する、④成人するにつれて、複数言語についての意識と向き合うことが自分自身と向き合うことになり、その後の生活設計に影響する、⑤ただし、複数言語能力についての不安感は場面に応じて継続的に出現する。

　これらの特徴の中で注目されるのは、言語能力に関する主観的な意識、それも自らの言語能力についての不安感であろう。「移動する子ども」の「複数のことばの学び」を踏まえ、「移動する子ども」のことばの教育を構

想するためには、この不安感の考察を抜きには考えられないだろう。なぜなら、自らの言語能力についての不安感は学習主体の中心にあり、学習や生き方を下支えしていると考えられるからである。

では、このような不安感を含む、複数言語に関する「移動する子ども」の言語能力意識を考えることに、これまで第二言語習得研究や日本語教育で議論されてきたことはどう関連するのであろうか。次に、その点を見てみよう。

4．複数言語能力意識と不安感

第二言語習得研究は言語の学習過程や学習者および言語学習に影響を与える諸要因について研究を行ってきた。そのうち、感情のゆらぎなど情意要因が第二言語習得に影響することは以前から指摘され（たとえば、クラッシェンの「情意フィルター仮説」やガードナーの「社会教育モデル」）、第二言語習得における情意要因の重要性が認識されてきた。また、学習ストラテジー研究では学習者が言語学習を進めるときに、「自分の不安を軽くする」「自分を勇気付ける」などの方略（「情意ストラテジー」）を使うことが指摘されている（Oxford, 1990）。ビリーフ研究では、学習者の文化的背景や学習経験などから学習方法や教師の教え方などについて学習者の抱く考え方や信念（ビリーフ）が生まれ、それらが学習効果に影響することが指摘された。ビリーフは学習者側と教師側双方に見られるため、学習者と教師との間のビリーフのギャップや、学習過程に見られるビリーフの変容なども議論された。また調査方法としてBALLI（Beliefs About Language Learning Inventory）が考案された（Horwitz, 1987）。これらの一連の研究は、学習者の意識の領域が言語学習や目標言語の習得に重要な影響を与える領域であることを示唆している。

情意要因としての不安についても、これまでさまざまに議論されてきた。不安とは「心配な状態、漠然とした恐怖」（Scovel, 1978：134）と捉えられ、学習の動機づけを弱め、態度を否定的に変える原因となると指摘された。たとえば、教室で学習者が教師から新しい言語表現を使うように求められるときに抱く不安である。誤用への不安や自分の無知を学習者は自覚する。そのため、学習者は他の学習者と自分を比較して劣等感を抱

き、消極的態度や自己嫌悪を持つこともある。それは、言語学習を阻害する不安である。

英語を第二言語として学ぶ ESL 学習者が英語学習の特に初期に見せる無気力、パニック、怒り、自己憐憫、優柔不断、悲しみ、疎外感などはカルチャー・ショックと呼ばれ、そのような不安から心身に異常をきたすような場合もあり、不安の究明から不安を軽減する教育方法の観点、たとえば肯定的学習環境や自己暗示などが考えられた。

その1つは、「不安を学びへのエネルギーに変容させる」研究であり、「動機づけ」のプロセスの研究である（倉八、2006）。教師が学習者に働きかけることによって、不安を自律的動機づけに高める方法論が模索された。

このように第二言語習得研究で学習者の情意要因としての意識や不安が考察されるときは、常に言語学習や言語習得との関係において研究が行われてきた。その成果によって、言語学習に向かうときの学習者の主体的な意識が焦点化されたことは大いに評価されてよいであろう。では、これらの先行研究の成果が「移動する子ども」の研究にどのように援用できるのであろうか。

これまでの第二言語習得研究における情意面の先行研究には以下のような特徴が見られる。①考察の対象が大学生など大人の学習者である点、②学習者の意識や不安は新しい言語を学習するときの情意要因として分析される傾向がある点、③言語学習場面は主に教室での学習場面が想定されている点、さらに④教師側が情意要因を踏まえて学習者の学習成果や学習過程をどう評価するかに研究の方向性が収斂する点などが、それらの研究の特徴であった。

それに対して、「移動する子ども」の情意面の研究の場合は、a．考察の対象は成長過程にある子どもである点、b．学習者の意識や不安が検討されるときは、複数言語に接触する生活環境で言語を習得したり使用したりするときに生まれる意識や不安が分析される点、c．言語学習場面や言語使用場面は複数の言語のある生活全般になる点、d．子ども自身の複数言語能力意識が子どもの自己形成や生き方にどう関係するかに注目する点などが、その研究の特徴となる。

したがって、「移動する子ども」の情意面の研究の場合は、子どもから大人になるまでの長期間に形成される、自己の中にある複数言語についての意識や不安感、そしてその複数言語についての意識や不安感が成長過程や環境の変化にともない増減する点、さらにそれらが自己形成や個の生き方に密接に関係している点を考察することが研究の中心的な主題となる。

ただし、ここで確認したいのは、「移動する子ども」の研究の考察対象は、成長期の子どもだけに限定されないという点である。幼少期に複数言語環境で成長した子どもが成人してから自己の中にある複数言語能力と向き合いながらどのように生活をしていくのかというテーマも、その研究の射程に入るテーマである。たとえば、「移動する子ども」として成長した大学生にインタビュー調査を行った研究（尾関・川上、2009）では、学生の「主観的な言語能力意識」（不安感を含む）が言語学習や言語使用、そして自身の生き方にも直結していることを報告している。具体的には、①社会的な関係性の中で個々人の複数言語能力についての意識が生まれること、②それが個々人の言語使用や言語学習を左右していくこと、③その個々人の複数言語能力についての主観的意識が個の中に形成され、それが引き金となり言語学習、言語習得が起こること、④複数言語能力および複数言語使用に対する認識は、個々人の成長過程および周囲の人々や環境との関係の中で変化し続けていくものであること、⑤特に青年期の言語能力に対する意識は揺れ動いており、それが今の自分や将来の自分、自己形成に大きな影響を与えていること等が明らかになった。

前述のセインさん、妙さんの語りも同様である。たとえば、妙さんは台湾から日本に来て「帰国子女受け入れ校」に編入したとき、中国語を封印してしまったが、大学生のときに、中国語を使ったアルバイトがきっかけで、それまで封印していた中国語を使うようになるが、中国語の検定試験には受からず、「結局、中途半端で何もないんじゃないか」と自己の中国語能力について思うようになる。さらに、台湾に帰り、社会的な場面で中国語を使う機会も増え、それ以前より中国語が上達したと思う反面、自分の中国語には常に不安があると語っている。またセインさんは、日本の小学校で「外人訛りの日本語」を話さないように日本語を学ぼうとした。大学生のときに祖国のアメリカに行くが、「いったい自分は何なのか」とア

イデンティティ・クライシスに陥ったという。しかし、その後、自分の中にある、日本とアメリカの「両方のいいところを持ってるわけだから、そこを活かせばいいんじゃないか」と考えるようになる。ただし、日本語と英語の両言語を高度に使うことができるが、今でも読むことや書くことには苦手意識が働いているという。

このように「移動する子ども」だった経験を語る大人たちの語りに、不安感も含めた、個の主観的な言語能力意識は成人後の人生全体に長く、そして深く関わってくることがわかる。このような不安感も含めた、個の「主観的な言語能力意識」は、言語教育あるいは言語学習においてこれまで以上に重要な視点を提供すると考えられる。なぜなら、「移動する子ども」が今後増加することを考えると、今後の言語教育において学習者の「主観的な言語能力意識」と実践者の捉える言語能力（日本語能力）の関係をどう考えるかという議論は、後述するように、言語教育のあり方に直結していくと考えられるからである。「移動する子ども」という分析概念から見えてくる、このような課題群は、これまでの第二言語習得研究においては未開拓な研究領域とも言えよう。

では、「移動する子ども」の「主観的な言語能力意識」と実践者の捉える言語能力（日本語能力）の関係を考えることが、なぜ言語教育のあり方を考えることにつながるのかについて、次に検討してみよう。このことを考えることが、本書の主題である「移動する子ども」のことばの教育を構想することにつながるはずである。

5. 複数言語能力意識と言語教育実践の構造

この問題を考えるために、まず、「移動する子ども」の複数言語能力意識がどのように形成されるのかを検討する。次に、実践者が言語能力をどのように捉えるかを検討し、最後に、両者を含む言語教育実践の構造について考えてみよう。

5.1.「移動する子ども」の複数言語能力意識の形成

「移動する子ども」の複数言語能力意識はどのように形成されるのか。まず、「移動する子ども」は両親のもとに生まれるが、その両親に複数言

語があったり、幼少期より家庭内と家庭外に複数の言語があるような環境で成長する。その後の成長期に家庭外でさまざまな友人や大人たちに接触するが、その接触によって自らの中にある複数言語能力を意識せざるを得なくなる。自らの中にある複数言語能力を意識しつつ成長する過程で、「移動する子ども」は自らの複数言語能力あるいはそのような生い立ちをどのように考えたらよいのかについて、そして自らのアイデンティティや生き方について思いをめぐらすことになる。このような過程を経て成長しつつ、自らの複数言語能力についての意識が自らの生活全般に影響を与えていく。

このような過程で成長する「移動する子ども」の言語能力意識の形成を考える視点として空間軸と時間軸と言語軸で捉えることが重要である。子どもが生後、「移動する子ども」として成長していく過程は、家族内から家族外へ、家の近くから学校や社会へと行動範囲が拡大していく過程でもあり、その過程を見る軸としては行動範囲の広がりを見る空間軸と成長期間を見る時間軸が必要であろう。この空間軸と時間軸は単言語で成長する子どもも同様であるが、「移動する子ども」の場合はさらに言語軸が加わる。複数の言語による生活世界の方が単言語の生活世界よりも広がりと複雑さが増すのである。この点においては、子どもの複数言語能力が実際のコミュニケーション能力としてどれくらいの能力かということは問題でない。それよりは、複数の言語によって広がる生活世界と自らの中にある複数言語についての意識が、空間軸と時間軸と言語軸の中で形成されるという点、およびその意識の形成は空間軸と時間軸と言語軸に広がる動態的な影響素因によって多様に展開するという点に留意することが重要である。

したがって、それらの3つの軸で広がる生活世界で、子どもはことばによって他者とやりとりをし、社会的な文脈における他者との関係性の中で、自らの言語能力意識を形成していくのである。たとえば、前述のセインさんが幼少期より複数言語を使用した経験は、成長期の「自分探し」や自己のあり方にも影響していた。また妙さんも中国語への意識は、日本の学校に入ったときの周りの視線によって変化し、さらに大学生のときのアルバイト経験によっても変化した。その意識が自己のあり方にも影響していた。

5.2. 実践者の言語能力観の形成

「ことばの力」をどのようなものと考えるかは言語教育実践において極めて重要である。なぜなら言語教育の実践者が「ことばの力」をどう捉えるか（言語能力観）が言語教育の実践のあり方を決定するからである（第2章、参照）。また実践者が学習者の言語能力を把握する場合に、言語能力記述文（たとえばJSLバンドスケールや日本語スタンダード、後述の「ヨーロッパ言語共通参照枠」等）と照らし合わせて言語能力を捉える方法論があるが、その際に言語能力記述文に見える「言語能力」は実践者の言語能力観の鏡像である（川上、2008a）。

個の中にある複数言語能力を積極的に評価しようという考え方は、欧州評議会の「ヨーロッパ言語共通参照枠」（Common European Framework of Reference for Languages、以下CEFR）に採り入れられている。CEFRは欧州における言語教育が育成する言語熟達度の客観的基準として制定されたが、このフレームワークの理論的支柱は「行動中心主義」「複言語主義」「複文化主義」という思想である。それは、人は社会的な文脈で自らの中にある複数の言語知識や複数の言語文化体験を状況や相手との関係の中で柔軟に組み合わせ、相互に作用させつつ統合しながら、言語を駆使して多様なコミュニケーション行動を築いていくという考え方である。

ただし、CEFRはあくまで言語熟達度の客観的基準であって、言語教育の実践者に対して明確な言語教育の実践方法を示しているわけではない。また、言語学習者がCEFRを言語熟達度の参照点として利用するときに、学習者が自身の持つ複数言語能力をどのように「自己評価」し、それらをどのように育てていくのかについても、CEFRは個々の学習者に対して何も示唆していない。

ここで注目するのはこのようなCEFRの特質というよりは、むしろ、JSLバンドスケールや日本語スタンダード、CEFR等の言語能力記述文という方法論には言語教育の実践者一人ひとりの言語能力観が反映するという構造であり、その実践者の言語能力観は学習者の主観的な言語能力意識とは別次元にあって形成されていくという構造である。そのことを示すのが図1である。

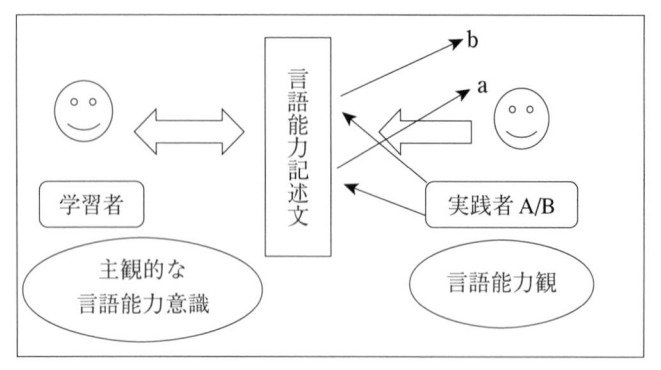

図1．言語能力記述文と実践者および学習者の関係

　つまり、実践者が言語能力記述文を通して学習者の言語能力を見ようとするとき、実践者の言語能力観は学習者の有する（と思われる）言語能力の姿（像）に影響する。たとえば、2人の実践者A、Bが一人の学習者の言語能力を捉える場合を考えてみよう。実践者Aと実践者Bの言語能力観は必ずしも同じではないので、言語能力記述文を解釈して取り結ぶ言語能力像（a、b）にもズレが生まれる。つまり、同じ学習者の言語能力像もそれを判定する複数の実践者によって異なるのは不思議なことではないのだ。一方、それとは別次元で、学習者自身がたとえ同じ言語能力記述文と照らし合わせて自らの言語能力を判定しようとしても、自らの持つ主観的な言語能力意識によって自己の言語能力はいかようにも変化して見える。「移動する子ども」が自らの中にある複数の言語能力を見るときも、同じように「移動する子ども」一人ひとりによってその捉え方は多様になる。

　このように実践者の考える学習者の言語能力像と、学習者の考える自らの言語能力像が必ずしも同じではないという構造は、言語能力記述文を媒介するか否かにかかわらず、学習者の言語能力像について、実践者と学習者の間で同じ像を描くとは限らないことを意味する。さらに重要な点は、「移動する子ども」の抱く自らの言語能力意識には前述のように動態性があり、また実践者の言語能力観にも動態性があるという点である。

5.3. 学習者の言語能力意識と実践者の言語能力観と言語教育実践の関係

　以上のように学習者が自らの言語能力をどのように捉えるかという意識と実践者の言語能力観にはズレがあり、かつ、学習者側の動態性と実践者側の動態性は学習者の複数言語能力の像を取り結ぶことを困難にする。では、このような学習者と実践者の関係性を言語教育実践の中でどのように捉え、実践に生かしていくことができるのか。

　それは、第二言語習得研究の先行研究に見られた、学習者の情意要因に留意した教授法だけではなく、実践者が「移動する子ども」の成長過程に見られる空間軸と時間軸と言語軸の動態性のある言語能力意識の形成に留意し、かつ、実践を通じて実践者自らの言語能力観の捉え直しを行いながら「移動する子ども」の言語教育に向かうということである。なぜなら、1つひとつの実践は、学習者と実践者の双方の動態性の上に立って学習者と実践者の相互作用的関係の中で新しく創発されるものであるからである。

　さらに重要な点は、そのように学習者と実践者の相互作用的関係によって捉えられる実践は、大人への第二言語教育と必ずしも同じ問題領域を提示しないという点である。むしろ、「移動する子ども」への実践は、「移動する子ども」の複数言語能力や複数言語使用の実態、さらにはそのような複数言語を使用しながら子どもがどのように他者と関わりながら生活するのかという「人としての生き方」に直結する問題領域を提示する。それは、複数言語のそれぞれの「母語話者」や「母文化保持者」をめざす教育でもなければ、はじめから決められたゴールがあり、それをめざす教育でもない。むしろ「移動する子ども」一人ひとりの個に応じた言語教育を創り出すことが重要なテーマになる教育実践ということになろう。

　その中で最も重要なテーマは、「移動する子ども」が「自分自身とどう向き合い、どう生きるのかという課題」、すなわち「移動する子ども」のアイデンティティの課題であろう。アイデンティティをここでは「自分が思うことと他者が思うことによって形成される意識」（川上編、2010）と捉えると、「移動する子ども」の場合は、「移動する子ども」自身が持つ複数言語能力についての意識やそのことが原因となって生まれる他者からのまなざしとの間で、「自分が思うこと」と「他者が思うこと」の間にズレ

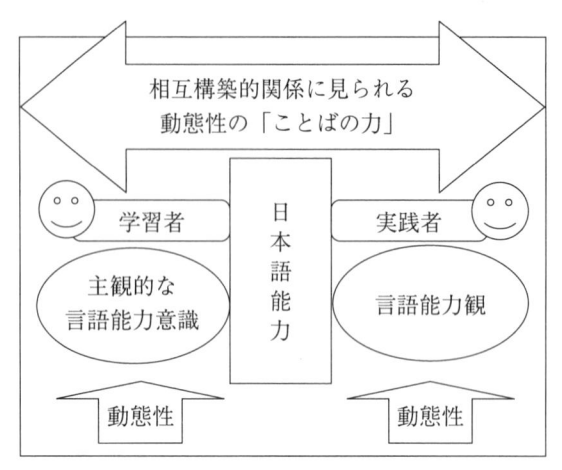

図2.「移動する子ども」の言語教育実践の構造

が生まれ、自分の中に自己の統一的な像を描けないことがある。そのため、ときに、混乱や戸惑いや葛藤が生まれる。たとえば、前述の妙さんが日本に帰国し、学校で中国語を話さず「封印」していたが、検定試験を受けると受からない中国語能力を意識したことや、セインさんがアメリカでアイデンティティ・クライシスを感じたことは、どちらも複数言語能力とその経験から生まれる意識と密接に関係していた。したがって、そのような「移動する子ども」が「自分の複数言語能力と向き合い、その言語能力をどう「自己認識」し、「自己評価」するかという主体的な生き方」（川上編、2010）を日常の言語教育実践の中で追究していくことが必要になる。

　このような実践は実践者の成長にも大きな影響を与えるだろう。なぜなら、子どもと実践者の相互構築的関係性の中で生まれる動態性の「ことばの力」によって実践者自らの言語能力観が再構築されるからである（図2）。実践を通じての「ことばの力」への気づきが実践者を成長させる。また、実践者には「ことばの力」への気づきが起こるような内省が必要であろう。子どもが「ことばの力」を習得し、成長したと実践者が実感するのは、子どもと実践者の間の関係性の中に生起する「ことばの力」が当該の子どもの生活や生き方の中で発揮されたときである。その意味で、子どもの「ことばの力」を育成する実践とは、子どもと実践者の双方を含む関

係性の中に動態性の「ことばの力」を子どもと実践者が共に構築する実践に他ならないのだ。

6．「移動する子どもたち」のことばの教育学は何をめざすのか

　最後に、以上の調査結果と議論を踏まえ、「移動する子ども」のことばの教育は何をめざすのかについて考えてみよう。

　「移動」を視点に「移動する子ども」のことばの教育を考えると、子どもの言語教育の授業実践者がその言語の母語話者の言語能力を「規範」あるいは「到達目標」として想定し、それを基準に子ども一人ひとりの個の複数言語能力を「評価」する言語教育は見直されなければならない。むしろ、子どもの言語教育は、子ども自身が自分の複数言語能力をどう「自己認識」し、「自己評価」するかという「主体性の言語学習実践」となる言語教育をめざさなければならない。さらに、複数言語能力に関する学習者の主体的な認識は、参照点としての「言語能力記述文」のあり方に関する議論自体をも問い直す。つまり、複数言語能力はどこかに書いてある言語能力ではなく、実践の中で子どもと実践者の間で共に追究され、共に構築されていくものなのである。したがって、これからの子どものことばの教育がめざすのは、日本語教育の実践においては個にとって意味のある「主観的な日本語能力」であり、アイデンティティ（自分が思うことと他者が思うことによって形成される意識）と平衡する「ことばの力」である。なぜなら、前述の「移動する子ども」の不安感を含む言語能力意識を踏まえ、その意識に向き合う言語教育実践は、子どもと実践者双方が互いに支え合うことによって、双方がことばによるやりとりを通じて「人によって人となる」教育であるからである。そのような言語教育実践の探究が、まさに21世紀に増加することが必至の「移動する子どもたち」のことばの教育学の目標となろう。

第 2 章

ことばの力の捉え方が言語教育のあり方を決定する

1. 言語教育におけることばの力と実践の関係

　言語とは何かという命題は言語学においては極めて重要であるが、言語教育においては、それ以上に、ことばの力とは何かという命題が極めて重要である。なぜなら言語教育は単なる知識を獲得する（あるいは獲得させる）教育ではなく、言語教育を通じて学習者に言語による「ある力」を育成しようとする教育実践であるからである。ここでは、この言語による「ある力」を「ことばの力」と記す。言語教育の実践者が、そのような「ことばの力」をどう捉えるかが言語教育のあり方を決定づけるというのが、本章の視点である。

　具体的に言おう。たとえば、言語教育が育成することばの力とは翻訳能力であると考える者は、翻訳能力を向上させるための教室活動を言語教育の中心に置くであろう。あるいはことばの力は文法理解能力であると考える者は、学習者に文法構造を説明し、文法問題を解かせることに時間を費やすであろう。あるいはことばの力はコミュニケーション能力であると考える者は、学習者に場面や文脈を与え、そこでの「振る舞い」を考えさせるであろう。

　つまり、「ことばの力の捉え方が言語教育のあり方を決定する」とは、

言語教育の実践者（あるいは授業設計者）がことばの力をどのように捉えるかが言語教育の実践を形づけるという意味であり、その意味において、「ことばの力の捉え方」は言語教育において極めて重要になるのだ。

しかし、このような「ことばの力の捉え方から言語教育のあり方を考える」議論は、まだ十分にされていない。これは年少者日本語教育に限らず、日本語教育全般においても、ことばの力をどう捉えるかという議論は、日本語能力試験やクラス分けのためのプレースメントテストや成績処理を行うために実施するテストの議論の中でしか行われていないようにさえ見える。したがって、そのようなことばの力を把握するための、語彙力、文法力、文章読解力、口頭表現力、聴解力などを「測定」するためのテストを通じて議論されることが多く、ことばの力の捉え方と言語教育のあり方とを関連づけた議論ができていない。

本章では、そのような現状を踏まえ、言語教育のあり方を決定づけることばの力の捉え方について議論を行うことを目的とする。まず、これまでの言語教育におけることばの力の捉え方と言語教育の関係について検討する。次に、ことばの力を捉える方法と観点を考察する。そのうえで、ことばの力の捉え方の把握と教育実践を結びつけるとはどのようなことかを、「移動する子ども」を対象にした実践研究を例に考察し、ことばの力を捉える方法論が新たな言語教育の可能性を開くことを提案するという順序で論を進める。

2．ことばの力の捉え方と言語教育の関係

ことばの力の捉え方は時代とともに変遷してきたが、常にことばの力の捉え方が言語教育のあり方に影響してきた。たとえば、「言語は構造である」とするオーディオ・リンガル・アプローチでは、ことばの力は言語操作能力と捉えられる傾向があり、そのためにパターンプラクティスを中心にした「文型中心」の言語教育の実践が設計された。チョムスキー(Chomsky, 1965) は、知識としての「言語能力」(competence) と言語を実際の場面で運用すること（performance）を区別したが、コミュニケーション重視の言語教育が盛んになる1970年代以降は、「言語に関する知識」だけでなく、場面や状況や文脈に応じて言語を使用する能力が重視さ

れるようになった。そのため、いわゆるコミュニカティブ・アプローチ的実践として、インフォメーション・ギャップやサーベイ、ロールプレイなどを多用する言語教育が設計された。この場合のことばの力は、言語運用能力あるいはコミュニケーション能力と言われた。この「コミュニケーション能力」には、①文法能力、②社会言語能力、③談話能力、④ストラテジー能力の4つの領域の力（知識とスキル）があるとする考え方（Canale, 1983）が基本であったが、その後、そのバリエーションとして「異文化間能力」や「社会文化的能力」「インターアクション能力」などを加味して捉えられるようにもなった。その場合、「接触場面」を重視したビジター・セッションやインタビューなどを配置したコース・デザインが重視された。ただし、このような基本的な捉え方については、言語使用域の概念や非言語的コミュニケーション、第一言語によるインターアクション・パターンへの影響などが含まれていないとする批判（Scarcella & Oxford, 1992）もあるように、「コミュニケーション能力」の定義自体も必ずしも確立しているわけではなく、そのため、言語教育そのもののあり方も確立しているとは言えない状況にある。

　ここで指摘できることは、ことばの力の捉え方は、言語教育で育成すべきことばの力とは何かだけでなく、言語教育のあり方そのものと密接に関係しつつ変化してきたということである。さらに詳しく言えば、言語教育の実践者がことばの力をどのように捉えるかが、授業観（どのように教えるか）、教材観（どのような教科書や教材で教えるか）、カリキュラム観（どのような授業設計を行うか）、評価観（どのような能力をどのような方法で評価するか）に影響を与えていると言えるし、さらには、教師像（どのような教師をめざすか）や教員養成・教員研修の形も決定することになる。したがって、ことばの力をどのようなものと捉えるかは言語教育全般を考えるうえで極めて重要な課題なのである。

3. ことばの力の把握の方法と観点

　前述の「コミュニケーション能力」の定義が未確立とは言え、大きな流れとしては、「コミュニケーション能力」は言語使用者の意思伝達言語能力であり、そしてそれは言語使用の状況や他者との関係性によって影響を

受け、相互作用的に位置づけられるものという捉え方へ進んでいると言えよう。

　このような捉え方の背景には言語自体の捉え方の変化がある。それは、「言語は常に変化するものであり、言語への意味づけや考え方も常に変化する」という捉え方である。これは言語に限らず、社会事象一般が静態的な社会文化観から動態的な社会文化観に変化してきていることと軌を一にする。ことばの力の捉え方も、母語話者の言語規範を固定的に捉える本質主義的な捉え方ではなく、動態的かつ相互作用的な関係性の中で捉える傾向が強まってきている。

　このことはことばの力の把握の方法論にも反映されている。Bachman & Palmer（1996）は言語使用と言語テストの間の相互作用を考慮に入れて、言語能力は言語使用の相互作用的枠組みの中で考えなければならないと指摘している。そのうえで、言語能力把握の方法論に見られる言語能力は、言語知識、方略的能力、メタ認知的方略を含み、かつ話題の知識、情意スキーマ、言語使用の状況などとの相互作用の中で捉えられるべきであるとしている。

　この地点に立てば、いわゆるペーパーテストによって「測定」されることばの力は静態的で一面的な言語能力であることがわかるし、そのペーパーテストの如何によって「操作される」ことばの力であると言わざるを得ない。さらに言語教育におけることばの力を把握する意味は、単に「能力」を測定するという意味だけではない。評価は授業設計やコース・デザインを見直すために利用されるとよく言われるが、それ以上に重要なのは、学習者のことばの力の把握が学習者への教育的指導の観点に立って行われなければならないということである。特に、年少者の場合は、学習者のことばの力がどのような発達段階にあるのかを捉え、かつそのことばの力を指導の見通しの中に位置づけられるようなことばの力の把握の方法論でなければならないということである。

　では、そのようなことばの力の把握の方法論は具体的にどのようなことが考えられるのか。次に、ことばの力の把握の方法論や観点を、日本に来る「移動する子ども」への日本語教育を例に考えてみたい。

4．学校現場で見られることばの力

　まず日本の小中学校の教員は日本語を母語としない子どもが入学してくると、その子どもにどのようなことばの力をつけさせようと考えるかについて見てみよう。

　宮城県の小中学校を対象に実施した「日本語指導の必要な児童生徒に関するアンケート調査」[2]（川上・市瀬、2004）によると、①教員が指導することはほとんどできない状況にあるため、実際に日本語指導を主に行っているのは学校外の派遣協力者やボランティアなどが圧倒的に多い。②実際の指導者も、「日本語指導経験」が短い（1年未満か3年未満が多い）。③子どもへの実際の「日本語指導の期間」は1年未満が圧倒的に多い。さらに④「指導の内容」は「ひらがな・カタカナ」「漢字」「簡単な表現・文法や文型」を中心にした指導が多い。したがって、「読み書きの指導が中心」が「会話を中心にした指導」より多くなる。⑤子どもが「教科学習で困難を感じる理由」は「日本語能力不足」と考える教員が圧倒的に多い。その結果、「最も困難を感じると思われる教科」も国語が圧倒的に多い。この点はさらに、⑥保護者との連絡も含め「日本語によるコミュニケーション」が課題と回答する教員が多いことと関連する。また⑦指導上最も困難を感じるのは「言葉や文化、習慣、考え方の違い」であり、そのため、最も重要な指導は「日本語指導・生活適応指導」であると答える教員が多い。

　ここから以下のことが読み取れる。まず教員は、（1）これらの子どもの「日本語能力不足」こそが最大の「問題」だと考える傾向があるということである。さらに、その「日本語能力不足」を解消する方法として教員は、（2）これらの子どもへの「日本語指導」の重点をかなや漢字の「文字指導」と「読み書き」に置く傾向がある。したがって、（3）これらの子どもにとって育成されるべきことばの力は「日本語の読み書き能力」あるいは「書字能力」であると教員は考える傾向があると言える。これは、

　2　この調査は2003年1月、宮城県の小中学校を対象に実施された「日本語指導の必要な児童生徒に関するアンケート調査」である。60校中、48校の回答を得た（川上・市瀬、2004）。

（4）指導期間が1年ほどと短く、日本語指導が初期適応指導に限定される傾向がある点と表裏をなすし、（5）コミュニケーションがとれないために「母語のできる協力者」を求める傾向や、指導もそのような協力者に任せる傾向にある点とも関連する。

　これらの特徴は、地域に限定した傾向というよりは、おそらく、全国の学校でこれらの子どもを抱える教員に共通に見られる傾向ではないだろうか。なぜなら、日本語を学ぶ子どもが全国の学校に編入学し、それらの子どもを指導する教員は日本語を学ぶ子どもを受け入れた経験のない教員が多いと考えられるからである。したがって、全国の学校現場では、「日本語指導」が極めて短期的な指導として限定的に捉えられ、また、これらの子どもの課題は「日本語能力不足」にあると考えるために、育成されるべきことばの力を「書字能力」に限定して考える傾向があることが予想される。

　ここで重要なポイントは、学校現場の教員の問題把握の仕方にある。つまり、教員が日本語を学ぶ子どもの「課題」を「日本語能力」と捉え、教員の「ことばの力の捉え方」が教育指導のあり方を規定しているという関係性である。もし教員が、日本語を学ぶ子どもの発達段階や認知発達段階に応じた、長期的な言語能力発達の観点に立ち、その前提となる「ことばの力」を母語能力や第二言語としての日本語能力によって形成される「ことばの力」として、また言語知識とストラテジー能力を含む能力（Bachman & Palmer, 1996）と捉えるなら、文字や漢字の「書字指導」だけが日本語指導ではなく、総合的な「ことばの力」を育成する日本語指導のアプローチへ進むであろう。しかし、学校現場では、このような「ことばの力の捉え方」にはなかなか立てないのが実状である。その理由の1つは「ことばの力」を把握する機会と方法論がないことである。

5．JSL バンドスケールに見る「ことばの力の捉え方」

　JSL バンドスケールとは、早稲田大学大学院にある私の研究室が日本語を学ぶ子どもの日本語の力の実態を発達段階的に把握する方法として開発したものである。バンドスケールのスケールとは、「判定基準（ものさし：scales）」で、その「ものさし」が90ほどあるので、「ものさしの束」

として「バンドスケール」と呼ばれる。年齢集団を「小学校低学年」「小学校中高学年」「中学・高校」の3つに分け、それぞれの集団の4技能（聞く、話す、読む、書く）ごとに、初歩レベルの1から日本語を高度に使用できるレベルの7あるいは8の段階を設定している。そのうえで、それぞれのレベルには、①日本語習得上の諸特徴、②日本語を使用するときの諸特徴、③誤用例、④学習者のストラテジー、⑤言語と認知発達上の諸特徴、⑥教育歴や母語の影響などが記述されている。この「ものさしの束」をどう使うかと言えば、当該の日本語を学ぶ子どもの学習の様子や先生とのやりとり、クラス活動や遊びの様子などをよく観察し、そこで見られる言語使用の特徴がJSLバンドスケールのどのレベルの特徴と合うかを検討し、そのときの日本語の力のレベルを判定する。

　たとえば、「小学校低学年」の話すレベル1は、「ものの名前を言ったり、単語を言ったりする。直接的な要求をするための語彙に限られる。大人や他の子どもが言った単語や句をそのまま繰り返す。コミュニケーションを図るためにジェスチャーを使う」などが大きな特徴で、具体的には「一語文、二語文で意味を伝えようとする。例：「その本、見せて」「この本、読んでもいい？」などの意味で、ただ「ほん」と言う。」などが記述されている。続く「小学校低学年」の話すレベル2では、「挨拶など日常的な習慣の言葉を使い始める。ジェスチャーや実物に頼ってコミュニケーションを行い、それを分かってくれる人と行動をともにする。」が大きな特徴で、「周囲に伝えたい意欲がみえ、言葉を使うようになる。質問や他の子どもの発言を真似ることがある。」「自分勝手に語句を組み合わせたりする。例として「じゃない、じゃない」「きれくない」」などの具体例が記述されている。

　このように日本語使用の特徴を記述し、その記述内容と照らし合わせる形で日本語の力を把握しようとする背景には、Bachman & Palmer (1996) の第二言語能力モデルを基礎とする第二言語能力観がある。つまり、第二言語能力とは、母語で得た言語能力や言語知識、コミュニケーション体験、および第二言語の知識や第二言語を使ってコミュニケーション活動を行おうとする全人的なことばの力とする考え方である。具体的に言えば、それは、話し手が自己の置かれている状況や直面している場面で、

また話し手と聞き手の関係性を把握し適切と考えられる方法で、聞き手や周囲の人々との関係を取り結ぶために第二言語を使用する力ということになる。したがって、その力とは総合的なことばの力ということになる。

これは、子どもの文法理解力や文章内容把握力等を測るために実施される「国語テスト」が想定する「国語力」とは異なる。JSLバンドスケールでは、漢字力や書字力だけを「日本語の力」とは捉えていないばかりか、ペーパーテストなどによって、点数化することで「日本語の力」を把握することをめざしているわけでもない。なぜならJSLバンドスケールの基本となる「ことばの力の捉え方」は、子どもたちが複数言語の使用される環境にあって自らの中にある複数言語の体験をもとに日本語によって他者との関係性を築こうとする総合的なことばの力と見るからである。

それゆえに、JSLバンドスケールの「レベルの説明」は「記述的」になるのである。たとえば、JSLバンドスケールには、次のような記述がある。「他の子どもがすることを注意深く観察するが、話さない場合もある（沈黙期間）」〔小学校低学年・話す・レベル１〕、「考えや意味などを確かめるために、同じ第一言語を話す友だちや大人とは第一言語を話す」〔小学校低学年・話す・レベル３〕、「自分の知っている語句を使ったり、非言語の使用（微笑み、うなずきなど）、回避ストラテジー（勉強しているふりをする、忙しいふりをするなど）によって、理解できないことを隠したりする場合がある」〔小学校中高学年・聞く・レベル３〕、「メタ言語（語・文字・ページ・題名などのような、読みに関する用語）を日本語で理解している」〔小学校中高学年・読む・レベル３〕、「日本語における広い基礎的な知識が増え、日本語で流暢に話すようになってきているので、書くことにおいても、かなり速く滑らかに書ける。間違いを恐れず書いている。最初に書き出したときに間違いがあって、それを知りながらも、書きたいことを書き続け、テクストを完成させることもある。」〔小学校中高学年・書く・レベル４〕

このような記述になるのは、日本語を学ぶ子どもが持つことばの力を社会的な文脈の中に位置づけて把握しようとするからである。つまり、このようなJSLバンドスケールを設計するのは、子どもの日本語の力を、４技能を中心にしながらも総合的に捉え、かつその日本語の力に対して「動

態的」かつ「指導的」観点にたった「ことばの力の把握」を行おうとする必然の方法論なのである。

6．「移動する子どもたち」のことばの力

　JSL バンドスケールを使うことによって、日本語を学ぶ子どものどのような日本語の発達の様子が見えてくるのか。ここで、いくつかの例を示そう。［かっこ内は、JSL バンドスケールによる4技能のレベルを表す。1は初歩レベル、7は高度に日本語を使用できるレベルをいう］

◆ケース1：小学校2年生、男。家庭内言語は韓国語。韓国で小学校に通っていた。滞日期間は11か月。言いたいことを日本語で言えないときは、母親に日本語で何と言うか聞く。

　　　　　　　　　　［聞く・3、話す・3、読む・2、書く・2］

◆ケース2：小学校3年生、女。母親とタイ語、父親と日本語を使う。タイ語での読み書きはできない。日本で幼稚園、小学校を過ごす。話し言葉は流暢。しかし、ひらがな・カタカナの混同があるなど、読む力、書く力は弱い。そのため授業についていけない。わからないことを隠す、あるいは回避する。

　　　　　　　　　　［聞く・7、話す・7、読む・3、書く・2］

◆ケース3：小学校6年生、男。家庭内言語は韓国語。指導開始時は、在日期間1か月。ひらがなだけで精一杯。算数の文章問題は解けない。「先生の話は、半分は聞こえるけど半分は聞こえない」と言う。

　　　　　［指導開始時：聞く・1、話す・1、読む・2、書く・1］
　　　　　［3か月の指導後：聞く・3、話す・3、読む・3、書く・3］

◆ケース4：中学校1年、女。母親と中国語、父親と日本語を使う。母国で小学校に5年通った後、11歳で来日。指導開始時は滞日期間が約1年半。母語により形成された内面や思いを日本語でうまく表現できず、苛立ちがある。中国語で学んだ「地名」が日本語での学習にほとんど役立たないことにも苛立つ。

　　　　　［指導開始時：聞く・4、話す・4、読む・2、書く・3］

［6か月の指導後：聞く・6、話す・5、読む・3、書く・3］
◆ ケース5：中学校2年、男。母親とスペイン語、父親と日本語を使う。コロンビアで小学校3年生まで通う。来日後、4年たつが、毎年1学期の途中から夏休みにかけて一時帰国し、「日本語を忘れる」と言う。長い話は聞き取れない。「分かったふり」をするため、誤解が多い。読む、書くは、時間がかかる。他の人の書いたものを丸写しする。「液」を「よる」と読み、「夜」と関連すると理解する。
［聞く・4～5、話す・4、読む・2～3、書く・2］

　私はこれまで都内の公立小中学校で日本語を学ぶ子どもたちへの日本語指導の実践を、多数指導してきた。そこから見えてくる子どもたちのことばの力の実状は極めて多様である。いわゆる「取り出し指導」を受けている子どもの中にも、JSLバンドスケールのレベルが1レベルから6レベルまであった。また、ひとりの子どもの場合でも、4技能が同じレベルにある子どもは少なく、多くの子どもが、4技能の発達のアンバランスな状態にあった。その背景には、来日年齢、滞日期間の他に、出身国での教育歴や家庭内での教育、家庭内の言語生活、親の考え方などが子ども一人ひとりによって異なる事情があり、その結果、子どものことばの力の実状も多様になる。加えて、親の仕事の都合による引越、さらに祖国への一時帰国や第三国への移動も含め、子どもたちは「移動する子どもたち」、あるいは「移動せざるを得ない子どもたち」となる。したがって、このような「移動せざるを得ない子どもたち」であるからこそなおさら、教育指導にあたる教育支援者は、動態的で相互作用的な「ことばの力の捉え方」が必要となるのである。母語能力も含めたことばの力の把握が、これらの子どもたちへの日本語教育には不可欠となる。
　このように、JSLバンドスケールは日本語を学ぶ子どもたちのことばの力を把握する方法論として十分に機能しうる。ただし、JSLバンドスケールはことばの力を把握することだけが目的ではない。むしろ、JSLバンドスケールによりこれらの子どもたちのことばの力を把握しつつ、そのことばの力を伸長するためにどのような日本語教育を行うかを検討する

ことが、JSL バンドスケールの目的なのである。換言すれば、それは「ことばの力の捉え方」に基づく言語教育実践の創造を意味する。

7. ことばの力を踏まえた日本語教育の観点―「個別化」「文脈化」「統合化」―

では、日本語を学ぶ子どものことばの力を踏まえて、どのような指導が必要なのであろうか。ここではことばの力に応じた日本語指導を行う場合の3つの観点、「個別化」「文脈化」「統合化」について、実践を通じて考えてみよう[3]。

7.1.「個別化」

小池愛が指導した児童 A は在日期間が 8 年ほどの、広東語を母語とする 4 年生（女子）であった。この児童の在日期間は長いが言語能力は必ずしも高くない。たとえば、左右のことば（左手、右手、左側、右側など）と概念が一致しておらず、あいまいな印象を与える。また、接続表現がうまく使えず、談話が構成できない。小池はこのような A に対して、お互いが記者になって聞いたことをもとに「新聞づくり」をする実践や、実際に自分の家のまわりを描く「地図をかこう」という実践、さらに作文を読むのを聞きながら地図の記号を確認する「地図を読もう」という実践などを行う。具体的にいえば、たとえば、実際に家から学校まで歩いて、道順の案内文を書いたり、紙テープを使って、「1 m はどのぐらい？」「2 m はどのぐらい？」とおおよその長さを身につけて、身の回りのものを測るなどをし、その中でことばを習得できるように指導を行った。

小池の実践では、子どものことばの力を把握した上で、子どもの興味や関心をうまく利用し、個人的なつながりに配慮した指導を行っている。学習者の個人差（言語能力、学習スタイル、学習ストラテジー、興味など）に配慮した指導が第二言語習得には重要であることはすでに指摘されている（Scarcella & Oxford, 1992）が、それに加えて子どもの場合は、子ども一人ひとりの発達段階に配慮した指導を設計する必要があるし、支援者

---

[3] ここで紹介する実践は、すべて早稲田大学大学院日本語教育研究科・年少者日本語教育研究室編（2003～2010）による。

と子どもの相互作用的な「学び」の中でことばを学習することが大切である。それが、「個別化」の観点である。

7.2.「文脈化」

　第二は、文脈化である。ことばは流動的である。ことばは、文脈の中で意味が生まれ、談話（ディスコース）の中でメッセージを伝える。つまり、学習者は場面や状況に応じてことばを理解し、流動する文脈の中で使用してはじめてことばを習得する。それは決して文型練習で得られるものではない。したがって、言語教育は、子どもがことばを使う、意味のある文脈をいかに作れるかがポイントとなる。ここでいう「文脈化」とは、ことばと内容を支える学習の「流れ」のことで、（1）ことばの「文脈化」、（2）内容の「文脈化」、（3）学習の「文脈化」の3つがある。

　まず、（1）ことばの「文脈化」について述べよう。山本冴里が指導した児童Bは、約11か月前に韓国から来た2年生であった。飛んだり転がったりするのが好きな活発な男の子であったが、家庭内言語は韓国語なので、日本語はまだ流暢ではなく、ひらがなが読める程度であったという。この児童の場合、日本語の語彙が不足しているうえ、発達段階から見ても、まだ長い談話は言えない。そこで山本はこの児童Bに対して「鯛焼きづくり」の実践を行った。山本は家庭支援という形でBの家で指導を行っていたが、まず近くの「鯛焼き屋」へ実際に鯛焼きを買いに行くことから実践を始める。「鯛焼き屋」で鯛焼きの数え方を学ぶ。次週、山本は自宅から「鯛焼き器」をBの家へ持ち込み、実際に鯛焼きをつくる。そのために、スーパーへ買い物に行く。そこでは、買い物の計算を日本語で行う。買い物が終わると、山本が用意した「たいやきの作り方」（ふりがなつき）というレシピを読みながら、2人で実際に鯛焼きを作る。この一連の「流れ」の中で、Bはいつも以上に発話したという。山本は、子どもが興味を持ち、初めてのことや面白いこと、好きなことを実体験する中でことばを使うとき、たくさんのことばが発せられるのだと実感する。その瞬間を、山本は「ことばが子どもに吸いついていくようだ」と表現している。このような「流れ」、つまり、ことばが吸いついてくる「文脈」をどう作るかが重要な観点となる。

次は、（2）内容の「文脈化」である。武一美が指導した児童Ｃは、父親が日本人、母親が韓国人で、生後7か月のときに来日した1年生である。在日期間は長いが、家庭内言語は日本語、韓国語、英語と多言語環境の子どもである。この児童の場合、目の前にないものについて、相手が理解できるように話すことがまだ十分できなかった。そこで、武は話す力と書く力を結びつけることを目標に、「Ｃ君のお話し絵本」づくりという活動を設計する。まず「お話し作りの下地」をつくるために、「読み聞かせ」「物語を楽しむ」ことや物語に関するクイズを出したり、カードを並べて紙芝居のように話を作ったりする。続いて「物語を話す」「折り紙を折りながら、話す」「折り紙でできたものを登場人物にして、お話しをつくる」「お話しを書く」と、徐々に言語活動が活発になるように発展させていく。この指導は週に1回、約2か月間続いた。最後は、Ｃが熱を出して指導を「お休み」にすると、「お話づくりがしたい」と泣き出すほど、Ｃはこの活動に入り込んでいたという。その理由は、活動の内容の「流れ」があったからであろう。これが内容の「文脈化」である。

　三番目は、（3）学習の「文脈化」である。子どもは、「取り出し指導」で学ぶだけでなく、在籍クラスでも日々学んでいる。したがって、「取り出し指導」の学びと在籍クラスの学びを結びつけて考えることも重要な視点である。間橋理加が指導した児童Ｄ、児童Ｅは中国から来た2人の男子であった。指導開始時、2人とも在日期間は1年ほどで、5年生に在籍していた。したがって、多少の生活言語能力はあったが、学習言語能力はまだついていない。子どものことばの力について、そのように判断した間橋は2人の子どもの「取り出し指導」を行ったが、常に「在籍クラスの学び」を意識した指導を行っている。地球環境について考える単元では、その単元で使用されるキーワードを意識的に使いながら、2人の児童と話をするようにし、考えたことを「わたしたちが地球にできること」という題の作文を書かせた。そのプロセスを間橋は、「在籍クラスでの授業→日本語指導→書く作業により思考と言語の一致→在籍クラスの授業」と学習が進み、学習に必要な日本語が自分のことばとして定着し、考えの深まりも期待できると説明している。このような学習プロセスの背景には、クラス担任との連携が必要なため、間橋はクラス担任との密接な連絡や、在籍ク

ラスの授業見学により当該児童だけでなく、クラス担任の授業の進め方の観察なども行い、さらに在籍クラスに入り込む実践を展開する。このように、在籍クラスの学びと「取り出し指導」の学びをつなぎ合わせることによって、「取り出される」子どもにとっての、学習の「文脈化」が生まれるのである。

　これらの「文脈化」でいう「ことばと内容を支える学習」とは「内容重視の日本語教育」のことであるが、それは「教科書の内容」を中心にした日本語指導という単純な捉え方ではなく、上述の「文脈化」を踏まえた指導があるときに、「ことばの学び」が生まれると考えることが重要であろう。

7.3．「統合化」

　第三の観点は、統合化である。橋本弘美は韓国から来たばかりの5歳の幼稚園児F（女児）を対象にした実践を行った。来日したばかりで日本語が全くわからないFにとっては、日本には日本語があり、そのことばには意味があることを認識することから、ことばの学習が始まると考えられる。そこで、Fが紫のクレヨンでぶどうの絵を描き始めたとき、橋本は「むらさき」と言い、周りにある紫色のものを指差しながら「むらさき」「むらさき」と繰り返し言った。すると、Fも、その色が紫とわかり、自分から紫色のものを探し、指差しながら「むらさき」「むらさき」と発したという。その後、Fがイチゴの絵を描いたとき、橋本は「あか」と伝え、同じ動作を繰り返す。すると、Fはまた「あか」「あか」と発したという。そこで、橋本は、再度、紫色のものを指差し、「これ何？」と尋ねる。しかし、Fはすぐに「むらさき」が出てこず、少しはにかみ、「んー」となったとき、橋本はすかさず、「むらさき」と言った。すると、Fの顔がぱっと明るくなり、また紫色のものを指差しながら、「むらさき」「むらさき」と言い出したという。

　この園児が「ああ、それ知っている。でも忘れた。何だっけ」という態度を見せたとき、すかさずことばをかけてあげることは言語習得に効果的であると橋本は述べる。子どもの言語発達の領域では「意味するもの」と「意味されるもの」を結びつける象徴機能の形成が言語機能の発達の中核

となる（岡本、1982）と指摘されるが、同様のことが言語教育の基本につながる。つまり、学習者の言いたいことや内容がことばと「統合」するとき、言語習得が進むと考えられる。これが、ことばと内容を「統合化」する観点である。言語教育の前提は学習者の「考えていること」をどのように表現させるかにある（細川、2002）という考え方と通じる観点である。

7.4. 学習に役立つ社会的相互行為とは

以上の「個別化」、「文脈化」、「統合化」の観点は、日本語を学ぶ子どものことばの力の実態を踏まえて実践を行うときの観点である。ただし、これらの観点だけで言語教育が進むわけではない。学習者に支援者（教師やボランティアなど）がどう関わるかが、次の課題となる。

これまで述べた「個別化」、「文脈化」、「統合化」の観点は、学習や発達に関する知見と一致する。「個別化」は、一人ひとりの子どもによって「発達の最近接領域」（ヴィゴツキー、1934）が異なることから当然の視点といえるし、これらの3つの観点は、当該の子どもの「発達の最近接領域」を理解する支援者との社会的相互行為のプロセスの観点でもあると言える。前述の実践は、したがって、すべて社会的相互行為に裏打ちされている。

ここで重要なのは、どのような社会的相互行為が学習に役立つのかということである。当該の子どもの支援者が子どもに対して「高すぎる要求」をすれば、子どもは失敗するし、「低すぎる要求」をすれば、子どもの動機づけは低く、退屈を感じるであろう。どちらも「学び」は成立しなくなる。そうではなく、「発達の最近接領域」を拡大していくような、支援者と子どもの共同行為こそが、「学び」を成立させていく。その「発達の最近接領域」を拡大していくような共同行為を支える方法論の1つが、スキャフォールディング（足場作り）である。家を建てるときに「足場」を作り、家が完成したときには「足場」を解体するのと同じように、スキャフォールディングは子どもの発達や学びに応じて「解体」されていく「支援」である。つまり、子どもがひとりでできないことをできるように「助けてあげる」のではなく、ひとりでやりとげる力を得られるようにする「支援の方略」を意味する。Hammond（2001）によれば、スキャフォー

ルディングにはマクロの視点とミクロの視点があるという。つまり、カリキュラムにある学習のゴールをめざすマクロな視点と、支援者と子どもとの間の特定の場面で必要となるミクロな視点である。したがって、子どもの支援者は、目の前にいる子どもが当面の課題を成し遂げる場合のミクロな視点の支援を考えることと同時に、その子どもがまとまりのある「学習」のゴールへ向かうマクロな視点の支援を見通すことが必要となる。

ここで確認したいのは、「発達の最近接領域」の把握やどのようなスキャフォールディングが適切かを判断するためには、当該の子どものことばの力の把握が不可欠であるという点である。つまり、支援者が子どもに理解されることばで話しかけ、相互のコミュニケーションを通じて、共同行為の中に「知識」（学習内容）を形づけ、新たなことばを獲得していくことを考えなければ、それらは有効な教育的方法論となるとは考えられないからである。ことばの力の把握の上で重要な鍵となるのは、支援者と子ども、あるいは子ども同士の共同行為としての「対話」（やりとり）であろう。したがって、言語教育の実践の課題は、どのようなことばの力を持つ子どもに対して、どのようなスキャフォールディングを行うことによって、どのような「学び」が生まれたのか、またそのときに「対話」（やりとり）がどのように形成されるのかについて、実践を通じて追究することであろう。

8．「複数視点によることばの力の把握」から新しい協働的実践へ

本章は「ことばの力の捉え方が言語教育のあり方を決定する」という論点をめぐり、日本語を学ぶ子どもへの日本語教育を例に考察してきた。それらの実践から見えてくる指導の観点と方法論は、その前提に、前述の第二言語能力モデルを基礎とする第二言語能力観がある。簡潔に言えば、ことばの力は、動態的で、非均質的で、相互作用的なものと考えられる。したがって、状況や場面によってことばの力の現れ方は異なる。だとすれば、ことばの力を把握するためには、単一の場面や状況ではなく、複数の場面や状況で把握することが必要となる。また、判定者が1人ではなく、複数の判定者による協働的把握がより望ましいと言えよう。つまり、「複

8．「複数視点によることばの力の把握」から新しい協働的実践へ

数視点によることばの力の把握」である。

　では、「複数視点によることばの力の把握」はどのように可能なのか。日本語を学ぶ子どもの場合は、その子どもの周りにいる複数の支援者による協働的把握を想定することになる。その支援者には、在籍クラスの担任教員、日本語クラスの教員、派遣協力者、ボランティアなどが含まれる。これらの複数の支援者がJSLバンドスケールを使用しながら当該の子どものことばの力を把握し、共通理解を深めることになる。これは、動態的で、非均質的で、相互作用的なことばの力を把握する上で非常に重要な方法論であると同時に、そのことばの力の把握が教育指導のあり方を考える上で極めて重要だと言えよう。なぜなら、このような「複数視点によることばの力の協働的把握」は子どもに関わる人々のことばの力への認識の再考を促し、そのことが、必然的に、「協働的な教育実践」の可能性を切り開くことになるからである。

第 3 章

子どものことばの力を
把握することの意味とは

1．「移動する子ども」のことばの力を把握する前提

　日本語を学ぶ子どものことばの力を複数の視点から協働的に把握することが、子どもに関わる人々のことばの力への認識を再考することを促し、そのことが、必然的に、「協働的な教育実践」の可能性を切り開くことになる。

　ただし、日本語を学ぶ子どものことばの力をどのような方法で把握しようとするかという命題には、当然ながら、ことばの力をどう考えるか、つまり「ことばの力の捉え方」が強く影響する。その点に留意しながら、これまで「移動する子ども」のことばの力の把握の方法についてどのような方法論があったのかを見てみよう。そのことを通じて、先行研究とJSLバンドスケールの考え方はどう違い、その結果、実践にどのように影響していくのかを検討したい。

　論を進める前に、「ことばの力」を把握することの前提となることを確認しておきたい。

　たとえば石井恵理子は、「測ろうとする言語能力とはいったい何か」「能力を評価するということはどういうことか」「能力を評価する方法としてどのような方法があり得るのか、その適切さについてどう考えたらよい

か」（石井、2002）と指摘し、そこに避けて通れない「重要な問題」があると述べる。さらに、佐藤郡衛は「多言語環境にある外国人児童・生徒の評価」について「誰が何のために評価を行うのか」という点も忘れてはいけない（佐藤、2002）と指摘する。

　これらについて本書は、第一に、子どもの場合は成人の日本語学習者と異なり、母語を含むことばの力が発達段階にあるという点、したがって、第二には、子どものことばの力は発達過程での位置づけという意味で把握されなければならないという点、そして第三は、ことばの力の把握結果はその後のことばの指導に役立つものでなければならないという点を確認して、論を進めたいと考える。

　また、本書が考察するのは、日本語を含む複数言語に触れる「移動する子ども」である。したがって、ことばの力の議論には当然、ことば＝日本語という意味で使用する場合がある。また一方、日本語を含む複数言語の総体となることばの力という意味でことばあるいはことばの力という場合があることを、はじめに断っておく。

2．ことばの力を把握するための研究

2.1.「4技能」測定テスト

　来日する「外国人児童生徒」を対象に日本語指導が広く行われるようになったのは1990年代である。そして間もなく学校現場のニーズもあり、これらの児童生徒の日本語の力を把握する方法が模索された。当時の文部省（現在の文部科学省）はその方法論について研究を進めようとした。その研究の成果は東京外国語大学留学生日本語教育センター編『外国人児童生徒のための日本語指導　第1分冊—カリキュラム・ガイドラインと評価—』（1998、ぎょうせい）として公表されたが、この中でこれらの児童生徒を対象にした評価法について述べられている。

　簡潔に言えば、その評価法の目的は、外国人児童生徒が「教科の学習をする上で必要とされる口頭表現力、読解力、文章表現力の基礎力の測定を目的としたテスト」（伊東他、1999：34）を作ることにあった[4]。それはいわゆる「4技能」（聞く、話す、読む、書く）を測るテストを想定した研究である。したがって、このテストは、「4技能」すべてを測定すること

を前提としている。具体的には、「聴く力と話す力」を測る「口頭表現力テスト」(20分のインタビュー形式)、読む力を測る「読解力テスト」(20分の選択・クローズ形式)、書く力を測る「文章表現力テスト」(30分の筆記形式)の3種類のテストである。「口頭表現力テスト」の評価内容は①指示表現の理解力、②音読力、③既知情報の伝達力、④意志・感情の表現力、⑤問題解決力であり、「読解力テスト」の評価内容は①文字表記理解力、②語彙理解力、③文法理解力、④内容把握力、また「文章表現力テスト」の評価内容は①文字表記力、②語彙表現力、③文法表現力、④内容・構成力、とされている(伊東他、1999：35-36)。

このテストは、このような多様な日本語の力を「4技能」を切り口に判定しようとする点に特徴がある。総合的な日本語の力を判定しようとしている点は評価できるが、このテストにはいくつかの課題もある。たとえば、①このテストは「教科の学習をする上で必要とされる口頭表現力、読解力、文章表現力の基礎力」を把握することを目的とするというが、テストの内容がその「基礎力」の内容に一致しているのかどうかという点、また、②このテストの内容はテストの対象となる「外国人児童生徒」の認知発達や言語発達とどのように連関しているのかという点、あるいは③同じ年齢層の「外国人児童生徒」の成育環境(公的な教育を受けたことのない場合や、母語による識字教育が不十分な場合など)の多様性と、このテストがどのように連関するのかなどの点について十分に考察されていない。

それらの課題があることも踏まえ、本章の議論で重要なのは、この評価法に含まれている「ことばの力の捉え方」である。この評価法には、日本語の力は文字表記、語彙、文法、読解などの切り口から見える力(評価点)を合算することで見えてくるという「ことばの力の捉え方」があるということである。ただし、そのような部分の集積がことばの力であるということは未だ証明されていないのだ。そのことを、「移動する子ども」の実態を踏まえて議論されることがまず重要なのである。実際に、この評価法がこれまで全国の学校現場に普及した状況は見られない。

---

4 このテストは、外国人子女の日本語指導に関する調査研究協力者会議(1998)『外国人子女の日本語指導に関する調査研究〈最終報告書〉』を経て、東京外国語大学留学生日本語教育センター編(1998)で公表されている。

2.2.「会話力テスト」

　成人の日本語学習者の「日本語能力」を把握する方法は現在もさまざまに試みられているが、前述の前提から見ればそれらはそのままでは子どもの学習者に使えないことは明らかである。受動的で静態的な試験よりも、学習者が実際のインターアクションの中でどのくらいその言語を使うかを見る方が、より正確にことばの力が把握できるという発想から試みられているのが、アメリカ外国語教育協会（The American Council on the Teaching of Foreign Language：ACTFL）のOral Proficiency Interview（OPI）である。OPIはもともと汎言語的に使える「会話能力テスト」（以下、会話力テスト）として成人外国語学習者を対象に開発されたもので、日本語教育への応用に関しては牧野（1991）、牧野他（2001）が論じている。それらによると、OPIが把握することばの力とは「目標言語を使って何ができるかというタスク能力」（牧野他、2001：15）であるという。そのため、OPIは一定の基準を参照しながら対面のインタビュー方式で判定するテストと定義される。OPIの判定レベルの主なものは初級、中級、上級、超級の「逆ピラミッド」で示され、さらに初級、中級、上級は上、中、下と3段階に分けて設定されている。各レベルの「評価の基準」は「機能・タスク」「場面・内容」「テキストの型」、また「正確さ」は「文法」「語彙」「発音」「社会言語学的能力」「言語運用能力」「流暢さ」から判断される。10分から30分のテストがテスターと呼ばれる有資格者によって行われ、結果が判定される。

　このOPIを「年少者の日本語能力」の把握に導入しようと試みたのが中島他（1994）、中島（2001）、中島・ヌナス（2001）、中島（2002）である。

　「年少者用OPI」と中島らが呼ぶ「会話力テスト」は、はじめカナダ日本語教育振興会（Canadian Association for Japanese Language Education：CAJLE）で中島らが1991年から開発してきたテストであり、「海外の日系人子女の日本語教育の現場のニーズに基づいて開発されたもの」（中島他、1994：41）であった。したがって、テストの主な対象者は、カナダに住む日系の子どもたちであった。つまり、日本語教育に応用されたOPIは成人日本語学習者一般が対象であったが、この「年少者用OPI」

は日本語を継承語（JHL : Japanese as a Heritage Language）として学ぶ子どもを対象に開発されたのであった。

「年少者用OPI」は成人用OPIをもとに開発されたもので、「ロールプレイを中心にした面接テスト（約20分）」（中島他、1994 : 40）の「1対1の個人テスト」である。会話力は、「基礎言語面」「対話面」「認知・段落面」の3面から査定される。「基礎言語面」とは「どの位正確な日本語を話すかということ」で、「対話面」は「どの位会話が出来るかということ」、「認知・段落面」は「事実、考え、意見、感じたことなど、概念的なことまで含めてどの位まとめて話せるかということ」（中島他、1994 : 44-45）を判定する。またテストの実際の流れは、「導入」「レベルチェック」「ロールプレイ」「確認」「まとめ」の順序で進み、そのテスト過程では、独自に考案された「ロールプレイ・カード」が使用される。査定基準は、ACTFLのOPIの9項目に「聴解」「言語間の分化」「ノン・バーバル」を加えた12項目で、それぞれの項目がHigh, Mid, Lowの3段階で評価される。さらに、教師や父母に対して、現地語と継承語の2言語の発達状況に関するコメントが書き込まれた「評価表」も考案された。

その後、中島・ヌナス（2001）、中島（2002）は、「年少者用OPI」をもとに開発された「会話テストOBC」（Oral Proficiency Assessment for Bilingual Children）を使い、日本在住の中国語とポルトガル語を母語とする子どもを対象にした調査について報告している。「会話テストOBC」は1対1の10分あまりのインタビュー・テストで、会話力を「基礎言語面」、「対話面」、「認知面」の3面に分けて判定する。テストの進み方は、「ウォーミングアップ」「導入会話」「基礎タスク」「対話タスク」「認知タスク」が被験者である子どもに応じて組み合わされる。テストの過程では、独自のカードやタスクが与えられ、ロールプレイやタスクの達成度を通じて会話力が測られる。査定基準としては、「基礎言語面」、「対話面」にそれぞれ6つの評価項目があり、「認知面」には4つの評価項目があり、各項目が5段階で評価される（ただし、全16項目のうち2項目は評価者によるコメントを書き込む形である）。この調査では、これらの基準によって得られた結果が6つの段階（ステージ）で分類された。「言葉による応答が困難」なステージ1から、「社会性が増して相手への配慮、丁寧さ意

識が加わる」ステージ6までの中に、結果が分類されている（中島、2002）。

2.3.「会話力テスト」の成果と課題

さて、上記のような「会話力テスト」の成果と課題は何であろうか。

中島他（1994）は、「年少者用OPI」を開発した点を第一の成果とし、さらに「年少者用OPI」がサブマージョン環境の子どもの会話力に表れた現地語と継承語の発達の度合いを浮き彫りにした点を成果とした。具体的に言えば、英語［現地語］と日本語［継承語］の場合、英語、日本語共に高度に発達している「両言型」、英語が強く日本語が弱い「英ドミナント型」、日本語が強く英語が弱い「日ドミナント型」、英語も日本語も弱い「半言型」と分類されるような子どもたちの様子が明らかになったことを挙げている。

一方、課題として、中島他（1994）は主に次の点を挙げている。調査対象の子どもたちの年齢が9歳から15歳であったが、その年齢よりもさらに年少の子どもたちの会話力を測る方法を開発すること、会話力の上限を設定する場合、その上限を大人を対象にしたACTFLのOPIにどう位置づけるか。あるいは、継承語（JHL）の測定用として開発された「年少者用OPI」を、日本に定住する、日本語を「外国語として学習する子ども」にも応用できるように見直すこと等を挙げた。

その後、中島らは日本定住のポルトガル語を母語とする子どもの調査を行い、わかったこととしてその成果を次のように指摘する（中島、2002）。

・日本語会話力と滞日年数の間に有意な相関が見られた。
・サバイバルに必要な対話力は2年くらいで獲得され、高度な認知面のコミュニケーション力の獲得は4年から5年くらいかかる。
・母語保持と入国年齢には有意の相関が見られた（たとえば、母語成熟度が高い子どもは母語保持型になるが、母語成熟度が低い低年齢の子どもは後退型になる可能性が強い）。また、その中にも早期後退型、中期後退型、後期後退型などがある。
・母語の会話力が高度に発達していることが第二言語の認知面のみなら

ず、対話面の会話力の習得にも関連する。
・保護者の二言語使用に対する態度や保護者の日本語力が子どもの日本語会話力や母語の会話力に影響を与えている（保護者へのアンケート結果から）。

　これらを踏まえ、「ポルトガル語を家で使用する子どもの方が、ポルトガル語の保持のためにも、また高度な日本語会話力獲得のためにも有利である」（中島、2002：41）という結論へ導く。
　また中島（2002）は今後の課題として、以下の点を挙げる。

・テストの設問が「文化的に妥当性があるかどうか」という点
・2言語併用の子どもを対象に実施するテストが2言語になるため、先行する言語テストの「練習効果」にどう対処するか
・会話力を伸ばすための教材作りやカリキュラム作り

　以上が、中島和子が中心となって開発した「年少者用 OPI」「会話テスト OBC」の成果と課題であるが、今後の教育研究のためにはこれらの先行研究を改めて検討することも必要であろう。次に、「会話力テスト」自体への批判を検討してみよう。

2.4.「会話力テスト」のへの批判

　ACTFL の OPI に対してはアメリカでも批判がある。たとえば、Bachman のいう「能力・テスト法混同の説」と「外国語能力複数説」という批判である（牧野、1991）。前者は、OPI では被験者に「物語る/叙述する（narrate）」というタスクをさせ、それができれば上級の能力と判断するが、果たして、その基準は能力と一致しているのかという疑問であり、後者は、外国語能力は複数の独立した能力が相互に関連しながら成っているのではないかという批判である。つまり、複数の能力の総体として外国語能力を見るべきではないかという主張である。
　横山紀子らは、日本語能力試験と OPI を比較検討した中で、OPI への批判として、OPI が「1対1の対話モードだけを見ており（中略：引用

者)、複数の話者がいる場面でのインターアクション能力などが調べられないこと」、またOPIでは「全体的には試験官が会話をコントロールする形をとっており、一般の接触場面において求められる自発的な発話能力や会話管理能力などが十分に評価されていない可能性がある」こと、さらに、「被験者は、発話内容を自由に創造できることから、言語形式の面で「言えないこと」を回避する可能性があること」(横山他、2002：48)を指摘している。

このようにOPIというテストの「妥当性」と「信頼性」についての批判がある一方、OPIを実施する際のハード面の批判もある。岩崎典子は、「OPIをその信頼性を損なわずに実施するにはトレーニングを受けた公式テスターがインタビューを行う必要があり時間もかかるため実用性の低いテスト法と言える」(岩崎、2002：100)と指摘している。

これらの批判は大人の学習者に対するOPIへの批判であったが、同様の批判が年少者を対象にしたOPIやOBCに対しても言えるのではないか。

さらに問われるべきは、子どもを対象にしたOPIやOBCの目的は何かという問いである。前述の「誰が何のために評価を行うのか」の観点に立った検討が必要である。中島和子の一連の研究は、カナダであれ日本であれ、「サブマージョン環境の子どもの会話力の強い面と弱い面を浮き彫りにすること」(中島、2002：29)を基本的テーマとしており、会話力テストを通じてCumminsのいう「二言語相互依存の仮説」や第二言語習得における母語の重要性を確認する結果となっている。また中島はこの「会話力テスト」が「査定ではなく、あくまでも発展途上の二言語を3面でモニターし、会話力のカルテのようなものを周囲の大人が共有して指導の指針にしようということ」(中島、2002：29)がねらいであると言うが、調査過程に見られる単発的なテスト結果がどのように教育に生かされたのか、また今後生かされていくのかについては十分な見通しが示されていない。先行研究の結果を追認するためだけの実験的なテスト調査であれば、被験者にとってはよい教育的結果をもたらすとは言えないだろう[5]。

2.5. 何のための評価法か

　以上、子どもを対象にした「4技能」測定テストや「会話力テスト」を検討してきた。いずれも、「ことばの力の捉え方」が評価法に強く影響しているということがわかる。さらに言えば、これらの「ことばの力の捉え方」が何のために評価するのかという考え方とも密接に関連していることが、指摘できよう。その観点から、これらの評価法の共通点と課題点をまとめてみると、①いずれもある時点の日本語の力を判定する「診断的テスト」であるという点で共通するが、それゆえ②比較的短時間で判定できるという点では便利なものの、「判定される日本語の力」はその時点での静態的な「能力」、あるいはあるタスクに表れた「能力」にすぎないという点、加えて、③この結果を学校現場の教員が行う日々の指導にどのように連関させていくのかが不明であるという点が、共通の課題点と言えよう。

　「診断的」あるいは「静態的」観点に立った「テスト法」ではなく、日ごろの指導の中で学習者の日本語の力の実態を「動態的」な観点から把握することができる方法論、またどのように日本語が発達していく途上にあるかを見通す「指導的」な観点から把握することができる「方法論」こそが、必要なのではないか。換言すれば、そのような観点に立った「ことばの力を把握する方法」という発想が、これまでの「4技能」測定テストや「会話力テスト」の開発にはなかったのではないかと思われる。

5　岡崎敏雄は、「日本語を母語としない」子どもにとっては母語と日本語の両方が有機的に結びついているゆえに、第一言語と第二言語の両方を見ることが重要であるとして、「海外から来て日本で学んでいる子どもたちが第二言語として日本語をどのくらい習得しているかということと、彼らが既に獲得している母語の能力をどのくらい保持しているか、その両方をみることを目的としたテスト」（岡崎、2002：46）として「言語の習得と保持に関するテスト」（Test of Language Acquisition and Maintenance：TOAM）を開発したという。したがって、TOAM が明らかにしようとすることは、「既に母語でできあがっている概念やスキーマを利用して、第二言語である日本語を理解可能にする基盤がその子どもにどのくらいできあがっているか」ということで、「今どのような状況にあるのかというのを測ることがポイントである」（岡崎、2002：55）という。母語と日本語の両方から子どもの言語能力を考えるという視点は重要であるが、岡崎は TOAM の詳細については具体的に公表していないため、ここではそのテストに関する議論はこれ以上行わない。しかし、本章で私が提起した点は TOAM についても同様であろう。

3. ことばの力を把握するための方法と観点
　—JSL バンドスケール—

　「移動する子ども」を対象にしたことばの力の把握という課題には多様な要素が含まれる。その中でも重要なのは「移動」という点である。その「移動」には、国境を越えた移動から生活環境や学校文化やカリキュラムの間の移動も含み、結果的に、教育環境と教育内容が「接木」されることも意味する。さらに、これらの子どもたちは成人の日本語学習者と異なり、身体的、認知的に成長発達の過程にあるという点、特に小学校低学年の子どもの場合、母語力や母語による教育によって育成されることばの力の基礎的な力や、メタ言語能力やメタ認知能力が十分に育っていない場合もあるなど、子どもたちの様子に多様性があり、同時に、常に変化しているという動態性がある。したがって、それらの子どもの「ことばの力の把握」の目的は、子どもが持つ複数言語のことばの力の状況を理解し、それをもとに子どもを「育てる」という観点がまず必要である。

　前節で見た「移動する子ども」のことばの力を把握しようとする先行研究の議論を踏まえて、これらの子どものことばの力を把握するときにはどのような方法と観点が必要かについてまとめておこう。

　まず子どものことばの力を把握するときの観点は以下であろう。

・子どもの発達段階に応じて判定されること
・会話力だけでなく、いわゆる 4 技能に関わることばの力を把握すること
・静態的な方法ではなく、時間をかけた動態的な方法であること
・訓練を受けたテスターによる把握ではなく、一般の教師が注意深く観察すれば誰でもできる方法であること
・ペーパーテストでなく、判定を通じて教師のことばの力の捉え方が深化するようなものであること
・そのためには、ことばの力を深く理解したり捉え直したりすることができるような方法であること
・判定結果が教育指導や教育行政へ反映され、子どもの継続的な支援に

つながること

　ここで私が開発してきた「JSLバンドスケール」という方法論について改めて詳しく検討してみよう。

　JSLバンドスケールは、日本語を学ぶ子どもの日本語の力、「聞く」「話す」「読む」「書く」の4技能の発達段階を把握するための「ものさし」(scales) である。子どもの成長段階によって「小学校低学年児童」（6—7歳）、「小学校中高学年児童」（8—11歳）「中学・高校生」（12歳以上）の3つの年齢集団に分け、かつ各年齢集団に「聞く、話す、読む、書く」の4技能ごとの1から7（あるいは8）までのレベルを設定している（表1.参照）。日本語の力の低い段階（レベル1）から日本語の力の高い段階（レベル7・レベル8）まで、7段階あるいは8段階に分け、各レベルに、第二言語としての日本語習得上の諸特徴、たとえば、日本語使用の状況、誤用例、第二言語習得のストラテジー、母語を含む言語と認知発達上の諸特徴、母国での教育歴・来日時期・家庭内言語使用の影響等が記述されて

表1.「JSLバンドスケール」のフレームワーク

年齢集団	4技能	レベル判定段階
小学校低学年	聞く	1・2・3・4・5・6・7
	話す	1・2・3・4・5・6・7
	読む	1・2・3・4・5・6・7
	書く	1・2・3・4・5・6・7
小学校中高学年	聞く	1・2・3・4・5・6・7
	話す	1・2・3・4・5・6・7
	読む	1・2・3・4・5・6・7
	書く	1・2・3・4・5・6・7
中学・高校	聞く	1・2・3・4・5・6・7・8
	話す	1・2・3・4・5・6・7・8
	読む	1・2・3・4・5・6・7・8
	書く	1・2・3・4・5・6・7・8

いる。つまり、JSL バンドスケールには、日本語を子どもが習得していく様子が段階的に具体的に示されている。

では、少し詳しく見てみよう（この節でいうレベルは、すべて JSL バンドスケールのレベルをさす）。

日本に来たばかりの小学校 1 年生の場合、「初めて日本語に触れる。聞くことに集中し、黙っていることが多い」状態である。これは「沈黙期間」(silent period) と呼ばれる時期である。ただし、このレベルでも母語で答えたりすることもある。たとえば、支援者が「これ、いいですか。」と聞くと、「No！　No！」と答えたりする場合がある。このような様子が、小学校低学年・話す・レベル 1 に記述されている。

次は、「おはよう」「はい」「だめ」などの語を使い始めたり、自分で勝手に語句を組み合わせたりするようになるレベルである。たとえば、「じゃない、じゃない」「きれいくない」がその例である。「じゃない」というのは、日本語で否定的表現がまだ言えないために、日本語表現の文末の部分だけを切り取って、「いいえ」「ちがいます」の意味で使っている例である。ただし、これは誤用ではあるが、見方を変えると、「じゃない」という部分を否定形として理解する力はあるということも言える。このような様子が、小学校低学年・話す・レベル 2 である。

さらに、二語文、三語文から、徐々に自分のことばで話し出す段階へ進む。しかし、この段階（小学校低学年・話す・レベル 3）でも、子どもが習得している語彙はまだ少なく、言いたいことを日本語でどのように言うかを考えるために時間がかかり、そのため、簡単なことを言う場合でも、考えながら、あるいは、つっかえながら話す様子が見られる。ただし、単語や短い文しか言えなかった段階（レベル 2）を超えて、間違いを恐れず話すようになる段階で、生活態度も積極的に見えるレベルである。

この上のレベル（小学校低学年・話す・レベル 4）になると、身近な話題、たとえば自分の生い立ちや最近の出来事などについて、短くても話すことができるようになる。接続詞もいくつか（<u>けど</u>、<u>だって</u>、<u>でも</u>など）を使ったり、「……とね」「……じゃん」「でもさ」など、周りの子どもが使うような表現を使いながら話すようになる。ただし、言いたいことを正確に言おうとすると、ブツブツと文が途切れたり、助詞の誤用があったり

する。しかし、支援者には言いたいことが全体的には理解できる。学習場面でも、教科に関する語彙や概念が増え、徐々に授業中に自分の考えを述べたりできるようになる。

　このようにJSLバンドスケールには、生活場面だけではなく、学習場面の様子も記述されている。

　小学校低学年の「話す」レベル5になると、さまざまな生活場面で使用する日本語が定着してきており、また日常的な学習場面では身近な話題であれば参加することができるようになる。たとえば、教室での話し合いで自分の考えを述べたり、クラス全体へ向けて自分の意見や考えを発表することもできるようになる。接続詞（だから、それからなど）を正確に使えるようになる。ただし、それでも、教科に関する複雑な内容を日本語で表現するのは難しい面もまだある。語彙も増えているが、言語表現は限られており、「……かもしれない」「……しかない」「……もある」など、意味の微妙な違いやモダリティを表現することはできない。そのため、発話に深い内容がない印象を与える。

　その上の小学校低学年「話す」レベル6は、生活場面ではほとんどコミュニケーションがとれるほど日本語の力が向上しているが、学習場面では部分的に理解できないときもあるようなレベルで、複雑な構造の文を作り出す力や意味の微妙な違いやモダリティを表現する力が育ちつつある段階である。最後の小学校低学年「話す」レベル7は、学年相応の生活場面、学習場面で十分に日本語が使用でき、日本語で正確な言い方を知らない場合でも、他の表現で説明することができるレベルである。

　以上のように、JSLバンドスケールには、日本語を習得する子どもの具体的な様子が記述されている。そして、子どもの日本語の力の発達段階を把握するときは、その各レベルの記述内容と、実際の子どもの様子を照らし合わせながら、日本語の力のレベルを判定することになる。

　ただし、ここで重要なのは、これらのレベルの記述が教育指導的観点からなされている点である。たとえば、「日本語で学習し始める。言い換え、繰り返しなど教師の補助があり、身近な会話であればクラスの会話に参加できる」（小学校中高学年・話す・レベル3）、「新しい語彙の説明、概念の説明があれば、短い文を読むことができる」（小学校中高学年・読む・

表2．「JSLバンドスケール」小学校・低学年・4技能のレベルの記述（抜粋）

		聞く力の特徴			話す力の特徴
聞く	レベル1	初めて日本語に触れる。聞くことに集中し、黙っていることが多い様子が多く見られる。他の人がすることを注意深く観察し、しばしばその行動を真似ることがある。	話す	レベル1	初めて日本語を話し始める。直接的な要求を表現するために、**ジェスチャー**や**一語文**を使う。単語や他の人の言葉をそのまま繰り返す発話が目立つ。他の子どもが話すことを注意深く観察するが、何も話さない**沈黙期間**に入ることもある。
	レベル2	挨拶や簡単な指示などの決まった**日本語表現**を理解し、応えることができる。ジェスチャーを伴うような直接的な態度で対応しようとする。		レベル2	日常生活でよく使う表現を理解し、身近な環境で**日本語**を話すことを試み始める。周囲に伝えたい意欲が見え、言葉やジェスチャーや実物に頼ってコミュニケーションを行う。短い語句を繰り返すような活動には参加することができる。
	レベル3	**生活場面や教室内の簡単な日本語での**やりとりや指示を理解し、行動できる。身近な話題について、教師が絵や身振りなどを使って説明すると、大切な語句は聞き取ることができる。しかし、日本語母語話者の速さで行われる教室内のやりとりについていくのは難しい。		レベル3	学校生活やクラス内で使われる日本語に慣れ、日本語で学習を始める。親しい友達や大人に話しかけられると、絵やジェスチャーを頼りながら、やりとりができる。日本語母語話者同士の会話に参加するのはまだ難しいが、**自分の言葉で積極的に話そうとする。**
	レベル4	よく知っている日常的な場面（教室内での遊びなど）で使われる日本語は理解できるが、ときどき支援が必要になる。1対1の説明や、繰り返しを求めることもあるが、やさしい日本語で、明確に筋道を立て、手順ややり方が説明されれば理解できる。		レベル4	習った日本語を試そうとしたり、生い立ちや考えなど、日常的な話題以外についても日本語で話そうとする。話し相手や具体的な話題などがあれば様々な場面でコミュニケーションすることができる。よく聞いてくれる相手となればその話題について長く話を続けることができる。
	レベル5	**幅広い生活場面での日本語**が理解できる。しかし、日本語による学習では、**複雑な概念や考え**を理解する力は限られている。よく知っている話題の場合は、特別な補足や説明の繰り返しなどをほとんど必要としない。		レベル5	幅広い生活場面で日本語を使用する力が定着するが、学習場面における日本語を使ったより複雑な内容や概念を理解する力・表現する力が限られている。流暢に話し、会話のやりとりに参加し続けることができる。身近な話題であれば日常的に行われる主な教室活動に参加できる。
	レベル6	ほとんどの生活場面で、十分に日本語を理解できる。学習場面でも日本語を理解できるが、部分的に聞き取れない部分もある。クラス全体の話し合いやグループ活動などでも、主な意見を理解できる。スピードの速いやりとりや話題の転換にもついていける。		レベル6	ほとんどの生活場面で十分に日本語が使えるようになる。学習場面でも十分に日本語を使えるが、部分的な欠如もある。学年相応のすべての日常的な活動や学習上の活動に積極的に参加し、人の助けをほとんど借りずに自分自身の考えや意見を述べることができる。ただし、意図を正確に表現することはやや困難。
	レベル7	すべての生活場面や学習場面で、年齢や学年に応じた日本語を十分に理解できる。ただし、第一言語にはない言葉や日本の伝統的なものについては、よく理解できないこともある。		レベル7	学年相応のすべての生活場面、学習場面で十分に日本語を使用し流暢かつ正確にコミュニケーションできる。日本語での正確な言い方を知らない場合には、別の表現に言い換えて手際よく説明することができる。

3. ことばの力を把握するための方法と観点

		読む力の特徴			書く力の特徴
読む	レベル1	初めて日本語を読む。よく目に入る文字や単語をいくつか識別できる。自分の名前を識別できる。	書く	レベル1	第一言語、または日本語で初めて書く。書くことを試したり、書く動作やふりをしたり、絵や文字らしいものを日本語で書こうとする。他の人が書いたものを真似ることもある。
	レベル2	繰り返し使われる単語や短い語のまとまりを識別し始める。テキストに対して適切な反応（怒ったり、驚いたり）ができるが、十分に理解したり意味を予想することはできない。		レベル2	日本語で、意味のあることを書こうとする（例：名前、題名、単語など）。書いたものを補足するため、絵を描くことがある。身の回りの文字や記号を＜意味をもつもの＞として写すことができる。
	レベル3	身近な内容について書かれた短いテキストを視覚的な助けや場面などから推測し、理解し始める。自分で書いたテキストを友達や先生に読んで聞かせることができるが、その場合覚えていることをそのまま言ったり部分的な読みになったりする。		レベル3	身近でよく知っている事柄について、短い文を書き始める。意味が通る日本語を書くが、話し言葉の特徴が、文にも影響し、それが書くものの制限になっている。
	レベル4	様々な読解スキルを徐々に身につけ、応用し始める。活動を説明する文章で文脈的な手がかりがあるなら意味を理解できる。教科学習で教師と児童の共同で作られたテキストの要旨なら部分的に理解できる。		レベル4	モデル文の影響を受けて、身近な話題について、短い文章を書くことができる。しかし、依然、文章表現には児童の日本語力が総合的に影響し、意味が通じないときがある。
	レベル5	積極的で自信を持って読んでいるように見えるが、まだ限界がある。身近な話題に関するテキストは文脈的なヒントをもとにほとんど読める。複雑な話題と説明文、新しい語彙や概念が含まれるテキストの場合深い読みができない。内容を把握できなかったり、間違った解釈をすることもある。		レベル5	身近でよく使うパターンの文章は、なめらかに書くことができるが、長さは限られ、長い時間がかかる。書かれた文章の意味は分かるが、書く文章は、抽象的ではなく、複雑でもない。
	レベル6	学年や年齢に応じた内容、範囲の中で、十分に読めるようになる。読むのに時間がかかる場合があるが、支援（たとえば、新出語彙の説明、補足説明など）があれば、説明文、指示文なども読める。		レベル6	学年相応の範囲で、日本語が十分に書けるようになる。なめらかさとスピードも増し、それが文章の長さに影響していく。ただし、部分的に誤用なども残る。
	レベル7	すべての生活場面や学習場面で、学年や年齢に応じた十分な読解力をもつ。在籍クラスの授業で、新しいテキストを読めるようになる。文化的に特有な言葉を理解するのはまだ難しい。		レベル7	学年相応の範囲で、目的に応じたあらゆる文章を、十分に日本語で書くことができ、学習場面でも書くことができる。書くことに長い時間も要しない。

レベル3）、「モデルが与えられれば、短い文を書くことができる」（小学校中高学年・書く・レベル3）のように、対象となる子どもたちの認知発達、ことばの発達段階に応じた、文脈による具体的な補助的支援の目安が含まれている。また、誤用を言語習得上の自然な状況として捉えたり、生活言語能力（BICS：Basic Interpersonal Communicative Skills）や学習認知言語能力（CALP：Cognitive/Academic Language Proficiency）（Cummins, 1984）を踏まえた、学習場面での言語使用が詳しく記述されている。たとえば、「知らない学習内容であっても、内容や言葉をきちんと与えられれば、より複雑な考えを理解し、かつ表現できる」（小学校中高学年・話す・レベル6）というのは、その例である。

　このようなレベル別の記述内容を、教育支援者がよく理解し、目の前の子どもの様子を観察することによって、子どもの日本語の力の使用範囲や発達段階を把握することができるようになっている。そのような教育指導上の工夫がさまざまに含まれている点が、JSLバンドスケールの特徴の1つである。

4．JSLバンドスケールを支える「ことばの力の捉え方」

　では、JSLバンドスケールを支える「ことばの力の捉え方」を少し詳しく見てみよう。

　このJSLバンドスケールの背景には、BachmanとPalmerの「第二言語能力モデル」とHallidayの体系機能言語学（Systemic Functional Linguistics）がある[6]。Hallidayの体系機能言語学の特徴は、「ことば」を話し手と聞き手の関係性から捉えるところにある。この理論では、「何について話したり書いたりしているか」（話題）と「誰が誰に対して話したり書いたりしているか」（対人的関係）と「目的や状況に応じ、話し言葉で伝えるのか、書き言葉で伝えるのか」（伝達様式）という3要素によ

6　JSLバンドスケールは、オーストラリアで使用されている「英語を第二言語として」（English as a Second Language：ESL）学んでいる子どもたちのためのバンドスケールをモデルとして開発された。それは、オーストラリア国立言語・識字研究所（The National Language and Literacy Institute of Australia：NLLIA）から1993年に発表された *The NLLIA ESL Bandscales* と呼ばれるものである。2007年、改訂版の *The NLLIA ESL Bandscales Version2* が出版された。

って言語の使用は決定されると考える。

　たとえば、身近な例をあげると、テーブルの上に残された次のようなメモを考えてみる。学校から帰ってくる子どもに宛てた母親のメモである。そのメモには、次のように書かれている。

　　「ゆうくん、おかえり。冷蔵庫に昨日の誕生日ケーキが残っているから、食べてもいいよ。食べたら、遊びに行く前に、宿題を片づけなさいね。お母さんは6時までには帰るから。お母さんより。」

　ここには「おやつ」「宿題」「帰宅時間」などの〈話題〉が、母から子どもへという〈対人的関係〉の中で、状況を踏まえて「話し言葉」的な「書き言葉」という〈伝達様式〉が選択されている。この例にあるように、私たちは常に〈話題〉〈対人的関係〉〈伝達様式〉の関係の中で、ことばを選んで使用していることがわかる。もちろん、これらのコミュニケーションが成り立つためには、「冷蔵庫」や「誕生日」という漢字が読めたり、理由を説明する「から」や接続表現の「前に」の意味がわかったり、どういうときに「おかえり」と言うのかという知識が必要なことは当然である。

　BachmanとPalmerの「第二言語能力モデル」ではことばの力を支えているものの1つは「言語知識」であると示されている。言語知識は「構造的知識」と「語用論的知識」の2つに大きく分けられる。「構造的知識」とは語彙の知識、統語の知識、音韻／書記体系の知識などの文法的知識やテクストに関する知識などで、発話や文やテクストがどのように構成されるかという知識である。また「語用論的知識」とは、発話や文やテクストがことばを使う意図や状況とどう関係づけられるのかという機能的知識と、方言や変種、言語使用域、慣用表現、比喩表現などに関連する社会言語学的知識という、2つの領域に分けられている。

　さらに、上の例では、お母さんの書いたメモを読む子どもには、「メモ」という紙や、「ゆうくん」という呼びかけから、これが「伝達」という場面であることを理解する力も必要である。そのような力は人間と人間の伝達のあり様を理解したり、ものごとを捉えたりする、目に見えない力を意味する。つまり、それは「メタ言語的な力」と言える。文脈や場面を理解

して、ことばを使うには、このような力も必要なのである。

したがって、これらの子どものことばの力を支える2つめの要素は、このような「メタ認知的方略」である。実際にことばを使用するとき、上述の「言語知識」だけではなく、「話題の知識」や「情意スキーマ」も影響を与える。「話題の知識」とは「知識スキーマ」あるいは「実世界知識」とも言われるもので、個人が生きている世界でことばを使用する際の情報の基礎となるものをいう。また「情意スキーマ」とは「話題の知識」と感情的に関連し合うもので、過去の感情的な経験から情意反応を生み出すものをいう。「情意スキーマ」は、ことばの使用を促進したり限定したりすることにもなる。

つまり、日本語を学ぶ子どもたちは、単に文字や文法だけではなく、さまざまな力を総動員してことばを理解し、使用している。子どもたちは、何を行うかを決定し（目標設定）、自分の持っているものをどのように使い（計画）、自分が必要なことは何か、あるいは何をしなければならないか、どれほどうまく行ったかを自分で評価する（アセスメント）というメタ認知的方略を使いながら、前述の「言語知識」や文脈や状況等と相互に作用し合う中で、日本語を使用していると考えられるのだ。

以上が、JSLバンドスケールを支える「ことばの力の捉え方」である。そのため、子どもの日本語の力を把握するには、子どもが日本語を習得するときの特徴、日本語を使用するときの特徴、その誤用、学習上のストラテジー、言語と認知発達上の諸特徴、教育歴や母語の影響などを考慮することが必要になる。

さらに、子どものことばの力を実際に把握するときには、次の3点が重要になる。

第一は、前述のように、特定の状況や文脈、対人的関係、社会文化的考えなどが日本語使用に影響するということは、これらの子どもの場合、母語、母文化の知識や経験が日本語習得に影響するということになる。また、カミンズ（Cummins, 1984）の「二言語相互依存の仮説」から第一言語による認知的、社会文化的背景が日本語の力に影響を与えることも考えられる。

第二は、子どもが言語的および認知的に発達段階にあるという点であ

る。それはメタ認知的およびメタ言語的能力も発達途上にあり、それらが日本語の力とともに表出してくるという点である。

　第三は、子どもの日本語の力は、生活場面だけではなく、学習場面でも把握されなければならないという点である。JSL バンドスケールが、生活場面だけではなく、学習場面での日本語の力、すなわち「学習に参加するためのことばの力」の把握を重視しているのは、そのためである。学校の中の学習場面に現われる日本語の力は、認知的要求度が高く文脈依存度が低い学習活動（教科内容の理解に必要な活動）には不可欠であり、そのことばの力には、ことばと意味を結びつける強い力が必要となる。

　つまり、「ことばの力」（第一言語であれ、第二言語であれ）がまだ発達途上の子どもにとって、意味と言語形式の関係を探りながら、教科活動に参加していくことは容易ではないのである。認知的要求度が高く文脈依存度が低い学習活動に参加するのが難しくなるのは当然である。したがって、JSL バンドスケールは、このようなことばの力の発達途上にある子どもたちが、状況や文脈の中で意味を形成するテクストをどれくらい理解したり産出したりできるようになっているかを把握するための「ものさし」なのである。そのため、「ものさし」の内容は、生活場面や学習場面における言語使用の具体的な様子が記述されることになる。

　以上が、JSL バンドスケールを支える「ことばの力の捉え方」である。では、次に子どもたちのことばの力の実際を見てみよう。

5．子どものことばの力は実際にどのように見えるのか

　日本語を学ぶ子どもの日本語使用の実態は多様である。母語をどれくらい習得しているか、来日年齢は何歳か、認知発達段階はどれくらいかなど、子どもたちの背景は一人ひとり異なる。以下は、複数の中学生の発話例である。母語が混ざる例、長い文を最後まで言えない例、あるいは、言いたいことが並列につながっていく例である[7]。

7　これらの例は、すべて早稲田大学大学院日本語教育研究科川上郁雄研究室が東京都目黒区教育委員会の依頼を受けて行った調査報告書『目黒区「日本語能力調査」報告書―「日本語指導が必要な」JSL 児童生徒に関する調査―』（2007、目黒区教育委員会）から引用した。

例1．クラブ活動について尋ねられたとき
「たぶん、next month、れんしゅう」

例2．宇宙飛行士になりたいのかどうかを尋ねたとき
「わたしは、うちゅうひこうしだけ、すきです。べんきょう、ちがう……なに……？　ぜんぶ、work なに？　はたらく？　ぜんぶ、なに？　うちゅうひこうしについて、ほんを、よみます……よみました。そして、すき。べんきょうがんばって……」

例3．文化祭について説明するとき
「最初にお琴があって、特別学級の男子がハンドベルをやって、吹奏楽をやって、昼休みごはん。」

　これらの発話に見られる、子どもたちの日本語の力の発達段階を、私たちはどのように判定したらよいのか。
　ここで重要なのは、これらの発話がどのような場面で、どのような相手に、どのような文脈で行われたのかということである。つまり、これらの発話の位置性（ポジショナリティ）をどう見極めるかが重要になる。そのうえで、これらの子どもたちの発話にどのような「ことばでやりとりする力」を見るかを検討することになる。その検討とは、発話の中に見える「ことばの力」を抽象化する過程である。そして同時に、その検討は、子どもたちの「ことばの力」と JSL バンドスケールの記述に見える「ことばの力」を比較することを意味する。一人ひとりの子どもの日本語の力を把握するということは、このようなプロセスを経ることを意味する。
　このようなプロセスから見えてくる日本語の力とはどのようなものなのか。
　JSL バンドスケールと照らし合わせながら子どもの日本語の力を実際に把握しようとするときに立ち現れてくる日本語の力には、次の3つの特性がある。その特性とは、ペーパーテストで測る一回性のものではなく、常に日本語の力は変化しているものであること（動態性）、場面や状況に

応じて生起する日本語の力は決して同じではないこと（非均質性）、日本語が使用される目的や相手との関係性によって日本語の力は異なっていくもの（相互作用性）という特性である。これは、JSLバンドスケールの背景にある「ことばの力の捉え方」とも一致する。つまり、JSLバンドスケールが想定する「ことばの力」というのは、極めて流動性のあるものであり、形が定まらない、常に変化し続けるものであるという捉え方である。そして、そのような日本語の力が最も顕著に、そして実感をともなって感じられるのは、子どもへの日本語支援の実践の中なのである。

　実践の中でこそ子どもの日本語の力が見えるというのは、日本語支援者が実際に日本語を指導する実践の中で、また子どもと日本語でやりとりをする中で、その子どもの日本語の力が「見えてくる」ということでもある。

　一例をあげてみよう。次の会話場面は中学生への「日本語指導」をしている場面だ。

　以下の対話資料は、支援者の齋藤恵が「モアイは語る―地球の未来」[8]という教科書の説明文で国語担任の先生が作成したプリントをもとに中学生Kと内容の確認をしている場面である（齋藤、2006a）。資料のS（支援者）および「私」は齋藤恵をさす。

1　S：モアイの「なぞ」（プリントの設問を読み上げている）
2　K：「なぞ」
3　S：「なぞ」ってなんだろう。
4　K：知らない。
5　S：「なぞ」って、「どうしてかなー」って思うことだよ。
6　K：あ、「なぜ」。「なぞ」（教科書文中に「なぜ」という言葉を見つける。）
7　S：ああ、あるね。「なぜ」なぜなんだろう。何が「なぜ」なの？
8　K：うーん、これ。
9　K：「文明」は、なに？（教科書の該当部分を読み始め、「崩壊」とい

8　安田喜憲「モアイは語る―地球の未来―」『国語2』光村図書出版、pp. 190-199。

う漢字を尋ねる。）
10 S：ほうかい（漢字の読みを教える）
11 K：「崩壊したのだろうか」
12 S：「それは、なぜなのだろうか」
13 K：「なぜなのだろうか」
14 S：1つ目のなぞはこれだね。「崩壊」ってなんだか知ってる？
15 K：うん。
16 S：どういうこと？
17 K：こわれた、だよ。
18 S：こわれることだね。そうだね。じゃあ、1個はこれだね。なぞは2つあるからね。
19 K：うん（「なぜ崩壊したのだろうか」とプリントに書き込む）
20 S：もう1つのなぞはどこだろう。「何で……だろう」って書いてあるところどこかにある？
21 K：うーん、（教科書黙読して探す）見つかった？（私にヒントを求める）
22 S：見つかった？（聞き返す）
23 K：あった？（私はわかるのか、とたずねる）
24 S：内緒。「なぜ」「なぜでしょう」このさあ、一番下のところ。「〜だろうか」（文末の「か」を強調）
25 K：「〜だろう」
26 S：「〜だろうか」っていうのが「なぞ」だよ。ほかにない？「〜ろうか」っていうところ。
27 K：あるけど、なかなか見つからない。
28 S：どこ？
29 K：ああ、ここ（文中を指差す）
30 S：「……あろうか」ほんとだ。なんて書いてあるの？
31 K：「だれがなんのために作ったのであ、ろ、う、か」
32 S：本当だ。これも「なぞ」だね。あったね。よし、書きましょう。
33 K：「誰が何のために……」（言いながらプリントに記入する）

支援者の齋藤は、このようなやりとりを通じて、生徒Kの日本語の力を把握していく。齋藤は、生徒Kがプリント上の言葉を手がかりに教科書のキーワードを見つけ、その前後を拾い読みすることで内容の要点をつかむことができるが、プリントの設問が別の同義語で書かれていると設問の答えを読み取ることが困難になると、判断する。また齋藤は、生徒Kの話す力は「様々な修飾語を知っていて、意味を正確に伝えようとするが、文法的には誤りがある。ときどき発音を間違えたり、独特のアクセントで話すが、聞き手にとって会話を妨げるほどではない」としてレベル5と判定し、読む力は「文脈のはっきりした文章の、大意どりや情報どりをすることができる。独力でやるには時間がかかり、気力がなくなる。支援者の補助があれば継続して取り組むことができる。テクストを読んで、書き手の意図や立場を推論するには、支援が必要である」と見て、レベル4〜5と判定する（齋藤、2006a：166-167）。

　支援者と子どもとの間のこのような「やりとり」の中で見えてくる日本語の力とは、録音テープに記録される「音」だけではなく、その「やりとり」を完成させる「ことばの力」として支援者には認識される。さらに、支援者がそのようにことばの力を認識するのは、支援者が子どもへ働きかける中で、その子どもが持つことばの力を「手探り」しているからである。

　このような実践の中で見えてくる子どもの日本語の力が、JSLバンドスケールの考えることばの力なのである。つまり、この場合のことばの力とは、子どもが日本語を使って「他者とやりとりすることばの力の総体」なのである。

6．改めて、子どものことばの力を把握する目的とは何か

　では、最後に、「他者とやりとりすることばの力の総体」を把握する目的について考えてみよう。

　JSLバンドスケールは、これまで述べたように、第二言語として学ぶ子どもの日本語の力の発達段階を把握する「ものさし」である。JSLバンドスケールの方法論と目的論をまとめると以下のようになる。

　第一は、日本語を学ぶ子どもと他者（指導者や他の子どもなど）との相

互のやりとり全体を通じて、これらの子どもの日本語の力の把握が行われること、また他者の働きかけを含む、そのやりとり自体がその日本語の力を把握する材料となるという点である。したがって、統制された設定場面よりも、生のやりとりの場面や機会が数多く分析対象となる。

　第二は、指導者からの働きかけや補助が日本語を学ぶ子どもの日本語の力の出現に作用するという点である。たとえば、「身近な話題について文脈的な補助（絵や身振りなど）が与えられた場合、教師の話からキーワードを聞き取ることができる。」（小学校低学年・聞く・レベル3）、「教師の文脈的な補助（モデルを示す、言葉を繰り返すなど）や、考える時間が与えられれば、身近な話題についての教科学習活動に参加できる。」（小学校中高学年・話す・レベル4）という記述がJSLバンドスケールに含まれる。JSLバンドスケールの目的が、「できない」ことを見つけることよりも、「どのような教育的補助（スキャフォールディング）があれば、どのようなことができるのか」を見極めることに重きが置かれているためであり、同時にそれは、特に学習場面で「学習に参加するためのことばの力」がどれくらいあるかを判定する上で重要であるからだ。

　第三は、日本語を学ぶ子どもの日本語の力の把握自体が目的化しないということである。JSLバンドスケールは、多くの事例をもとに一般化したものであるが、目の前の子どもも判定者も生身の人間であるため、そこに出現する、子どもの日本語の力自体が動態性と多様性を持つことになる。つまり、JSLバンドスケールという「鏡」に映し出される子どもの日本語の力（と思われるもの）は、実は、判定者自身の日本語の力の捉え方の反映なのである。言い換えれば、そのように見ればそう見えるし、そうでないと思えば、そうは見えないものなのだ。鏡に映った「日本語の力という姿」は、判定者の主観的な見方であり、自身の日本語の力についての内省的な見方の反映なのである。

　そのように考えると、ことばの力とは、外にあるものなのではなく、支援者あるいは判定者の内にあるものと考えられる。判定者の内にあるものとは、子どもと向き合う大人が考える日本語の力から、日本語学習観、日本語教育観、人間観などすべての要素が判定者の「ことばの力の捉え方」を決定するのである。日本語を学ぶ子どもの「ことばの力」とは何かとい

えば、それは子どもへの日本語支援の実践の中に立ち現れてくるもので、子どもの発達の視点、そしてことばの力の動態性の点から、支援者が子どもの将来の目標を見据えながら、ことばの力を引き上げていく教育的支援という「働きかけ」の中で、支援者が見据える、子どもの持つことばの力の総体と言えるのである。

　したがって、複数の判定者の間で日本語の力の「判定結果」が異なるのは当然なわけである。その背景には、判定者一人ひとりの日本語の力の捉え方、日本語学習観、日本語教育観、人間観（あるいは子ども観）などが異なるという点がある。重要なのは、日本語の力の把握自体が目的化することではなく、複数の判定者それぞれが主観的に把握した「判定結果」を持ち寄り、子どもの日本語の力について協働的に評価することである。そのような複数の視点から見る「協働主観的評価」から、子どものことばの発達について共通理解を深め、協働的な実践の方法を創出することこそが、JSLバンドスケールの目的であり、子どもを対象にした日本語教育の実践へつながる「ことばの力の把握」の目的なのである。

第II部
「移動する子どもたち」のことばの学びをどうデザインするか

第 4 章

「移動する子どもたち」と
どう向き合い、実践を行うのか
―主体性と動態性の年少者日本語教育学―

1．「移動する子どもたち」の窮状

　今、世界中で「移動する子どもたち」が増加している。
　「移動する子どもたち」の課題は、入国初期のことばと生活の適応指導から、教科指導、進路・進学まで、そしてその広がりは家庭、学校、教育行政、国の政策まで多岐にわたるが、その中心に位置づく子どもたちの現状は、不十分な支援しか受けられない窮状の中にあると言っても過言ではない。
　そのような窮状にある、これらの子どもたちの教育的課題で最も重要かつ喫緊の課題は、ことばの教育である。「移動する子どもたち」の特徴である複数言語環境で暮らし成長する子どもたちにとって、他者とやりとりする力、学び考える力、思考を深める力を得るにはことばの力が不可欠であるからだ。逆に言えば、ことばの力が育たなければ、他者とやりとりする力、学び考える力、思考を深める力も弱くなる可能性があると言えよう。
　では、「移動する子どもたち」のことばの力を育成するためには何が重

要なのか。確かに、これらの子どもたちに日本語を教える方法も、目の前の課題をやりとげるための支援も必要であろう。また、子どもたちの成長・発達の過程に継続的に、かつ長期的に寄り添って日本語を教えることも重要だ。教授法も教材開発も重要であろう。ただし、それだけではないだろう。子どもたちがいかに自律的に、かつ主体的にことばを学ぶ力を獲得していけるかという課題、あるいは、生きていく主体である子ども自身が自らの学びのスタイルを見つけ、自律的に、かつ主体的に学んでいくことを学ぶように私たちがいかに支援するかという課題、さらには、それを一人ひとりの子どもたちに寄り添って共に考えていくにはどのようにしたらよいのかという課題にこそ、私たちは注目する必要があるのではないか。それをここでは、「主体性の年少者日本語教育の課題」と言おう。本章では、この課題を考える上で必要となる基本的視点と方法論について論じる。

2. 子どもの「主体性」をどう捉えるか

はじめに子どもの「主体性」について考えてみよう。

子どもは社会、家庭、学校などの生活空間の中で、それぞれが「生きる主体」として生きている。そのような「生きる主体」となる子どもを育む教育現場では、日々の授業実践を通して子どもの主体性を育てていると言えよう。ただし、その主体性という定義は明確に定義されているわけではない。そのため、主体性は、「自主性」「自律性」「能動性」「自発性」「創造性」「積極性」「協調性」「社会性」などと同義であり、「子どもの意欲、関心を育てる」「生きる力を育てる」「豊かな心と身体を育てる」というような指導方針や目標が設定されることになる。さらに、教育評価や授業評価においても、「子どもの主体性が発揮されたのか」「主体性が育ったのか」という議論が当然生まれてくる。

このように「主体性」というテーマは現代の学校教育の核になる主題の1つであり、子どものさまざまな側面と密接に関連していることは確かである。しかし、「子どもの主体性」自体が多義的であるため、何をもって「子どもの主体性」が発揮され、育ったと見るのかという問いは残る。

ここで留意すべきは、教育現場で子どもの主体性が発揮されたと判断さ

れるのは、学校という社会的な文脈において他者（教師やクラスメートなど）によって捉えられるということである。「子どもの意欲や関心が高まった様子が見られた」とか、「子どもたちが自主的に協力して学習に取り組んだ」といった外から見た子どもの姿によって、子どもの主体性が捉えられるということである。つまり、子どもの主体性が独立して存在したり、発現したりするのではなく、子どもの主体性は他者との関わりや社会の文脈で捉えられるということ、そして、子どもの主体性は「子どもの学び」のプロセスと密接に関係する中で育成され、捉えられるということである。

したがって、子どもの主体性というテーマは「子どもの主体性をどう育むか」という教育実践の主題でもあり、同時に、「子どもの学び」をどう捉え、どう創造していくかというテーマに重なることになる。

では、次に、その「子どもの学び」がどう捉えられているかについて教育学、心理学、認知科学の知見を見てみよう。

3．「子どもの学び」をどう捉えるか

3.1. 内発的動機づけ

波多野誼余夫はかつて学校教育の目標を「自ら学んでいく力」、すなわち自己学習能力の育成にあると主張した（波多野編、1980）。波多野は、それを「自分で課題をみつけ、それと熱心に取り組み、その学習に内在する喜びや、自分の能力が高められることから満足を得るという、独立達成傾向」（波多野編、1980：18）と捉えた。その「独立達成傾向」を育成することが、教師の指示に従うだけの追随達成傾向の強い教育よりも重要であるという。なぜなら、それは、自分で学ぶ力だけではなく、自分にとって役に立つ知識を取り出し、知識を創り上げていく力になるからであり、生涯教育時代にも必要な力であると考えられるからであると述べている。

ただし、波多野はその独立達成傾向は学習者を「放任」するだけでは育たないとし、学習者の独自性、能動性や創造性を育て、「主体的な認識者」になるためには、「独立達成の場の提供」が不可欠であると主張する。

では、その独立達成の場とはどのようなものか。

稲垣佳世子は、まず子どもの知的好奇心を育てることが重要であるとい

う（波多野編、1980：37-95）。具体的には、授業の冒頭で教師が教材の提示の仕方を工夫し、子どもに「あれ？」「へんだな」「どうしてだろう」と思わせるような「驚き」や「疑問」「困惑」を与え、それについてよく知ろうという知的好奇心を引き起こすことが大切という。そうすることによって、情報収集活動が誘発され、情報が取得され疑問が解決すれば、「楽しかった」「またこんな経験をしてみたい」と子どもは思い、その経験が繰り返されることによって、既存の知識体系の矛盾に敏感になり、ひいては、自ら積極的に学ぼうという姿勢が育つという。このような意味で、稲垣は、自己学習能力の育成には「内発的動機づけ」が重要であると主張する。

　またそのような「内発的動機づけ」を育てるには、知的好奇心を支える「仲間とのやりとり」が不可欠であるという。仲間とのやりとりによって、心理的な安定感が得られ、知的好奇心が活性化されるからである。また、「内発的動機づけ」には「効力感」も必要である。「効力感」とは、努力をし、行動し、環境に好ましい変化をもたらすことができるという見通しとそれにともなう感情をいう。これは、自分が有能であると感じることであり、自信につながる感情であり、「無力感」や「獲得された無力感（learned helplessness）」を克服するねばり強さや積極性の育成、劣等感からの回復につながる。

　「内発的動機づけ」を育成するには、先にあげた発問の仕方だけにあるわけではない。稲垣は、子どもが自分の努力や行動によって事態が変わるという体験が重要であるばかりか、子どもが自分の努力の結果そうなったという実感が必要であるという。それは評価の問題と直結する。自分の進歩のあとは自分でわかるような評価（個人内評価）が望ましいという。これはいわゆるポートフォリオにつながる議論であろう。そのためには、「努力しがいのある課題の提示」が必要であり、「自分の力でやりとげたという体験」や「がんばれば何とかできるという体験」が与えられることが大切であるという。「子どもの能力に挑戦するような適度なむずかしさの課題を用意し、それに取り組ませること」を稲垣は提案している。

　以上の波多野、稲垣の議論でわかるのは、自己学習能力の育成には「内発的動機づけ」が不可欠であり、その「内発的動機づけ」には「自分はで

きる」とか「自分が働きかけをしたことによって変化する」という成功体験、あるいは実感がともなわなければならないということだが、それは授業づくりの工夫や教師の発問、評価の仕方だけではないだろう。波多野も稲垣も「仲間同士の教え合い」や「社会的な内発的動機づけの研究」の重要性を指摘しているが、「内発的動機づけ」が生まれるような「学び」の構造的な捉え方をどう考えるかも、課題であろう。

3.2. 双原因性感覚

その点を切り拓こうとしているのが佐伯胖の一連の研究である。次に、佐伯の議論から「学び」を捉え直してみよう。

佐伯の議論で重要なのは、「文化的実践への参加としての学習」と「学び合う共同体」というコンセプトである。

佐伯（1995a）は「教師が教え、生徒が学ぶ」共同体ではなく、「教師も学び、生徒も学ぶ」ような「お互いに学び合う」共同体の実践を、在日外国人への日本語教育（「日本語読み書き学級」の実践）をもとに提唱している。そして、その学習は「より広い世界へ向けて、より根元的なところに立ち返りつつ、文化における意味世界の吟味、享受、再構築の共同的実践に参加していくこと」（1995a: 30）にほかならないと主張する。

佐伯のこの考え方には、「学習」の概念を社会的実践の文脈の中で捉えようとしたレイヴとウェンガーの「正統的周辺参加論」に通じるものがある。実際、佐伯（1993）はレイヴとウェンガーの議論に絡めて、前述の「内発的動機づけ」を再解釈して、次のように述べている。

> 「「ものごとを知りたいということだけを目的に没頭していることが、自分自身がこれまでにない、何者か──大げさにいえば、学的探究者──に少しでも近づいているということで、自分の熟練のアイデンティティが自覚され、参加意識が高まった結果、より一層深く、ものごとに自らコミットメントするようになっている」とみることができる。こう考えると、何でもかでもに「内発的に動機づく」ということは（中略）ありえないわけで、そこには、追求していくべき「世界」のひろがりの実感とそれへの参加意識が芽生えているはずだ、ということが

予想される。」　　　　　　　　　　　　（佐伯、1993：188-189）

　ここで注目されるのは、学習主体である子どもが学ぶべき対象をどう意味づけるのか、そしてその「学び」の結果、自分が社会的にどう変わると実感されるのかということである。そのような意味で、佐伯は学習を社会との連続の中で捉え、それを「文化的実践への参加」というのである。
　では、学習主体である子どもがそのように実感するには、どうしたらよいのか。佐伯は、「わかる」とは何か、そして「学習の場」と「教師の役割」、つまり学習を関係論的に捉えることを指摘する。たとえば、ド・シャーム（1976）が自己原因性感覚による内発的動機づけ理論を展開するのに対し、佐伯は「双原因性感覚」を提示する。「自分はこうする。ゆえに、対象がこうなる」というのが自己原因性の感覚であるが、佐伯は、いつも自分が思うように世界が動くわけでもなく、人は対象となる世界によって「自分が変えられる」感覚をもって、相手の言い分に耳を傾けることもある。佐伯は、この「対象の世界」に働きかけることによって、「相手が私を変える」「私も相手を変える」という2つの原因性の感覚が一体となった実感を「双原因性感覚」と呼ぶ（佐伯、1995c）。つまり、佐伯は自己と同様に「他者」も原因となりうることに気づき、その「他者」が自己の心の中に入り込んでくる「双原因性感覚」を得ることが「やる気」を育てることだという。
　このとき、他者となりうる一人が、教師である。したがって、その場合の教師と子どもの関係性が捉え直されることになる。佐伯（1995c：141）は、教師は子どもを「ともにわかろうとする」パートナーとしてながめ、子どもは教師を「ともにわかろうとしている人」としてながめる関係になることが必要であるという。また、教師が、情報を子どもに一方的に与えるものではなく、子どもと二人称的に「あなたとして」関わる他者であり、子どもの立場にたち、子どもの内面に寄り添って、子どもが求めているものや、子どもの「自分探し」に一緒に付き合う役割を担っているという関係性の中で「子どもの学び」を捉え、関わることを、佐伯（1995a：40）は主張する。
　したがって、「内発的動機づけ」の実践研究は、学習者自身の「他者の

目に映ると想定される自己」の認識や、自己の外界への行為とその結果の意味づけ、他者の応答の意味づけなどに焦点を当てる「関係論的な理論化」へ進んでいる（佐伯、1995b：176）と言える。

3.3. 相互主体性

では、佐伯のいう「双原因性感覚」が子どもの「内発的動機づけ」「自己学習能力の育成」につながるとして、それが子どもの主体形成においてどのような意味があるのか。「相手が私を変える」「私も相手を変える」という学習者と他者の双方向の関係を「関係論的な観点」から捉えるとどうなるのかという問いである。

鯨岡（2006）は、子どもの主体はそれだけであるものでもなく、他者との関係の中にあり、その中で育っていくという観点を主張する。子どもの主体は他者によって認められて初めて、主体として成り立ち、育っていくということである。つまり、「子ども＝私」は、次のようになる。

> 「私の周囲にいる身近な他者が、私の存在を認めてくれた、私を大事にしてくれた、私を愛してくれたということが、私の内部に主体であることの中核的な思い、つまり、自己肯定感や自信を産む」
>
> （鯨岡、2006：72）

したがって、佐伯がいう「相手が私を変える」「私も相手を変える」という関係は、子どもと大人それぞれが主体として関わり合うということを意味していると考えられる。すなわち「自ら主体として生きつつ、相手を主体として受け止める」（鯨岡、2006：188）という関係である。鯨岡（2006）はこれを「相互主体的な関係」または「相互主体性」と呼ぶ。

ただし、そのような人間同士の「相互主体的な関係」は簡単な関係ではない。なぜなら「人は「どこまでも自分を貫きたい」のに「一人では生きていけない」存在」（鯨岡、2006：19）という人間存在の根源的両義性を持つからである。鯨岡（2006：106）は、相互主体的な関係とはお互いが相手を主体として受け止めようとしつつ、受け止め合えたり、受け止め合えなかったりする関係であるともいう。そこには矛盾や摩擦や葛藤もあ

る。つまり、「自分が正負両面をもった一個の主体であることと、周囲の人もまた正負両面を備えた主体であることを認めることができて初めて、子どもは対人関係のなかで真の意味で一個の主体であると言える」(鯨岡、2006：187)。

そのような正負両面をもつ一個の主体である大人が正負両面をもつ一個の主体である子どもと、お互いを一個の主体として認め合う関係の中で、「相互主体的な関係」を築き、その関係性の中で相互に学び合うことによって、相互に主体になっていくのである。

3．4．「子どもの学び」から「移動する子ども」の学びへ

このような一連の行為は、「正負両面をもつ一個の主体である」人間を大人も子どもも互いに理解していくプロセスと言えよう。そのプロセスは、人間理解に基づき人間社会に参加していくことを学ぶプロセスと考えられる。それは社会参加ができている大人がまだ社会参加できない子どもに働きかけるという一方向性の関係ではなく、社会参加できていると思っている大人も新たな人間理解を探究していくプロセスでもあるのだ。この点は、佐伯胖がいう「文化的実践への参加」の議論と重なる点であろう。

佐伯（1995c：212）は、子どもが「わかる」ということは社会的な文脈の中で「文化的実践に参加すること」という。「参加する」とは、本物の価値を認め、受け入れ、そして自発的に、価値の発見、創造、普及の活動に加わることと捉える。したがって、教育とは、子どもに向けた大人たちの「文化的実践への参加」の呼びかけであると同時に、教育という営みは「わかりあい」であるゆえに子どもからも学び、子どもの新鮮な発想や発見した新しい価値を、多くの人々と「わかちあう」ことであるという（佐伯、1995c：199-200）。

このような実感をともなった教育実践が前述の「双原因性感覚」を得ることであり、子どもの「やる気」あるいは「主体性」を育てることになるのである。

以上が「子どもの学び」をめぐる教育学、心理学、認知科学の知見である。一言で言えば、その知見とは、子どもが自分の学びを他者との関係で捉え、学ぶという実感を重ねていくという「子どもの学び」を関係論的に

捉える見方と言えよう。このような見方は日本語を学ぶ子どもの実践について考える場合にも重要な見方と言えるだろう。ただし、これまでの議論は、主に教育全般、それも第一言語で学ぶ子どもたちの教育現場が対象となる議論であった。では、このような知見を、「移動する子どもたち」の教育の実践で考えるとどうなるのか。つまり、日本語を学ぶ子どもたちの「学び」に、これらの知見を重ねて考えるとどうなるのかという問いである。

4．日本語を学ぶ子どもの「学び」をどう捉えるか

4.1．「学び」を支えるポイント

　日本国内の年少者日本語教育では、これまで日本語を学ぶ子どもの「授業に参加できることばの力」の育成について議論が活発に行われてきた。日常会話ができても教科学習についていけない子どもたちの「学力」問題が教育的課題、社会的課題として注目されてきたからである。それらの議論と並行して、研究者の間で、子どもたちの「学習能力」の育成についても議論が行われている。

　野山広は次のように課題を指摘している。

> 「子どもの「認知的発達」の過程で、言語学習を支える問題解決能力の一つとして不可欠な「自己学習能力」や学習の動機付けを自分自身で明確化し、自己管理できる力を育む学習環境作りと、子ども自身及び教授者・学習支援者の長い期間（数年から10年）の継続的努力が必要となってくる。」
> 　　　　　　　　　　　　　　　　　　（野山ほか、2006：274）

そのうえで、「自己学習能力を育てる」ための工夫や方法等について議論が必要であると述べている。

　これに対して、池上摩希子は「学習科学が示す協調的な学習活動」の意義を認めつつも、日本語を学ぶ子どもたちは、「「ことば」を用いて展開される活動を動かしていく原動力となる「ことば」自体にまだ限界があることが多く、これが問題を複雑にしている」（野山ほか、2006：278）と指摘する。さらに池上は、協調的な学習活動を通じて得た理解や考えを子ども

が文章等に表すには高次の認知能力と言語能力が必要で、かつ、これらの認知能力と言語能力を育成するには協調的な学習活動に参加し、さらに参加し続けられることが必要であるとし、そのためには、日本語を学ぶ子どもが動機と意欲を持てるように、

  「支援者には子どものことばの力を把握したうえで、
   ・子どものことばの力に合った適切な学習目標の設定
   ・子どものことばの力に合った適切な課題の設定
  が求められる。」 　　　　　　　　　　　　（野山ほか、2006：278）

と指摘する。この池上の指摘で重要なのは、日本語を学ぶ子どもの「学び」を考えていくときには、子どもの「ことばの力の把握」と「そのことばの力にあった目標や課題」が必要であるという点である。ここが、日本語を学ぶ子どもを対象にした教育で留意すべき点と言えよう。

 ただし、ここでも重要になるのは、日本語を学ぶ子どもの学びを支える「ことばの力」をどう捉えるかという点である。本書で繰り返し議論してきたように、この「ことばの力」の捉え方次第で、何が「適切な目標」なのか、何が「適切な課題」なのかも議論が分かれるであろう。すでに述べたように、日本語を学ぶ子どもの「ことばの力」は3つの特性、すなわち動態性、非均質性、相互作用性を持つと考えられる。それは、固定的なもの、静態的なもの、真空の中に浮かぶものではなく、むしろ、子どもと他者（教師や他の子どもたち等）との日本語によるやりとりの中で見えてくるものである。

4.2.　実践例

 では、そのような観点から、日本語を学ぶ子どもたちの「学び」をどう捉えるかについて、実践例をもとに、具体的に考えてみよう。ここでは、森沢小百合の実践（森沢、2006）を取り上げる。
 森沢（2006）は、フィリピン人の母を持ちフィリピンで生まれ育った児童Kに対して1年半、日本語支援のための「取り出し指導」を行った。森沢が支援を開始したとき、児童Kは5年生、来日3か月目で日本語の

適応指導を終えたばかりだった。Kは無口な子で、支援を始めてから3か月間は自分からは発言することもなく、問いかけにも首を振って答えているような状態であったという。したがって、在籍クラスでは、友だちを作ることもできず休み時間などは一人で所在なげにしている様子が見られた。クラスメートも、Kは日本語能力が低いから何もできなくても当然というような態度でKに接し、Kもまたそれを甘んじて受け入れているように見えたという。また教科学習においても、国語をはじめ教科書を日本人児童と同じ速さで理解するのは困難であり、時には教科書をただ眺めるだけで、内容を理解する気がない、できると思っていないというような様子が見受けられることがあったという。

　このような児童Kに対して支援者の森沢は、小学校高学年のKにとって全人的発達過程の中で「読む」「書く」という言語活動を通して思考を発達させる重要な時期であるため、読む力の育成と自己有能感の育成が必要と考える。それは、児童期の発達課題として「成長しつつある生命体としての自己への健全な態度の獲得」という課題が重要であると考えるからである。

　森沢は、児童Kが置かれている言語環境が元になって形成されてしまった否定的自己概念を肯定的自己概念に変えるためには、自己を肯定できるような気づきを日本語支援の中に仕掛けていく必要があると考え実践をデザインする。ただし、児童Kの読む力は、「文脈的補助のある身近な話題に関する短いテクストを理解する」「教師が選んだ短めのテクスト、複雑でない言語レベルのテクストを補助があれば読める」レベルであった（JSLバンドスケールの小学校・中高学年・読む・レベル3）。

　しかし、年齢相応の認知力があると判断する森沢は、「読み」に関するメタ認知能力の育成をまず考える。たとえば、「自分自身の問題解決行動の結果を予想する能力」「自分自身の行動の結果を評価する能力」「解決に向かう自分の進歩をモニターする能力」「自分の活動と解決はより大きな現実に対してどの程度合理的かを確かめる能力」という力の育成をめざす。

　読む力を育成する実践を行うため、森沢は『ファーブル昆虫記』のリライト教材（児童Kが読みやすいように書き換えられた文章）を自ら作成

した。児童 K が日ごろから昆虫に興味があることを森沢は知っていたためである。森沢はまず児童 K の語彙力を拡大するため、文章の中の語彙の意味を確認し、クイズやカードを使ったり、短文を作ったりしながら語彙の定着を図った。さらに、「音読、黙読を織り交ぜた指導」、すなわち、森沢がジェスチャーをしながら音読し、児童 K がその範読を聞きながら黙読するという方法を考える。始めは森沢を見ていた児童 K がしばらくすると、ジェスチャーを全く見ず、顔の前にリライト教材を持ってきて範読を聞きながら黙読するようになった。視覚的な補助がいらなくなったと判断した森沢は、ジェスチャーを止め、理解しやすいようにはっきりとした口調で範読を続ける。その後の内容理解確認の質問にも児童 K が大体答えられていたことから、ジェスチャーなしの範読だけで理解できていることを確認した。その後、内容確認のワークシートを見ながら森沢が K の発話を促し、K の言ったことを紙に箇条書きにしていくやり方でリライト教材の内容の要約をした。

　森沢が重視したのは、発話を促しながら要約する活動であった。そのやりとりの例が以下であった（森沢、2006：90）。

　　　S（支援者）：どんな実験だった？
　　　K：入れ替えた。
　　　S：そうだよね。何と何を入れ替えた？
　　　K：コオロギを、コオロギを元気なのと入れ替えた。
　　　S：元気なのと入れ替えた。前のコオロギは元気じゃなかったの？
　　　K：寝ていた。
　　　S：寝てたんだよね？　なんで寝てたの？
　　　K：注射。

さらに、読んだ章にタイトルをつける活動を行う。児童 K が章のタイトルとして「幼虫のためのたたかい」とつけたとき、森沢は児童 K がリライト教材の内容を十分に理解した題名となっていたため、「かっこいいね」と誉めると、児童 K は嬉しそうな得意そうな笑顔を見せた、という。

　さらに、読んだリライト教材からテスト問題を作る活動では、児童 K

は以下のようなテストを作成した（森沢、2006：90）。

・Kの作成したテスト
1、キバネアナバチは何のためにコオロギをねむらせた
2、コオロギがくさらないようにどうすればいいのか
3、コオロギが生きているかどうか　どこを見ればいいのか
4、キバネアナバチが負けたら　コオロギがどうなる？

　森沢は、これらの問題文にリライト教材の内容が焦点化されており、文章を読みながら予測するという「読み」の力がついてきたと評価する。さらに森沢は児童Kとやりとりをしながら文章の内容理解を進める。そのやりとりは以下のような例である。ここでの新出単語は「身を守る」「抵抗する」「立ち向かう」「警戒する」「押さえ込む」である。1回範読した後、内容理解の確認をしている場面である。

　　S（支援者）：じゃあ、アナバチはどんな風にしてコオロギを押さえ
　　　　込んだ？
　　K：足…足と…
　　S：うん、足を？
　　K：動かないようにした。
　　S：うん、動かないようにしたんだね、そうだね。どんな風にして動
　　　　かないようにしたんだっけ？
　　K：ハチの足…
　　S：うん、ハチの足でコオロギを動かないようにしたんだね。
　　　　（中略）
　　S：それから、アナバチはコオロギを押さえ込むために、どの部分を
　　　　くわえましたか。
　　K：しっぽの毛

このやりとりについて森沢は、児童Kがリライト教材の内容理解の質問

におおまかに答えることができ、最初あいまいな理解しか持っていなかった新出単語（例：「押さえ込む」）の理解も進み、定着してきたと見る。また、この実践あたりから、児童Kはジェスチャーで場面を再現するという支援を必要としなくなったという。それは、それまでの読む力の蓄積の表れであり、語彙の定着が児童Kの学びを一段引き上げたとも考えられると、森沢はいう（森沢、2006：92）。

　森沢はさらにリライト教材を「要約する」タスクを児童Kとともに行う。森沢は児童Kと対話をしながら、児童Kが自らの力で考え答えられるように支援する。以下は、森沢が児童Kから発話を引き出し、それを書き留めたものの例である。

・アナバチ　キリギリスを食べた
　　　　　　つかまえた
　　　　　　巣につれていった
　　　　　　メスだけつれていった
　　　　　　ねむらせた　針で注射してねむらせた
　　　　　　首とむねにさした
　　　　　キリギリスは生きている
・アナバチのちえ　針でさして　えものを巣につれていった
ねむらせることができる→幼虫がくさらないえさ（えもの）を食べることができる

　ここに見られるように、たとえ表出されたものが断片的なものであったとしても、それらが森沢により紙面にまとめられ、児童Kがそれを目にすることでKの知識や考えも統合化されていく。さらにそれらがK自身によってまとめられたもののように扱われることで、児童Kは自分がこのリライト教材を理解できたのだと自覚したり、相手にも伝えることができたのだという実感を得たりする。それが、読むことへの自信へとつながっていくと、森沢は考える。

4.3. 考察：スキャフォールディングと相互主体的な関係

　これらの統合的読解活動を通じて、森沢は実践を総括して以下のように述べている。

> 「支援者が一方的に高みに立って常に指導する者・される者の関係を続けるのではなく、時には児童が先生になってテストを作り、支援者が問題を解くというように立場を逆転させることで、児童は喜々として活動に参加した。支援者が困ったり考えたりしているとヒントをくれたり、児童の辛口の採点に支援者が文句を言っておまけをしてもらったりという場面もあった。また日本語支援の場では好きなことを言っても良い、間違えた答えを言っても恥ずかしくないという安心感の中で、「できた」という事実を認め「できる」ことを自覚させていくことで、意欲を持ってタスクに取り組むようになってきたし、実際に出してくる答えも前回よりレベルアップした内容のものが多くなった。その変化は在籍クラスにおいても見られるようになり、寡黙で常に押し黙っていたKがクラス討論の場において、自ら手を挙げ発言したのである。」　　　　　　　　　　　　（森沢、2006：94-95）。

　実践を行った森沢は児童Kがことばの力を得ることができたという実感を持っている。そのことよりも、むしろここで注目されるのは、実践者の森沢の内省である。森沢は、この実践を振り返り、次のように述べている。

> 「当初は支援者がカリキュラムを低次から高次に学習を深化させていくと共に、意図的にスキャフォールディングの量を加減するというものになっていた。つまり、ある程度児童の学びを段階的に想定したものの上に「これができるようになったらこのスキャフォールディングを減らす」というような流れを作り、その流れに従って活動を構成することにより児童の学びが引き上げられていくものと考えていたのである。しかし実際の活動においては、児童の学びが向上するにつれ自然とスキャフォールディングの量も減り、カリキュラム自体も高次に

編成されていった。つまり、児童の学びを引き上げるカリキュラムとは、あらかじめ支援者側から一方的に設定できるようなものではなく、実践の中で児童の学びがあって初めて次の支援の形が決まってくるといったように、活動における相互作用の中で生み出されるものなのである。支援者が投げかけたものに対し児童が反応する、その反応を見て支援者が新しい投げかけをするといった相互の関わりの中でカリキュラムやスキャフォールディングが確立していくのだ。つまり、共に作っていくという観点こそが活動を成功へと導き、児童の学びを引き上げ、引いては彼らの「自己有能感」を向上へと導いていくものとして存在しうるのである。」　　　　　　　　　　　（森沢、2006：95-96）

　では、この森沢実践をもとに、日本語を学ぶ子どもたちの「学び」をどう捉えるかについて、前述の「文化的実践に参加すること」「双原因性感覚」「相互主体的な関係」といった議論とことばの力の3つの特性（動態性、非均質性、相互作用性）と合わせて、検討してみよう。
　この森沢の実践は最初から設計された実践というよりは、当該児童と実践者が共に主体的に関わりながら、共に創り上げた実践と言える。なぜそうなったかと言えば、実践で行われる個々の言語活動の中で発揮される当該児童の日本語の力の現れ方が日々変容し、異なる姿を見せるのに対応して、児童の日本語の力に対する実践者の見方も変化するためであり、その結果、実践者と児童の間のやりとりや働きかけ自体が児童との間で相互作用的に変化せざるを得なかったからである。もし実践者、子どもの二者のうち一方でも、相手との関係を無視して、固定的な見方や態度で臨めば、このような関係性は生まれなかったであろう。つまり、実践者が児童のことばの力の3つの特性（動態性、非均質性、相互作用性）を見極め、その児童を学習主体としてそのまま認めていく姿勢があったからこそ、その関係性や実践が可能になったと言える。その関係性は、「主体として受け止めて主体として育てる」という大人側の姿勢と、「主体として受け止められて主体として育っていく」という子ども側の「なる」に向けての動きをつなぐ、まさに「相互主体的な関係性」（鯨岡、2006：165）であったと言えよう。

また、森沢（2006：96）は、児童の学びを引き上げるカリキュラムとは、あらかじめ実践者側から一方的に設定できるようなものではなく、実践の中で児童の学びがあって初めて次の支援の形が決まってくるといったように、活動における相互作用の中で生み出されるものなのであり、実践者が投げかけたものに対し児童が反応する、その反応を見て実践者が新しい投げかけをするといった相互の関わりの中でカリキュラムやスキャフォールディングが確立していくと述べ、実践の成り立ちの動態性を指摘している。

　これは重要な指摘である。ただし、これは見方を換えると、日本語を学ぶ子どものことばの力の3つの特性（動態性、非均質性、相互作用性）を考えながら実践を行えば、実践は当然、動態的になるし、動態的にならざるを得ないことを意味していると言えるし、また、日本語を学ぶ子どもと実践者の関係性は「相互主体的な関係性」にならざるを得ないことを意味していると言えよう。なぜなら、発達途上のことばの力を駆使しながら相手との関係を構築していこうとするところに、「年少者日本語教育実践の動態性」という教育的特性があるからである。

5．「移動する子ども」の動態性

　これまで「移動する子どものことばの教育」における子どもの主体性について議論を行ってきた。その議論の到達点は、日本語を学ぶ子どもと実践者の間に見られる「相互主体的な関係性」であった。さらにその関係性に見られる動態性を指摘した。ただし、その議論は、森沢実践に見られるように、主に実践者の視点からの議論であった。「年少者日本語教育実践の動態性」を考えるためには、もう1つの視点が必要である。それは、子ども自身の動態性である。

　ことばの学習者自体が持つ動態性は、ことばの学習やことばの教育自体を動態化する。本書のはじめに述べたように、現在の言語教育は「母語教育」「継承語教育」「第二言語教育」「外国語教育」などと区別をすればよいという時代ではない。どのように区別した言語教育の領域にも、ひと種類の子どもだけがいると想定できない状況が生まれているのである。もちろん、より正確な言い方をすれば、これまでも教育現場には多様な子ども

たちがいたはずであるが、そのような多様な子どもたちを見ようとせず、ひと種類の子どもだけを想定した固定的な教育観で、国家語教育、外国語教育、継承語教育などが行われてきたともいえる。

　では、それらの多様な子どもを生み出している社会状況とその中で生きる子どもたちの動態性について考えてみよう。

　近年、経済のグローバル化とトランスナショナルな人的移動により多様な子どもたちが生まれている。たとえば片岡（2008）はアメリカには日本国籍、アメリカ国籍、二重国籍の子ども、日系アメリカ人や国際結婚家庭の子どもなど、多様な「日本人」の子どもがいることを報告している。さらに片岡は、「日本国籍を持たなくても自分は「日本人」だと思っている日系の子どももいる」と述べ、「日本の子ども」とは誰かという定義の見直しを提起している。佐藤（2008）はこれらの多様な子どもたちを「第三の文化」をもつ子ども（third culture kids）と捉えることを提起し、「混淆的なアイデンティティをもつ「新しい」日本人」を支える枠組みの構想を指摘する。

　「第三の文化」をもつ子ども（third culture kid、以下 TCK）についてはこれまでも議論があった。Pollock & Van Reken（1999）は TCK とは「成長期の重要な時期を親の文化の外で過ごした人である」と述べている。つまり、親の持つ文化とは異なる文化環境で移動を繰り返しながら成長するため、単一文化的な環境で育った子どもとはアイデンティティの面で異なる子どもたちであるという。TCK は1950年代から注目されてきた。そのころ注目されたのは、海外で活躍する外交官やビジネスマン、軍隊や宗教に関わる者など、特権あるいは特典のあるエリート層の子どもたちであった。時には、アメリカ国内にある、ネイティブ・アメリカンの保留地に派遣された白人の政府関係者の子どもなども、TCK に含まれて議論されていた。このようなアメリカの国内外の異文化環境で移動を繰り返しながら成長期を過ごす子どもたちが、TCK 研究の最初の対象であった。

　そのころから、これらの子どもたちに関わる人々（特に教育関係者）は、異文化間で育つ子どもたちが単一文化的な環境で育った子どもと性格や態度、ものごとの考え方や反応の仕方などの点で異なると感じ、どうしてそのような差異が生まれるのかに関心を寄せてきた。そのため、TCK

に共通する点は何かとか、そのような特徴はどのような環境によって生じてきたのかなどが常に議論された。たとえば、TCKは多様な文化環境で育つのでどのような文化にも順応し対応できる反面、どの文化にも帰属感がなく、居場所がないように感じるとか、誰とでもすぐに仲良くなるが、深い付き合いができないとか、さまざまな文化に触れることによって成長が早まる子どももいるが、逆に、自己のアイデンティティ形成がゆれ、反抗期が遅くなったり、成熟するのが遅くなったりするケースもあるなど、多様な子どもたちの成長が話題になった。

TCK研究の初期の段階では、社会的な特権階級の特異なケースとして注目されたが、1970年代以降、これらのカテゴリーに入る子どもたちが急増していくにつれ、少数派のケーススタディというよりは、今日的な社会環境に共通するテーマとして、その研究の意義が広く認められるようになった。さらに、人口移動が活発化し、現代社会がますます複雑になり、それによって生まれる多様な要素がTCKへ影響を与え、ますます多様なTCKが数多く生まれるという現象が出現した。

このようにTCK研究が拡大する中で、常に議論された中心的なテーマは、アイデンティティ形成や文化的対応の側面であった。たとえば、Pollock & Van Reken（1999）は、TCKが自分を取り囲む主流文化に対してどのような関係を形成するかについて、以下の4つのタイプを示している。

外国人型 外見も考え方も、異なるタイプ	隠れ移民型 外見は似ているが、考え方が異なるタイプ
養子型 外見は異なるが、考え方は似ているタイプ	鏡型 外見も考え方も同じタイプ

図1．TCKと自分を取り囲む主流文化との関係性―4つのタイプ―

このタイプ分けは、TCKが社会の主流文化とどのような関係性を築いていくかを示している。外国型は外見も心情面（考え方や自己認識等）もホスト社会の多数派と異なるタイプであり、養子型は、たとえば外見の面ではホスト社会の多数派と異なるが、その社会に長く生活しているので心

情面がその多数派と似ているようなタイプである。日本の場合で言えば、前者はニューカマーの「外国人」で、後者は在日生活が長い「外国人」の二世などがそれに当てはまるだろう。一方、隠れ移民型は、ホスト社会の多数派と身体的な特徴は似ているが、心情面ではその多数派とは異なるタイプであり、鏡型は、外見も心情面も、ホスト社会の多数派と同じタイプである。日本の場合で言えば、前者はアジア系外国人や日系人で、後者は日本で長く生活している、それらの子どもたちが考えられるだろうか。

ただし、このように具体的に考えてみるとわかるように、このようなタイプ分けは机上のことであって、実際にそのようなタイプの人が実在するかどうかは、また別のことである。

このタイプ分けで重要なのは、実は目の前の子どもを見て、タイプ分けすることではない。Pollock & Van Reken（1999）も述べるように、一人の子どもが1つのタイプに固定されるものではなく、成長の途上で、また場面や人との関係性によって、子どもを見る周りの目が変わり、子ども自身も社会の中の自分の姿を見る目が変わるのである。なぜなら、子ども自身が常に「移動」しつつ成長しており、社会から見た自分、自分から見た社会の関係は、常に変化するからである。つまり、TCKのタイプ分けは、固定的なものではなく、動態性を持つ。子どもが成長する中で、あるタイプからあるタイプへ移行したり、また場面や人との関係性によって、あるタイプからあるタイプへ戻ったりするのが、現実の姿であるということである。この点をまず、確認しておこう。

そのうえで、TCKと主流文化との関係性についての、このタイプ分けの議論からわかるように、TCK研究の主眼は常に子どものアイデンティティ形成や、主流文化に対する態度形成、文化的対応に関心があるということである。このような動態性のアイデンティティ論こそ、TCK研究の中心テーマであるとも言えよう。

このように、「第三の文化」をもつ子どもというTCKの捉え方が決して固定的なものではないことがわかるだろう。Pollock & Van Reken（1999：21）も、TCKの概念を発案した社会学者であり文化人類学者であるUseemのことばを引用し、TCKとは「親とともに他の社会へ行く子ども」というシンプルな定義を紹介している。ここで改めて浮き彫りに

なるのは、「他の社会へ行く」という「移動」の概念である。

6．「移動する子ども」とことばの力

　私が提出する分析概念としての「移動する子ども」は、空間的な移動、言語間の移動、そして言語教育カテゴリー間の移動という視点を内包している。とりわけ、子どもが幼少期より複数言語環境で育つという点は欠かせない視点である。

　もちろん、TCK研究においても言語の面は、以前より注目されてきた。ただし、これまでTCK研究はアメリカで盛んになり、アメリカとなんらかの関係がある、英語を母語とする子どもたちが、アメリカ以外の国、たとえば、インド、シンガポール、インドネシア、中国、台湾、韓国、日本などアジア諸国、オーストラリア、ニュージーランドなどオセアニアの国々、ガーナ、ケニア、ナイジェリアなどアフリカ諸国で過ごしたケースが中心に取り上げられてきた。また、TCKの親は、前述のように特権のあるエリート層に属する人が多かったため、子どもたちをそれらの国や地域にある、英語で教育を行う学校へ通わせることが多かった。そのため、TCKは、アメリカ以外の国や地域で育ちつつも、グローバル社会で優勢な言語としての英語を母語として保有しつつ英語を使う環境で成長する子どもたちであった。したがって、TCK研究の関係者も、子どもの言語能力よりも、アメリカとは異なる社会環境で成長期を過ごしたことによる考え方、異文化対応の仕方、アイデンティティ形成などに関心があり、それらの課題がTCK研究の中心的なテーマとなったと思われる。

　では、英語を母語としない子どもで、他国に暮らす子どもたちをテーマにしたTCK研究はどうか。関口知子（2003）の『在日日系ブラジル人の子どもたち―異文化間に育つ子どものアイデンティティ形成―』は、その例である。この研究のサブタイトルが示すように、関口の関心も、「異文化間に育つ子ども」が日本社会で育ち、どのような「アイデンティティ形成」を体験するのか、そしてそのような「アイデンティティ形成」をもたらす日本社会の課題は何かということにあった。そのような問題設定は、前述したTCK研究の動向と一致するのであるが、関口の研究が、英語を母語とする子どもたちのTCK研究と異なるのは、「在日日系ブラジル人

の子どもたち」のポルトガル語と日本語に注目している点であろう。

　では、関口（2003）は、「言語の問題」をどのように捉え、TCK研究を行っているのか。関口は、「在日日系ブラジル人の子どもたち」のポルトガル語と日本語のバイリンガリズムについて触れ、ポルトガル語モノリンガルの子どもと日本語モノリンガルの子どもとの間に、ポルトガル語が中心になる子ども（ポルトガル語ドミナント・バイリンガル）と日本語が中心となる子ども（日本語ドミナント・バイリンガル）があり、さらにこの2つの子どもの例の間に、相手によって二言語を使い分けたりできる子ども（会話型バイリンガル）と、親がポルトガル語で話しかけると日本語で答えるような子ども（聴解型バイリンガル）があることを想定して、二言語能力の多様なバリエーションを指摘し、それを踏まえて、「言語の問題」を考えようとする。

　関口（2003）はこれらの子どもの「言語の問題」について、ポルトガル語と日本語の二言語使用のバリエーションを示すだけではなく、その背景にある、日本社会がもつ日系人やポルトガル語に対する「序列化」に注目する。たとえば、日本語に対する英語およびポルトガル語の関係、日本文化に対するアメリカ文化やブラジル文化の関係に、非対称の序列化が見られると指摘し、日本社会に見られるそのような序列化が「在日日系ブラジル人の子どもたち」の言語文化習得への意欲と言語使用に影響を与えていると考察する。したがって、「このような言語と文化の間の非対称性を認識し、そうした状態を低減させる方策を意識的にとっていく必要があろう」（関口、2003：200）と結論づける。

　このように、TCK研究では、「言語の問題」は社会的レベル、社会心理的レベル、個人の心理的レベルの諸要素が個人の（複数）言語使用とアイデンティティ形成に影響を与えるという文脈で語られることが多い。なぜなら、前述のように、TCK研究の主眼は結局、アイデンティティ形成の動態論にあり、その議論を補強する「材料」として「言語の問題」が利用されているからであろう。

　以上が、TCK研究における「言語の問題」の取り上げ方の例であり、研究論的ディスコースと言えよう。研究者の立場が教育社会学や異文化間教育学や文化人類学などの諸領域にあれば、そのような議論の方向性は妥

当かもしれないが、年少者日本語教育学の立場では、「移動する子どもたち」の「言語の問題」をそのように捉えるだけで十分とは言えない。では、年少者日本語教育では、「言語の問題」の何が問題であり、どのように捉えたらよいのか。「移動する子ども」のことばの問題を動態性の視点からさらに考えてみよう。

7．「移動する子どもたち」のことばの力の動態性

　経済協力開発機構（OECD）の「国際学習到達度調査」、いわゆるPISA（Programme for International Student Assessment）の結果をもとに、移民受け入れ国の子どもの学力が分析され、2006年に研究報告書『移民の子どもと学力』[9]が刊行された。その研究報告書は、移民の子どもの学力向上には言語が重要であることを、改めて強調した。特に、学校の授業で使用する言語（教授言語）を第二言語として学ぶ移民の子どもに対して特別な支援を提供することは、移民の子どもの学力向上を確保する1つの方法であり、したがって、移民の子どもの教授言語能力を向上させる政策をとることが子どもの将来の成功につながると提唱している。

　このOECDの研究報告書が移民の子どもの学力保障と将来の成功のためには「ことばの力への支援」が必要であると主張するのは、移民の子どもの教授言語能力を向上させる政策をとっている国と、そのような政策をとっていない国の移民の子どもの学力に有意差が生じていたという調査結果があったからである。つまり、移民の子どもが授業に参加できるようなことばの力を育成する政策を実施している国の移民の子どもの方が、そのような政策のない国の移民の子どもよりも、学力が高いということである。この研究報告書は、移民の子どものことばの力を育成する政策を実施している国の1つとして、オーストラリアをあげ、その言語教育政策に注目している。

　では、オーストラリアでは、移民の子どもたちに対して、どのような言

　9　経済協力開発機構（OECD）が2006年に刊行した研究報告書『移民の子どもと学力』は、2003年に行われたPISAの調査結果をもとに、移民を受け入れている17の国や地域の移民の子どもの学力に影響を与えている要因を明らかにし、各国の政策担当者に提言を行うことをねらいとしている。

語教育が行われているのか。

　オーストラリアは1970年に移民の子どもに英語教育を提供する「子ども移民教育計画」（Child Migrant Education Program：CMEP）を発表し、以来、移民の子どもたちに対して、第二言語としての英語教育（ESL教育）を実施し、研究と実践を重ねてきた（川上、2009a）。特に1980年代後半から現在まで、オーストラリアのESL教育関係者に共通する問題関心は、①子どもがもつ、第二言語としての英語能力を把握すること、②いわゆる学習に必要な学習言語能力（CALP）を育成すること、③メインストリーム（在籍クラス）における第二言語学習者（移民の子ども）の学びへの支援の方法を開発することの3つである（川上ほか編、2009）。これらを簡潔にまとめれば、移民の子どものことばの力を把握し、それをもとに授業に参加できることばの力を育成する授業をデザインし、学校のメインストリームで学べるように子どもを支援していくということである。ここで重要なのは、教育関係者が子どものことばの力について共通の理解を持ち、それを基点として子どもの育成と支援を考えるということである。

　では、オーストラリアのESL教育では、ことばをどのように捉えているのであろうか。

　オーストラリアではハリデーの体系機能言語学によって、ことばを捉えるのが一般的である。前章までに述べたように、体系機能言語学では、ことばを話し手と聞き手の関係性から捉える。この理論では、「何について話したり書いたりしているか」（話題）と「誰が誰に対して話したり書いたりしているか」（対人的関係）と「目的や状況に応じ、話し言葉で伝えるのか、書き言葉で伝えるのか」（伝達様式）という3要素によってことばの使用は決定されると考える。つまり、一言で言えば、ことばを動態的なものとして捉えているということである。

　したがって、移住したばかりの移民の子どもが生活場面や教室での学習場面で、移住先の言語を理解するのが困難なのは、単にことばがわからないというよりは、上記の話題や対人的関係や伝達様式によって「ことばと意味の関係」が変化するという動態性を理解できないためであると考えられる。

　そのような移民の子どもがことばの力を獲得するには、何が必要か。そ

れには、語彙や文法などの「構造的知識」、またどのような場面でどのような言語表現を使うかなどの「語用論的知識」だけではなく、人間と人間の伝達のあり様を理解し、何のために何を伝えるかを判断したり、ものごとを捉えたりする「メタ的な力」が必要となる。

　したがって、移民の子どもにとって必要な「ことばの力」を育成するには、状況や場面の中で規定されている動態的な「ことばと意味の関係」を生きた文脈の中で体験する機会が提供されることが必要になる。オーストラリアの移民の子どもの学力が高いというのは、このような考え方に基づき、学習場面で教科内容を学びながら、「ことばと意味の関係」を理解する力をつけていくことに成功しているということに他ならない。

　さらに、そのような「ことばの教育」の基本に、第二言語能力としての「ことばの力」を把握する方法論がある。それが、「ESL バンドスケール」や「ESL スケール」である。どちらも、移民の子どもが学習している第二言語としての英語力を、ペーパーテストではなく、子どもが他者とやりとりする様子や行動から把握するという方法である。その方法論は、「ことばの力」とは状況や場面の中で規定されている「ことばと意味の関係」を理解する力であるという考え方に裏打ちされている。したがって、当然ながら、「ESL バンドスケール」や「ESL スケール」によって明らかになる第二言語としての英語能力は、前述のことばの力の3つの特性、動態性、非均質性、相互作用性を有すると考えられる。

　以上を簡単にまとめると、オーストラリアにおける移民の子どもへの ESL 教育ではことばの力を対話者や場面に応じてことばによってやりとりする力と捉え、ことばを使った行動や他者とのことばのやりとりからことばの力を把握し、それに基づき、授業デザインを行い、教科学習を通じて学力とことばの力の育成を同時にめざしているということになる。

　もう一点、前述の OECD の研究報告書は、重要な指摘をしている。同研究報告書は、家庭内で教授言語（学校で使用する言語）と異なる言語を使用する移民の子どもは、家庭で教授言語を使用する移民の子どもよりも調査領域（数学、科学、読解など）の得点が低いと述べ、家庭内で移民の子どもが教授言語と異なる言語を使用することに否定的な見解を示しているのだ。ただし、この点は、オーストラリアとカナダには当てはまらない

とも、同研究報告書は述べている。オーストラリアで前述のようなESL教育が学校現場で進められているとはいえ、移民の子どもが家庭内で英語以外の言語を使用することを禁止しているわけではない。カナダと同様に、オーストラリアにおいても、J．カミンズの「二言語相互依存の仮説」や加算的バイリンガリズムの考え方から移民の子どもの母語の力は第二言語である英語習得に役立つと考えられている。したがって、オーストラリアにおける移民の子どもたちは、母語を捨てて移民国の言語（英語）を習得する減算的バイリンガリズムに立つこともなく、英語と母語といった言語間を日々、移動している。

つまり、学力と第二言語としての英語の習得が同時に進められているオーストラリアにおいても、移民の子どもたちは学校での教授言語と家庭内の言語の間の境界を日々、移動しつつ生活しているのだ。このように移民の子どもへの言語政策があり、言語教育がしっかり行われている社会においても、子どもたちは日々、言語間を移動しつつ成長している。したがって、移民の子どもの言語生活に動態性があるという現実の意味は極めて大きい。

以上の考察からわかるのは、前述のUseemのTCKの定義、「親とともに他の社会へ行く子ども」の中に、空間的移動だけではなく、言語間を日々移動しているという動態的な生活が含まれているということである。その意味があるからこそ、本書ではTCKに代わるタームとして「移動する子どもたち」（Children Crossing Borders：CCB）を提示しているのである。前述のTCK研究は特権をもつエリート層の英語を母語とする子どもたちの研究から発展したゆえに、TCK研究では子どものアイデンティティ形成に重点があったが、OECDの研究報告書が指摘するように、移民の子どもが学校や家庭で使用する言語の問題や移民国の言語教育政策の有無が子どもの学力保障と将来の成功に関わるとすれば、移民の子どもの教育における「ことばの教育」は欠かせない視点となる。そのとき重要な視点は、ことばの動態性、子どもの言語生活の動態性、したがって、子どものことばの学びの動態性という視点である。

以上、子どものことばの学びに見られる主体性と動態性について議論を重ねてきた。それらをまとめると、21世紀の「移動する子どもたち」の研

究において重要な課題は、TCK 研究で見たようなアイデンティティ論だけではなく、むしろ、アイデンティティ形成に「ことばの教育」がどう関わるか、また「移動する子どもたち」の成長に「ことばの教育」がどう関わるかが中心的な課題となるということである。次に、その視点を確認した上で、「移動する子どもたち」のことばの教育実践をどうデザインするかについてさらに深く考えてみよう。

8．「移動する子どもたち」の言語教育実践のあり方を考える

　空間的にも、言語間においても、また言語教育カテゴリー間においても「移動」する子どもたちの言語発達過程とその結果としての複雑で多様な言語生活、そして子どもたちの主体性と動態性を視野に入れた言語教育実践については、まだ十分な実践研究が行われていない。

　ただし、これまでの研究（たとえば、川上、2008a、2008b、2009b；川上編、2006、2009a、2009b、2010）から、日本語を学ぶ子どもは、自分にとって意味のある文脈が与えられ、日本語を使うときに最もよく日本語を習得することがわかっている。これは、子どもが主体的に学ぶときに最もことばを学ぶということである。この点は、どのような状況や環境においても、「移動する子ども」のことばを育む教育実践の基本である。

　そのことを確認した上で、「移動する子どもたち」への実践をどうデザインするかという観点から、「移動する子どもたち」の主体性と動態性を視野に入れた言語教育実践のあり方を、前述の森沢実践を例に考えてみよう。

　日本語を学ぶ子どもへの日本語教育の実践は数か月ほどの実践で完結するものでも、成果が出るものでもない。前述の森沢（2006）は、指導した児童 K の「成長」について次のように述べている。

> 「児童 K の日本語能力は実践後、「簡単な構成の物語を楽しみながら読むことができる」、「しかしまだ教師の支援や視覚的補助を必要とする」、「課題の指示に含まれるキーワードに対し適切に反応できる」というレベルに上がった（JSL バンドスケールの小学校中高学年「読む」レベル 4）。したがって、ジェスチャーつき範読という支援は不

要となり、自分の力で物語を読めるまで成長したと見られるが、「広範囲のテクストはまだ読めない、学習教材を深く理解することはまだ無理」など、その上のレベル（JSLバンドスケールの小学校中高学年「読む」レベル5）に上がるためにはかなりの訓練が必要である」（森沢、2006：97要約）。

　また、森沢（2006）は在籍クラスでそれまで押し黙っていた児童Kが自ら手を挙げ発言する姿を見て、Kの成長を実感する。さらに、このようなKの進歩を実践者としての森沢は、自らの実践の成果であるかどうかはわからないとしながらも、児童Kに「良い意味での変化があったことだけは報告に値すると考える」（森沢、2006：95）と述べる。
　ここで注目したいのは、実践の対象となる子どもの日本語の力の伸長や主体的な成長を判断するのは、実践を行う側の主観的な判断であるという点である。では、そのような主観的な判断は客観性がないと退けられるものであろうか。
　年少者日本語教育の実践研究で、このような主観的な判断は極めて重要であるばかりか、基本であると私は考える。子どもは主体的にことばの意味を探り、意味を解釈したり、産出したりすることを通してことばを獲得していく。そのプロセスで、子どもは自分を主体として認めてくれる実践者に第二言語能力としての日本語の力を発揮しながら言いたいことや伝えたいことを表現しようとする。一方、実践者は、第二言語としての日本語の力の3つの特性（動態性、非均質性、相互作用性）を踏まえつつ、子どもの主体を理解しようとする主体して子どもに関わる。したがって、その両者の理解もやりとりも、当然、動態的になるし、ならざるを得ないのである。そして、そのやりとりや成果に関する両者の認識も「相互構成的関係性」（川上、2007）の中で生成されていく。つまり、子どもと支援者の間の「相互主体的な関係性」から「相互構成的関係性」のもとに生成される認識が、それぞれの主体についての主観的な判断と言えるのである。
　そのような主観的な認識や判断は、子どもの主体を育む上で極めて重要な働きをなす。鯨岡（2006：63）は「子どもの主体」について、次のように述べる。

「「子どもが主体的に取り組む」や「子どもの主体的な活動」などと保育や教育の世界でいわれていることが、実際にはその様子を見る大人の側の暗黙の評価的な枠組みと深く繋がっていること、そしてその評価的な枠組みは子どもの年齢、大人の側の置かれている状況、子ども観や保育観などによって変動しうるものである」

と。つまり、子どもが「主体的である」という捉え方はそれを見る大人側が何を「主体的」と判断するかにかかっている。それは日本語を学ぶ子どもの日本語の力を把握する判断も実践者側のことばの力の捉え方に規定されることと同じである（第2章参照）。

　したがって、「主体性の年少者日本語教育の課題」とは、「子どもたちがいかに自律的に、かつ主体的にことばを学ぶ力を獲得していけるかという課題」であると同時に、実践者側が「一人ひとりの子どもたちに寄り添って共に考えていく」中で、実践者自らの子ども観、学習観や評価観、ひいては人間観を捉える枠組みを問いただしていくという課題でもある。そのために、年少者日本語教育の実践を行い、その中のやりとりと内省を記述していくことが年少者日本語教育学の実践研究なのである。それはあらかじめ設定されている目標に向かった実践をし、それを記述するだけの実践研究ではなく、動態的なやりとりと内省を通じて記述していくという動態的な実践研究と言えよう。そのような動態的な実践研究の中で、子どもの主体育成と実践者の主体育成を同時に追究していく実践研究こそが、年少者日本語教育学の実践なのである。

　このように考えると、実践の中で子どもの主体性の発揮や日本語の力の伸長を感じるのは誰かと言えば、それは実践を行っている大人であると言えよう。もちろん、子ども自身も自らのことばの伸長や成長を感じている場合もあろうが、子どもが感じているかどうかも含め、その判断は大人の主観的な判断による。子どもを対象に実践を行った経験がある人なら誰でも理解できるであろうが、子どもの主体性が発揮されたり、子どもの日本語の力が伸びたりしたように大人が感じる瞬間がある。そのときの大人の判断は、大人が一人で感じるものというよりは、子どもと実践者との間の関係の中で感じられる実感のようなものである。そのような実践者の主観

的な感覚は、年少者日本語教育の実践ではよく起こるし、それは極めて重要な判断である。

　実践の中で子どもは、主体的にことばの意味を探り、また、意味を解釈したり産出したりすることを通してことばを獲得していく。そのプロセスで、子どもは自分を主体として認めてくれる大人（実践者）に日本語の力を発揮しながら言いたいことや伝えたいことを表現しようとする。一方、大人（実践者）は、子どもの日本語の力の3つの特性（動態性、非均質性、相互作用性）を踏まえつつ、子どもが何を日本語で言いたいのか伝えたいのかを探りながら、子どもを理解しようとする。つまり、大人は、子どもの主体を理解しようとする主体として子どもに関わるのだ。

　そのような子どもと実践者との関係性の中で、実践者は子どもに対する理解と認識を深めていく。実践者の子どもに対する理解と認識は、子どもと実践者の双方があって成り立つような関係、つまり「相互構成的関係性」の中で生成されていく。子どもと実践者の間の「相互主体的な関係性」から「相互構成的関係性」のもとに生成される認識が、実践者が直感的に感じる、前述の「ある感覚」なのである。

　この「ある感覚」を感じる実践者の主観的な認識や判断があるから、大人は子どもに主体的に関われるのである。ただし、実践者がこのような主観的な認識や判断から子どもに主体的に関わるのは、言語教育に限らず、子どもの教育分野なら、どの分野でも起こりうることである。それに対して、年少者日本語教育で注目するのは、実践者側の「子どものことばの力」についての認識である。子どもの日本語の力が伸長しているとか、前より積極的に日本語を使えるようになったなどといった判断も、実は実践者側のことばの力の捉え方に規定されるからである。

　したがって、子どもと実践者の双方が主体的に学ぶ実践としての「主体性の年少者日本語教育学」とは「子どもがいかに自律的に、かつ主体的にことばを学ぶ力を獲得していけるかという実践」であると同時に、実践者側が「一人ひとりの子どもたちに寄り添って共に考えていく」中で、実践者自らのことばの力の捉え方、子ども観、学習観や評価観、ひいては人間観を捉える枠組みを問いただしていく実践なのである。そして、そのような実践は、実践の前から設定できるものではなく、実践を通じて形成され

る実践なのである。そこに年少者日本語教育の「ことばの教育」の「動態性」がある。

　さらに、実践者を取り巻く環境を考えると、さらに複雑で、かつ重要な視点が見えてくる。現在、そして未来の実践者はまさに「移動する時代」を生きていて、自分自身も複数の国や地域の間を「移動」した経験や他者や他文化（と自分が考えるもの）に接触した経験を持ち、多様な人生を過ごし複数言語に触れたりそれらを学習したりした経験を持つ実践者が当然増加するだろう。その結果、それらのもろもろの経験が、教育現場で想定されることばの力の捉え方の解釈に影響を与え、実践の形を決定していくことになるだろう。

　そのような視点は、これからの言語教育実践を考察するとき、はずせない視点になろう。つまり、「移動する時代」を生きる実践者自身が「複言語能力」と「複文化能力」を持ち、実践者も自身のことばの力の捉え方や言語教育観を実践の中で探究しつつ、教育実践を通して子どもに必要な「ことばの力」をどう育成するかを考え、前述のように子どもと実践者との間の「相互主体的な関係性」から「相互構成的関係性」のもとで実践を行っていく。そして、その実践の中で、教育実践者自身のことばの力の捉え方や言語教育観も変容していく。この「変容の視点」、つまり、言語教育実践の中で変容していく実践者自身のことばの力の捉え方や言語教育観の「変容の視点」が、「移動する時代」の「移動する子どもたち」を対象にした年少者日本語教育の実践研究には必要不可欠な動態性なのである。この動態性は、前述の、子どもの主体育成と実践者の主体育成を同時に追究していく「主体性」の年少者日本語教育の実践研究に内在する動態性に加えて、実践者自身にある、もう１つの動態性と言えよう。それは、「移動する時代」の影響下で年少者日本語教育実践を行っているどの実践者も常に自己変容しているという視点である。このような実践者の変容も含めた、これらの２つの動態性のもとに、子どもと実践者の相互構築的関係性の中で年少者日本語教育の実践が必然的に立ち上がっていくのである。

　最後に改めて「移動する子どもたち」を対象にした教育実践は、日本語母語話者をモデルとした、あらかじめ決まった目標に到達する言語教育ではなく、子どもにとっての意味のある「ことばの力」とは何か、また子ど

も自身が自分の「ことばの力」とは何かを追究していくことを、実践者が子どもに寄り添いながら教育実践の中で追究していくことで、子どもと実践者の双方の主体育成をめざす教育実践ということになる。このように考えると、年少者日本語教育の実践研究は実践者自身の変容も視野に入れた実践研究へ、「実践のあり方」をシフトしなければならなくなるだろう。私が年少者日本語教育の実践研究を「主体性の年少者日本語教育」であり「動態性の年少者日本語教育」と呼ぶ所以は、まさにここにある。

第 5 章

実践と「教材」は
どう結びつくのか
―「移動する子どもたち」への
実践的教材論の試み―

1. 子ども向け教材開発の問題性

　近年、日本では、日本語を学ぶ外国人児童生徒への日本語教育教材が次々に開発されてきているが、それらの教材の開発者たちも含め、年少者日本語教育の「教材のあり方」について、十分に議論がなされているとは言えない状況が続いている。これらの教材の中には「教師用指導書」や「指導の手引き」のような形で教材の解説や使い方を示しているものもあるが、そのような「指導書」「手引き」には、開発された教材の特徴や開発者の意図、教材の効果的な使用方法などについて一般的な「説明」があるだけで、「教材のあり方」について論じられているものはほとんどない。つまり、「教材論不在の教材開発」が進められているのである。
　年少者日本語教育の教材には、他にも課題がある。その1つは、開発された教材を使って、どのような「ことばの力」をどのように育成するのかという実践論が見えないことである。そのような議論や研究がないまま、大人を対象にした日本語教育教材（教科書や指導書）をやさしく子ども向

けに「加工」しただけの教材や、日本語を学ぶ子どもの母語による訳文をつけただけの安易な教材開発が先行している。つまり、それは「実践論不在の教材開発」と言えよう。

　母語訳のついた教材を使うことを否定しているわけではない。ただし、日本定住の日本語を学ぶ子どもの中には母語による読み書き能力が低下しているものもいる。そのような子どもも含め、教育現場の子どもの実態に根ざした教材の捉え方、考え方が必要になる。その場合、重要なのは、一人ひとりの子どもがその子どもの発達やことばの力に即した教材を使っていかに主体的に学べるかという観点であろう。しかし、年少者日本語教育の教材開発の現状には、そのような「子ども観」を議論する余地はほとんどない。つまり、「子ども観不在の教材開発」が進んでいるのだ。それが、3つめの課題である。

　年少者日本語教育のこのような教材論・実践論・子ども観の「欠如」した「教材開発の問題性」が教育現場に与える影響は少なくない。実際に教育現場を回ると、指導者が市販されている年少者向け日本語教育教材を1課から、あるいは1ページから子どもに与え、やらせるだけの実践になっている場合が多い。それは、子どもの学習意欲とことばの力を育てることにつながらないだけでなく、簡便な教材を安易に使用するだけの実践しか考えなくなる指導者にとっても有益とは言えないだろう。つまり、指導者自身の問題意識が深まらず、指導者が育たないという結果になっているのである。特に、近年、大学や大学関係者がこれらの年少者向け教材開発に関わることが多く、その権威の冠する教材を、現状を少しでも改善したいと願う教育現場の指導者たちに提供し、そして教育現場の指導者たちもその権威の構造の中でそれらの教材を無批判に受け入れる（受け入れざるを得ない）のが実態であるならば、教材開発者の責任は重いと言えよう。

　以上が、本章を構想した問題意識である。本章の趣旨は、現在開発されている年少者日本語教育の教材をすべて否定することにあるのではない。教材は指導者によっても、使い方によっても変わるものである。したがって、本章の目的は、年少者日本語教育の実践において「教材」をどのように捉えるべきかについて考えることにあり、同時に、「教材」を年少者日本語教育の実践論の中でどのように捉えるべきかを考えることをめざして

いる。言い換えれば、年少者日本語教育における「実践的教材論」の問題提起である。以下、先行研究レビュー、実践への分析視点の構築、実践分析、考察、まとめの順で論を進める。

2. 実践と「教材」はどう結びつくのか

まず、日本語教育において、教材についてどのような考え方があるのか、またそれが実践とどのように結びついて考えられているかを、先行研究をもとに批判的に検討する。その上で、年少者日本語教育における教材と実践を捉える視点について論じる。

2.1. 教材論

日本語教育の多様化が叫ばれた1980年代以降、日本語教育教材を体系的に把握しようとした最初は、おそらく岡崎敏雄の『日本語教育の教材─分析・使用・作成』(1989)であろう。その中で岡崎は、1980年代以前は「単一のニーズ、単一の学習者に対して単一の教材・教具のセット」で対応できたが、1980年代以降の「日本語教育の多様化」に対応するためには、「教材の多様化」「コースデザインの柔軟化」が必要であると指摘する。その上で、そのような「柔軟化」のためには、教科書（教育機関ソース）、学習者のニーズ（学習者ソース）、教師の言語観・言語教育観・言語学習観（教師ソース）という3つのソースから教育実践を捉えることが必要であると説く。たとえば、教科書を固定的に捉えず、学習者のニーズ（それも変容するニーズ）を考慮しつつ、さらに教科書の元となる言語観や言語教育観などと教師のそれらとが異なる場合は調整をしながら、学習者のニーズを充足させるために教科書や副教材を適宜使用しながら実践をすることが、学習者の「多様化」やそれに応える「コースデザインの柔軟化」には必要であるという。

岡崎はその例として「可変型カリキュラム」「相互交流アプローチによるカリキュラム」「焦点移動アプローチによるカリキュラム」を提示し、教科書に依存した固定的なカリキュラム・デザインを越えた柔軟な授業運営の必要性を訴えている。その岡崎の主張には、学習者の多様化への対応策を考える視点がある。その多様化とは、学習者の日本語学習の目的、出

身地域、文化的背景、母語、年齢、日本語学習の期間や経験等、学習者の多様性のことである。この多様化する日本語教育に、教科書に基づく固定型カリキュラムでは対応できず、教科書、学習者ニーズ、教師の言語観・言語教育観・言語学習観という3つの視点、あるいは3つの要素の相互関連の中でカリキュラム・デザインを柔軟に考えることが重要であるという岡崎の指摘は、現在の多様化する状況にも当てはまることであろう。また、「学習者自身が変化する」という岡崎の指摘も重要な指摘である。これらは、年少者日本語教育の現状にも、示唆を与えるものであろう。

　ここで岡崎は、「教科書」を、学習者に安心感を与え、そのニーズの一部を満たすものと捉える一方で、それだけでは学習者のニーズに応えきれないために、「副教材」を学習者の多様なニーズを満たすものと捉えることによって、多様化する学習者のニーズに対応する「カリキュラムデザイン論」（岡崎、1989：52-53）を推奨する。しかし、その授業観の根底には、教師が「教科書」と多様な「副教材」を提供することで学習者のニーズに応え、かつ「コースデザインの柔軟化」に応えるという発想があるが、そのような発想では、教師と学習者の動態的な関係の中で「教材」が生まれ、あるいは生かされ、かつ「教材」が教師と学習者の双方に影響を与えていくという授業実践の動態的な関係性は論じきれないのではないか。重要なのは、学習者の主体的な学びに教材がどう関係するかという点こそ、論じる課題と言えよう。

2.2. 教具・教科書論

　『新版　日本語教育事典』（2005、日本語教育学会編）の「教具」「教材」「教科書」等の項を見る限り、岡崎（1989）以後も、日本語教育では依然、教科書の使用が前提となっていることがわかる。では、教科書を実践で利用する場合、どのような観点があるのかを見ることにしよう。『新版　日本語教育事典』は次のように解説する。

　　「近年、教育の現場では、教師が「教える」ことを主導する立場から、
　　学習者が「学ぶ」ことを重視する方向へと、教育・学習スタイルが変
　　化してきた。教師から学習者への知識移転を中心とする一方通行的・

静的な学習観から、教師と学習者の相互交流的な学習活動を重視する動的な学習観へと移行するなかで、コミュニケーション能力を培うための有効な教材・メディア利用が求められるようになってきている。
　従来、「教科書を教えるのではなく、教科書で教える」といわれてきたが、さまざまな教授メディアが選択できる昨今、教師には、「だれが、何を学びたいのか」「そのためにはどう教えるか」という原点に戻り、主教材・副教材・補助教材を選択することが求められている。」
（『新版　日本語教育事典』、pp. 899-900）

　ここには、「静的な学習観」から「動的な学習観」への移行を前提にした実践論の中で教科書・教材を捉え直すことが提起されているようにも読めるが、岡崎（1989）と同じく、「学習者のニーズに応える教材」をどう提供するかというのが基本的な発想である。
　では、本章のテーマである、日本語を学ぶ子どもへの日本語教育実践においてはどう考えたらよいのか。その疑問に答えるかのように解説はこれらの子どもへの実践について、次のように述べる。

　「たとえば、小学校などで外国人児童に対して、学校生活への適応に必要な日本語教育を短期間で行うような場合、学習内容を絵カード形式にした教材のほうが、学習者の興味を引き、学習項目の提出順を可変的に展開でき、繰り返し使用できる点でも有用であろう。」
（同、p. 900）

　確かに、最後の引用にあるように、日本語を学ぶ子どもの日本語教育の実践には「可変的」な教材の使用が求められるであろう。しかし、『新版日本語教育事典』（2005）を見る限り、教材、教科書、教具を教育現場で使用する方法については言及があっても、教材が実践と理論的にどう結びついているかについては議論されているとは言えない。
　この解説は、日本語教育における教材・教具論を語る原点が「教科書を教えるのではなく、教科書で教える」という言い古された言説としてまとめられているため、それを超える議論に発展していないのである。岡崎

(1989)の提起する「教材の多様化」「コースデザイン（カリキュラムデザインを含む）の柔軟化」の議論が発展しないまま、技術の発展により多様化する教育メディア・教授メディア論に終始しているのが現状である。

　このような日本語教育における「教材、教具、教科書」論の不毛さが、言い換えれば、前述のような日本語を学ぶ子どもたちへの教科書や教材を開発するときの教材開発者の発想にも影響しているように見える。つまり、それらの教科書や教材が適切かどうかの議論は「教科書を教えるのではなく、教科書で教える」という言い古された言説に回収され、教材が実践とどう結びつくのかという議論へ発展しないのである。

　本章の冒頭で、年少者日本語教育における教材論・実践論・子ども観の欠如した「教材開発」が行われている「問題性」を提起したが、その背景には日本語教育の「教材、教具、教科書」論の不毛さがあることを指摘しておきたい。そのうえで、本章では、日本語を学ぶ子どもへの「教材」を、①子どもの発達の観点、②ことばの力をどう捉えるかの観点、③実践者が何をめざし実践するのかという観点の3つの観点から、実践の中の「教材」を考える。

　本章においては、「教材」を、「日本語を学ぶ子どもを対象にした日本語教育の実践の中で、実践者と学習者の間で使用される学習素材」と捉える。そこには、教科書や補助教材、副教材などを含むが、実践の中で偶発的に生まれる創作的ものも含めて論を進める。

　次に、これまで開発された年少者日本語教育の「教材」はどのような観点から、またどのような実践を想定して開発されているのかについて見てみよう。

3．子どもを対象にした日本語教育の実践をする上で必要なことは何か──実践を分析する視点の構築──

　ここで分析するのは、年少者用に開発された教材に付属する「教師用指導書」や「指導の手引き」類である。その理由は、それらには教材開発者の教材観、実践観、子ども観が反映されていると考えるからである。以下、前節で述べた3つの観点から検討してみよう。

3.1. 子どもの発達の観点

最初に、教育現場でよく使用されている『ひろこさんのたのしいにほんご１』(1995) から始めよう。

> 「教科書は聞く、話す、読む、書くの４技能の学習を平行して進められるように構成してある。しかし、聞く、話す学習の中心とする文型学習と異なり、読む、書く学習を中心とする文字学習は学齢児童の日本語教育においては、生徒の年齢及びこれまでの教育環境（文字学習の経験の有無、漢字学習圏で教育を受けたかどうか等）によって非常な個人差が出てくることが、これまでの経験から判明した。例えば、６歳児で非漢字圏で成長し、就学経験の全くない生徒の場合は１回１時間の学習時間に導入できる単音は初日であれば音で５つ（あいうえお）、書きは１つか２つ程度である。単語は音では、１つか２つ（あし　うち）入れることができるが、書きは単音が入っていないので導入することができない。しかし、漢字圏での就学経験のある10歳児であれば、１回１時間の学習時間で、初日であれば単音は音で５つ（あいうえお）、書きも５つ程度導入することができる。更に、単語は音では５つ、書きでは初日であるから導入できないが、１〜２課の単音の学習（あ〜と）が終了すれば、３つか４つ程度導入することができる」　　　　（『ひろこさんのたのしいにほんご１教師用指導書』）

この説明が示すように、日本語を学ぶ子どもの来日年齢、就学経験、出身国の背景などを考慮することは、年少者日本語教育において重要な視点である。しかし、ここに見られる観点は、子どもに応じてどのように文字や語彙を導入するかという「教え方のノウハウ」であって、いわゆる「文型積み上げ」式の日本語教育観と言えよう。ここには、学習者の主体的な学びを踏まえた実践論も、前述の岡崎の議論を発展させる議論もない。

次に国（文部省）が開発した教材『にほんごをまなぼう』(1992) の教師用指導書を見てみよう。この指導書は、日本語指導を「学校で必要な日本語を教えるということと、日本の学校生活や学校文化についても教えるということの二つの側面を合わせもつこと」と捉えた上で、「言語習得に

要する期間」について次のように解説する。

> 「年齢的には、10歳前後が一つの境であると考えられている。つまり、10歳前後の早い時期に来日した児童の場合には、日本語を比較的早く覚える傾向が見られる。逆に、10歳以降に来日した場合には、日本語の習得には比較的時間がかかる反面、母語の能力や知識を生かすことによって、学習の効率化を図ることができる。外国人児童に対する日本語指導では、基本的な表現能力と学習言語能力の違いや児童の年齢を考慮に入れて指導に当たることが重要である。」
>
> (『にほんごをまなぼう教師用指導書』p. 5)

ここで述べられていることは、日本語や日本の学校にいかに「適応」させるかという観点から日本語指導をする場合、子どもの年齢によって言語習得の進度が異なることに留意せよという指摘である。子どもの「発達」に留意して指導することが重要であることは、大人を対象にした日本語教育と年少者日本語教育の違いとして重要であるが、教師用指導書で「適応教育」観も実践論も十分に検討されていないのは課題であろう。単に子どもを日本の学校に適応させるための日本語教育ではなく、子どもに必要な「ことばの力」とは何かを考え、その力をどのように育成するかの観点や議論が必要である（石井、2006）が、それも提示されないまま教材だけが提示されるのは問題であろう。

3.2. ことばの力をどう捉えるかの観点

開発されている年少者用教材・指導書の中で、「ことばの力」について言及しているのは、国レベル（文部省、文部科学省）が開発に関わったガイドラインである。ここでは、最も汎用性のある2つの教材を検討する。

その1つは、東京外国語大学留学生日本語教育センター編（1998）の『外国人児童生徒のための日本語指導』シリーズである。そのシリーズの日本語の力は、日常生活で必要な生活言語能力と教科教育で必要な学習言語能力が想定されているが、具体的な「日本語力のイメージ」は、日本語指導内容の基礎的言語要素を構成する「文字認識力」「語彙の理解力」「日

3．子どもを対象にした日本語教育の実践をする上で必要なことは何か 115

本語の音素体系、強勢・抑揚などの認識力」「文法力」、それに加えて、実際のコミュニケーションでの「聴解力」「会話力」「読解力」「作文力」などの主要言語能力、さらに社会文化的規則や談話の規則から構成される「社会言語学的能力」や「談話能力」も含めて考えられている。

その上で、これらの日本語の力を「口頭表現力テスト」「読解力テスト」「文章表現力テスト」の3つのテストによって把握できる力として想定しており、そのテストの結果によって「日本語力高い」「日本語力限定的」「日本語力低い」の3段階で「総合評価」する方法（東京外国語大学留学生日本語教育センター編、1998：119-138）を提示する。

しかし、このシリーズの基本的な評価の視点が「診断的評価」にあるように、ここに見られる日本語の力の捉え方は、固定的な教材観とそれに基づく固定的な日本語能力観である。このシリーズには、子どもの発達の視点がほとんどない点、日本語の力の動態性を考慮する視点がない点、日本語の力の把握が実践的指導と結びついていない点など不十分な点が多く、このシリーズが動態性のある「移動する子ども」の日本語教育の実践には十分に適応できないことがわかる。

一方、日本語を学ぶ子ども一人ひとりに対応する柔軟な教材づくりを提案するのは、文部科学省が開発した「JSLカリキュラム」（文部科学省、2003）をもとに発刊された「外国人児童の「教科と日本語」シリーズ」（佐藤郡衛監修、2005）である。このシリーズでは日本語の力を、生活言語能力と学習言語能力を想定しつつ、教室での学習活動で「比較する・分類する・推測する・関連づける・統合する」など認知的負担の高い活動を行う「思考を支えることばの力」と捉える。そのうえで、「日本語で教室の学習活動に参加する力」つまり「学ぶ力」の育成をめざすとしている。

このシリーズは、このような「ことばの力」「学ぶ力」の育成をめざすためには、はじめに固定化されたカリキュラムを用意するのではなく、子どもの実態に即して活動内容を決定するような、柔軟性を基本にした教材づくりや授業づくりを提案している。したがって、「授業づくり」の順序としては、「子どもたちは教室でどんな学習に参加できずにいるか。その要因は何か」から「在籍学級での学習参加を可能にするには、どのようなトピック／学習内容を取り上げて、授業作りをしたらいいのか」という視

点で学習内容を決定するというプロセスをとるのが、このシリーズの基本的な教材観であり、授業実践観である。これは、学習者の多様性やカリキュラムの柔軟化に通じる特徴であり、岡崎（1989）の論点を越え、具体的な実践論へ発展させる視点を有する点で、評価できる。

ただし、その場合の授業実践と教材の関係、また実践者と教材の関係をどう捉えるのか、さらにその関係性から生まれる実践のあり方をどう捉えるのかという課題は残る。

3.3. 実践者がどのような日本語教育をめざすのかという観点

これまでの教材・教具に関する研究は、日本語教育の多様化にともなって開発された多様な教材を平面的に並べて、その種類を分類することに主眼があった。岡崎（1989）が「教材の多様化」「コースデザインの柔軟化」を提唱したときも、基本的に学習者のニーズの多様化を充足させる「教材の多様化」「コースデザインの柔軟化」であり、そのための「教材・教具論」であった。

そのような議論は、結局、教材・教具の視点から授業を見たり、授業を設定したりする視点と言えようが、必ずしも、授業に参加する学習者の動態的な「学び」を捉える議論とはなっていない。なぜなら、授業空間を構成する教師の視点やその動的な関わりが議論されていないからである。

その点で、文部科学省が開発した「JSLカリキュラム」（文部科学省、2003）では、JSLの「個々の子どもに応じたカリキュラムづくり」が提唱され、提案される「JSLカリキュラム」が「固定した内容を一定の順序性をもとに配列するのではなく、一人一人の子どもの実態に応じて教師・指導者自らがカリキュラムを作るためのツールという意味合い」があることを述べた上で、このようなカリキュラム案が「教師・指導者の実践的力量に依存するとともに、実践を通して力量形成を図ることをねらっている。（中略）このJSLカリキュラムは、<u>一人一人の子どもたちをとらえる視点、子どもたちの実態に応じた教材づくり、学習内容の理解度の把握など、教師・指導者の実践的力量を高めていくことができるようになっている。</u>」（文部科学省、2003：4、傍線部・引用者）と述べられている。

ここで重要な点は、教師や指導者という実践者の「子どもを捉える視

点」が教材づくりや教育実践の形に影響を与え、それが実践者の力量を高める、あるいは実践者を変容させるという関係性である。同時に、「子どもを捉える視点」とは、子どもの発達段階をどう捉えるか、子どもの日本語の力をどう捉えるか、そして実践者がそれを踏まえてどのような「ことばの力」が当該の子どもに必要であると考えるか、また何をめざして日本語指導を行うのかという点と深く関わる。岡崎（1989）の教材論では「教師の言語観・言語教育観・言語学習観」が重要であると指摘されていたが、その場合は、教材に内在する教材開発者の言語観・言語教育観・言語学習観と教材を使用する実践者の持つそれらとどう折り合いをつけるかという意味合いが強かったが、子どもの場合は、教材と実践者という二者間の関係だけではなく、子どもの発達、子どもの日本語の力という動態的要素と、それらの動態的要素を捉える実践者の視点との関係性によって実践のあり方が変化していくのである。ここにこそ、年少者日本語教育実践の動態性が生まれる所以がある。

　以上を踏まえ、本章では、①子ども（学習者）の発達の観点、②ことばの力をどう捉えるか（学習者の日本語能力）の観点、③実践者がどのような日本語教育をめざすのかという観点（実践者の日本語能力観や学習観、言語教育観）の3つの観点から教材論および授業実践を分析し、動態的視点に立った実践的教材論について論じることにする。

4．実践例の分析

　ここでは、年少者日本語教育のある実践を例に、上記の3つの観点から、実践と教材がどのように結びついているか、あるいは変容していくかを見ていこう。

　ここで取り上げる事例は、日本語を学ぶ小学生の女児Mを大学院生2名が約3年6か月間にわたって日本語指導を行った実践である。この児童Mは、家族内ではタイ語を母語とする母親とタイ語でやりとりするなど、タイ語と日本語の複数言語環境に育っている。日本人の父親との関係や、この児童の出生地、日本滞在期間、国籍など個人情報の観点から詳細は記載しないが、ここではこの児童の言語生活環境や日本語能力の様子、指導内容等について実践記録をもとに分析する。この児童への日本語指導の担

当者（および実践期間）は、山田初（2004年6月～2005年7月）と河上加苗（2005年11月～2007年11月）である。
　以下、時系列的に追いながら、前述の3つの観点から実践を分析記述する。分析データは2人の実践者が記録した実践研究論文である（山田2004、2005a、2005b；河上2006a、2006b、2008）。
　この児童は家庭内では母親と主にタイ語を使用するが、日本で幼稚園、小学校1、2年と過ごしたため日本語の日常会話はできた。しかし、3年生のときに他校へ転校した際、日本語の読み書き能力が低いことに気づいた学校側が大学に支援を要請し、院生による日本語指導が始まった。最初に担当した山田によると、指導開始時の日本語の力は「JSLバンドスケール」のレベルでは［聞く：7、話す：7、読む：3、書く：2］であった。
　以下、前述の3つの観点から、この児童への日本語指導を分析する。

4.1. 子どもの発達の観点

　山田がこの児童Mを担当したのは3年生から4年生の前半までであった。この時期の児童の様子を、山田（2005b：52-53）は次のように記述している。

>「積極的で物怖じしない性格。友達も多そうである。負けず嫌いな性格で、何か競争の要素が入った活動では必死になりケンカ調子になることもある。取り出し指導されている様子を、他の児童から悟られないようにしている。」

　また、日本で過ごしてきたため、話し言葉や行動も日本の子どもたちとほとんど区別がつかないと指摘する。つまり、身体的・認知的成長の点で、当該年齢の子どもの発達段階にあることがわかる。その例としては、在籍クラスで「じゅげむ」の暗唱があったとき、他の子どもの様子を見て、「私も覚えなきゃ」と自分から積極的に「読む」活動を行ったことがある（山田、2005a）。さらに、児童M自身が、自分のことを「私、タイ人と日本人のハーフだから、タイ語も分かるよ。ほら！字もね、こうやって書

くの」(2004：68) と説明するような認識も持っている。しかし、タイ語の読み書きはできないと、山田は記述している。さらに、児童Mの日本語にはタイ語の干渉と思われる点（「す」と「つ」の区別ができない等）もある（河上、2006a）。

ただし、4年生から5年生にかけては、日本語の表記や漢字の書き順などを実践者に聞くことが頻繁に見られるようになり、メタ認知力やメタ言語能力の発達が観察された（河上、2008：82-84）。さらに、6年生になると、実践者と意見調整をする合意形成力や成績が徐々に向上することで自己肯定感も見られるようになった（河上、2008：89）という。このように実践者は、児童Mが年齢相応の身体的・認知的に発達していると認識している。

では、このように成長しつつある児童Mの日本語の力について実践者はどう捉えているかを次に見てみよう。

4.2. ことばの力をどう捉えるかの観点

3年生の児童Mをはじめに指導した山田は、その日本語の力について次のように述べる。

> 「普段の会話からはまったく日本語指導が必要な児童であるとは分からない。しかし、読む・書くとなるとその行為から逃げようとし、普段のコミュニケーションから出る積極性とのギャップが非常に大きい。」
> （山田、2004：69-70）

たとえば、「かえるが<u>ゲコゲコ</u>どこにいるかな？」を「ゲロゲロ」と読んだり、「かぎが<u>3つ</u>」を「さんつ」「さんこ」と読んだりする。つまり、聞く力・話す力が高い一方で、文字を読む力、語彙力が極めて不足している点が特徴と言える。

この状態は4年生まで続く。ひらがなとカタカナを混同し、読める漢字も低学年の漢字に限られていた。このような児童Mに対して二人の実践者は継続的に指導を行っていく。その結果、5年生の1学期に「ミノムシの観察」という学習活動を行ったとき、その活動を振り返った児童Mが

次のような感想文を書いた。

「いろいろなかたちがあったのかびっくり!! しました！ ちょっとくさかったですミノムシのかたちいろいろです！ おすとめすがわかんなかったです！ くさいけどいきているのがたしかだしそれにくさかった ちゃんとせわをしなかたからくさくなってごめんなさい」

(資料A：河上、2006b：229)

この活動を指導した河上は、児童Mが体験を振り返り、新しい発見や知識を含んだ文をはじめて書いたと、日本語の力の伸長を評価した。6年生になると、それまで継続してきた漢字指導と児童本人の努力により「漢字テストで満点を取れるようになった」とクラス担任が認めるほどになったが、それでも読解に関する国語のテストなどで細部を理解するほどの「読む力」は十分についていなかった。この点については、クラス担任も実践者も同様の見方を持っている。

6年生になってからの「書く力」はどうか。次に児童Mが書いた物語文を見てみよう。

「右に、行って、そこに左には、行かないで、いったらライオンのすみかがあるよ！ だからまっすぐいくと2つのわかれみちになってて、それを左にまがってるみちをはいって、もうちょっといくと3つのわかれまちがあって、まっすぐすすむと大きな木があるよ。」

(資料B：河上、2008：81)

この文はまだ続くが、この文を書いた児童Mの書く力について、実践者は児童Mがこのような長い文を、読み手を想定し、かつ目的意識をもって書くことはそれまでなかったと評価している（河上、2008：81）。

このような実践を経て、6年生の11月時点の児童Mの日本語の力は「JSLバンドスケール」のレベルでは［聞く：7、話す：7、読む：5、書く：5］と実践者は判定している。

4.3. 実践者がどのような日本語教育をめざすのかという観点

　では次に、このような児童 M の発達と日本語の力の把握をもとに実践者は、どのような「ことばの力」を、そして何をめざして日本語指導を行おうと考えたのか。実践者のことばの力の捉え方や学習観、言語教育観を見てみよう。

　前述のように、児童 M が 3 年生から 4 年生のときの読む力・書く力の不足を見て、実践者の山田は「文字を'書く楽しさ'と'書ける自信'をつけてもらいたい」（山田、2004）「文字への親しみ、文字を使うことの重要性、必要性に気づかせる」（山田、2005a）「漢字が読める自信をつける」（山田、2005b）を目標にし、小学校の中高学年に進む児童 M に必要な日本語の力として抽象的な意味をもつ語彙力や漢字力を習得しなければならないと考える。

　また、このころ夏休みなどの休暇にタイへ一時帰国することから、学習の分断が見られた。そのため、指導を再開するときは前の学習内容を復習することに重点を置き、あいまいな知識をしっかり定着させる指導も必要であるという認識を山田は持っていた。

　山田から引き継いだ河上は、書くことに抵抗を示したり、「漢字アレルギー」（山田、2005b）の様子を見せる児童 M に対して、当初、「いかに書かせるか」を課題と考えていた。山田の指導により徐々に「漢字を分析する力」が育ちつつあったので、河上はその力を継続的に育成しつつ、「思ったことを自分の言葉で表現する力」をつけたいと考えた。そのことは、書くことの役割や意味を体得することにつながるとも思えた（河上、2006a）。

　5 年生になった児童 M を指導した河上は、児童 M に必要な自己表現力や学習意欲を育てるには、「主体的に学ぶ力」が不可欠であると考える。そのため、実践の中で、「学習者をよく観察する」「学習の特徴を把握する」「学習者の興味・関心」「主体性」（を生かし）、「体験学習」（を通じて）「共に学ぶ」という「主体的な学びのサイクル」（河上、2006b）による学習観に立って日本語指導を考えるようになる。

　さらに、5 年生から 6 年生にかけては、徐々に語彙力や漢字力が向上してきたことや高学年相応の認知発達が見られたこと、中学校への進学が視

野に入ってきたこと等から、実践者は「読み書き能力」だけではなく総合的な「コミュニケーション能力」「自律学習力」「自己肯定感」「自己実現力」を育成することを目標にしていく（河上、2008）。

以上のように、実践者は子どもの身体的・認知的発達、そして日本語の力の伸長や課題を把握し、それを踏まえて、どのようなことばの力の育成が必要か、またそのような観点を含む人間育成をどのように実践していくのかを考えることになる。

河上（2008）は、実践者自身が実践を開始する前からこのようなことばの力の捉え方や学習観や実践論を持っていたわけではないと正直に述べているが、そのうえで、河上は「学習者の実態」を把握し、それが「実践者の問題意識」に影響を与え、そこから「実践」が生まれる、そして、「学習者の実態」が静態的でない以上、「実践者の問題意識」も「実践」も静態的ではありえず、そこに実践の動態性が生まれると主張する。「子どもの実態は、実践の中で見えてくる」という河上の主張は十分に説得的な主張として評価できよう。

ただし、本章の主眼は、実践者がそのような子どもを目の前にしてどのような「教材」を考えたのかという「教材論」にある。したがって、次に、上記の実践の中で、実践者がどのような教材を創り出し、実践を構築していったかを見てみよう。

5．考察─実践の中で実践者はどのように「教材」を考えるのか─

小学校3年生の児童Mに山田が指導をしたとき、市販されているようなドリル形式の教材について児童Mがどのような反応を示したかについて、山田は次のように述べている。

> 「いかにも「勉強」と思えるものには強い拒否反応を示した。一方で、「書きしりとり」や『ミッケ！』（文字のない絵本：引用者注）読み、算数の問題の出し合い競争等、遊びの要素の入ったものには積極的に取り組む。」
>
> （山田、2004：70）

5．考察

ゲームという競争要素の入った活動は児童Mの「負けず嫌い」の性格をうまく利用した方法であった。ひらがなやカタカナがまだ十分に定着していないために、山田は「カタカナカルタ」「漢字カルタづくり」というゲーム性や遊びを取り入れた教材を子どもと一緒に作りながら取り組んだ。たとえば、「今日やる漢字は何？　先生の変な絵はだめだよー。私が描くから」（山田、2005b：68）という児童Mの言葉が示すように、子どもの特徴をうまく利用しながら、児童Mが自ら教材づくりをするように導き、学習の方法と学習意欲を引き出すことに成功している。また山田は「図書室行って本読んでみようか？」と児童Mを誘い出し、児童Mが自分で読みたい本を選ぶように促す。すると児童Mは、「自ら「じゃあ、先生小さい子どもね。私、読むから」と言い、絵本読みを始めた。すべてひらがなの本であるが、つっかかりゆっくりではあるものの感情を込め、滑らかに読めた」（山田、2005a：56）という。その後は、「黙って聞いてよ～。読んでいるんだから」と言うほど、絵本読みに積極的になった。この実践の「教材」は絵本であるが、それを子ども自身の興味の持てる学習教材に変える視点が山田の実践にはある。それは、山田が前述のような子どもの発達段階や日本語の力を十分に把握していたためであろう。

次に河上の実践「ミノムシの観察」を見てみよう。「書きしりとり」で偶然出てきた「ミノムシ」から始まり、「図鑑による調べ学習」や実際の生きた「ミノムシの観察」、そしてその観察記の作成、パソコンを使った観察記の記録化へと発展するという一連の実践である。児童Mが実際のミノムシを観察したことから校庭に出て他のミノムシや蝶のたまごを探しに行くことや、観察したミノムシに「カレンちゃん」と名づけたり、ミノムシの変化の理由を探索したりと児童Mが主体的に学習に取り組んだと実践者は見る。日本語の力の伸長については、児童Mが観察記を書き、それをパソコンで打ち直す作業を通じて、自己訂正ができるようになったという（例：「やばいよ！　これ「てす」ってかいちゃってる。」河上、2006b：21）。この実践を河上は、「体験学習」であるという。このやり方が児童Mに合っていたことを、実践者は次のように述べる。

「この学習を通じてMの態度が変わってきた。前期（5年生の1学

期：引用者注）までの学習では一つのことに集中できず、すぐにほかの事に関心が移ってしまう、遊びたがるという傾向があった。しかし、このミノムシの活動では、集中力も途切れず、遊びたがりもせず、積極的に読み書き、話し合いを行うようになった」

(河上、2006b：20)

　つまり、実践者は高学年の児童Ｍに、前述の「主体的に学ぶ力」を育成したいと考え、「ミノムシ」という教材をめぐり、さまざまな体験学習が経験できるように実践をデザインしていったのである。それは偶然のきっかけから始まったが、その機会を逃さず、実践者が「ミノムシ」を実践の中心に位置づけ、実践を行った点に注目したい。これは、子どもが興味と知的好奇心を持つ「教材」として「ミノムシ」が生かされた実践例と言えよう。

　続く実践は６年生になってからの実践である。「読む」「書く」という必然性と文脈性を生かす実践の方法として、実践者は５年生から「遠隔支援」として郵便による指導を行っていた。「ゆうびん勉強」と名づけられたその活動は、手紙やプリントなどを使って「読み書き」の活動を行い、その結果や成果物を封筒に入れ、郵便で実践者に送る。時々は、実践者が学校訪問し、直接指導（スクーリング）も行うという方法である。その中で、６年生になった児童Ｍに１年生に読み聞かせができるようなお話を作ろうと実践者が提案したことから、この「ちろるの物語」活動が始まった。「ちろる」というのは、児童Ｍが作った「ゆうびん勉強」のマスコットである。この実践を始めるとき実践者は、児童Ｍがひとりの力でその物語を作ることを想定していたが、それはできなかった。そこで、実践者はスクーリングの際に一緒に話し合いながら物語のイメージを膨らませ物語をつくる方法に変えた。実践者は、児童Ｍと２人で話し合って一緒に作ったストーリーを、児童Ｍが話したとおりに記録をとり、後日、それをすべてひらがなでパソコンに打ち込み、印刷して児童Ｍに郵送する。そのテキストには口語体も含まれるが、そのテキストを児童Ｍが必要に応じて漢字やカタカナに変換したり、句読点を入れたり、わかりやすく書き直すように実践者は指示した。そのような推敲過程で、児童Ｍは、語

彙の変換、接続詞の使用、書き言葉への変換、構成の見直しなどを行い、読み手を意識して加筆修正ができ、かつ、長い文章を書くようになったと、児童の成長を実践者は評価している（河上、2008）。

　この「ちろるの物語」創作という「ゆうびん勉強」で注目するのは、遠隔支援という方法論ではない。そうではなくて、子どもと実践者が共に作り上げたテクスト（たとえば前述の資料B）が教材となっている点である。そのテクストの推敲過程で児童Mはさまざまなことを学んでいったのである。それは、出来合いの教科書ではなく、児童Mが自ら考え、実践者の適切なスキャフォールディング（足場がけ）を得ながら、物語を完成させていく、そのプロセスでの実践者との間のさまざまな「ことばによるやりとり」すべてが、児童Mにとっては生きた教材であったと言えるだろう。

6．年少者日本語教育における「実践的教材」とは何か

　最後に、本章のテーマである年少者日本語教育における「実践的教材」とは何かについて、児童Mをめぐる実践の中のいくつかのエピソードから改めて考えてみよう。

　まずその1つは「漢字カルタづくり」である。カルタやカード類の教具は特に年少者日本語教育の実践では多用されているが、児童Mにとってそのカルタ作りが意味のある学習素材として教材となって立ち現れたのは、そのカードに自分の得意な絵を描き添えることができた瞬間である。その時こそ、児童Mがそのカルタづくりに、つまり「学び」に主体的に関われた瞬間であった。カードであれ、カルタであれ、(1) それが教材となりうるのは、学習者にとって意味があるかどうかに関わっているのである。

　次の例は、「ミノムシの観察」である。この場合の教材は生きたミノムシである。「書きしりとり」というゲームで偶然に出会ったミノムシという言葉からこの活動は始まった。ミノムシが誰にとっても教材となりうるわけではない。生きたミノムシが意味のある教材となったのは、そばで聞いてくれる実践者がいたからである。つまり、(2) 実践者との関係性の中に教材としての意味が生まれるということである。その結果、前述のよ

うに、児童Mはそれまで以上にこの学習活動に集中し、積極的に読み書きをし、話し合いを行うようになった。

最後の例は、「ゆうびん勉強」で作った「ちろるの物語」である。ここで注目するのは、児童Mの紡ぎ出した物語がパソコンに打ち込まれ、そのテクストが新たな教材として立ち上がった点である。学習者はそのテクストをめぐり、さまざまなことを学びながら推敲し、推敲しながらさまざまなことを学んでいくのである。それは、教科書を読むという実践ではなく、(3)学習者自らが作成した文章が意味のある教材となる瞬間であった。

このように教材とは事前に用意されたものであっても、その実践の中で生まれてくるものであっても、実践に関わる他者との関係の中で学習者にとって意味のあるものとして認識されたとき、教材が教材たりうるのである。ただし、ここで重要なのは、漢字カルタ作りはなぜ児童Mが6年生のときに活用できなかったか、あるいは「ちろるの物語」はなぜ3年生のときに実践できなかったかということからわかるように、これらの実践には児童Mの発達段階を見極め、かつ、その子どもの日本語の力を見極め、子どもにとって必要な学習活動を見極める実践者の目があったという点である。つまり、教材をめぐる議論を、「教科書を教えるのではなく、教科書で教える」という言説に回収するのではなく、年少者日本語教育の場合、学習者の発達段階と日本語の力の把握、そしてそれらを踏まえてどのようなことばの力を育成するのかと判断する実践者の見方を基点にし、実践の内実から立ち上がる「実践的教材論」が必要なのである。上記の(1)(2)(3)はその一例である。以上を要約すれば、

> **実践的教材論とは、実践の中で、実践者と学習者の間において学習者にとって意味のある教材が生まれる瞬間に、学習者の主体的な学びが生まれるという教育観**

と言えよう。その教育観に立つ教材論の視点は、子どもに限らず、日本語教育全般の実践的教材論を貫く。

本章は、近年開発された子ども向け日本語教育教材をすべて否定してい

るわけではなく、子どもにとって意味のある教材となる実践的教材論を踏まえた上で教材開発が議論されるべきであり、そのような教材論に立って年少者日本語教育の実践のあり方も議論されるべきであることを主張する。動態的な実践論の中で教材論と実践論の双方を深めていくことは無限に続くのである。

第 6 章

学校教育環境を捉え直す
―日本語教育コーディネーターの創設―

1. 学校現場になぜ年少者「日本語教育コーディネーター」が必要か

　21世紀に入り、学校や地域など日本社会全般で日本語教育の必要性が議論される時代が到来した。その理由は日本における外国人人口の増加だけではなく、日本語指導あるいは日本語支援の必要な学習者への理解と課題が広く認識されるようになったためである。これまでもこれらの日本語教育の課題が新たな複合的な課題ゆえに、学校や地域、行政等における諸団体、諸領域からの支援や連携によって問題解決を考えることが重要なテーマであると指摘されてきた（たとえば、野山、2008）。さらに近年では日本語教育の法制化の動き（日本語教育政策・マスタープラン研究会編、2010）も出てきており、議論が活発化している。

　しかし、それらの支援や連携、ネットワーク、法制化に関する議論は必ずしも日本語教育学的な文脈で議論されているとは言い難い。つまり、支援や連携に関する議論が学習者の日本語学習や日本語習得とどう関連するのかという「ことばの教育の視点」が不十分なのである。そのため、議論は人、モノ、カネの支援や連携という表面的な方法論の議論になりがちで、関係者の教育的思索が深まっていないのだ。この現状を踏まえれば、

「ことばの教育の視点」に立った支援や連携が学習者の日本語学習や日本語教育の実践とどのように関連しているのかという視点から、実践論的に支援や連携を捉えることが必要になるのではないか。

　私が所属する早稲田大学大学院日本語教育研究科（以下、研究科）は、2008年2月に三重県鈴鹿市および東京都目黒区のそれぞれの教育委員会との間で「教育的支援に関する協定」（以下、「協定」）を締結し、2008年4月より「協定」に基づく日本語教育支援システムの構築に協力してきた。この「協定」の柱は①日本語教育コーディネーターの設置、および②JSLバンドスケールの使用（川上編、2006）である。地域での日本語教育の展開において「コーディネーターの役割や養成」の重要性はこれまでも学校や地域の日本語教育実践ではよく指摘されてきた（たとえば、野山、2000）。しかし、日本語教育学的観点からコーディネーターの資質や役割が議論されることは、一部を除きほとんどなかった。ここでいう日本語教育コーディネーターは年少者日本語教育の訓練を受け、その専門的知識と実践経験があり、日本語指導への助言や研修を行うことができる人材をいう。

　本章の目的は、このような日本語教育コーディネーターが学校現場（公立小学校および中学校）の日本語教育における実践論的支援や連携の構築にどのような役割を果たすのか、さらに日本語教育コーディネーター論から学校教育環境をどのように捉え直すのかを考えることにある。そのため本章では、まず鈴鹿市および目黒区に導入された日本語教育コーディネーターを事例に検証し、次に年少者日本語教育における日本語教育コーディネーターの意義と方法論について考察し、最後に学校教育環境をどのように捉え直すのかについて考えたい。

2．日本語教育コーディネーターの役割

2.1．鈴鹿市の場合

　三重県の北西部に位置する人口約20万人の鈴鹿市は、自動車産業を中心とした企業城下町として発展し、現在、外国人労働者の多い外国人集住都市の1つとなっている。そのため、近年、市内の小中学校にはブラジルやペルーといった中南米からの子どもやアジア諸国からの子どもなど、多様

な背景を持ち日本語を学ぶ子どもたちが増加しており、それらの子どもたちへの日本語教育が社会的、教育的課題となっている。

　鈴鹿市の外国人児童生徒数は、2010年現在、600名を超え、そのうち半数以上が日本語指導の必要な子どもと見られている。このように多くの外国人児童生徒を抱える市が研究科と協定を結ぶようになった経緯と、日本語教育支援システム構築のための実践については川上・中川・河上（2009）に詳しく述べてあるので、ここでは日本語教育コーディネーターの役割に焦点化して論を進める。

　まず、鈴鹿市では2007年度、外国人児童生徒の急増化への対応として、市全体の体系的な日本語教育支援システムの構築が必要であると判断し、この支援システムを確立していくためには教育委員会、市内の学校、大学等の研究機関を有機的につなぐ、いわば連携の要になる専門家が必要と考えた。そこで日本語教育の専門家として日本語教育コーディネーターを設置し、市全体のネットワークの構築と連携を強化しながら外国人児童生徒の教育に取り組んでいくことになった。この発想は、研究科との協議の中から生まれてきたもので、研究科は研究科で年少者日本語教育について訓練を受けた修了生を日本語教育コーディネーターの適任者として教育委員会へ推薦し、教育委員会がその修了生を非常勤職員として採用することでこの「教育支援システム」がスタートした。

　鈴鹿市は2008年度に採用した日本語教育コーディネーターを、市内のある小学校に常駐させ、実際に日本語指導を行う体制を作った。その理由は、日本語教育コーディネーターが学校現場に常駐し、実践を展開することが他の日本語指導担当者との連携や研修に役立つだろうという判断があった。実際、日本語教育コーディネーターが常駐した小学校では、欠席しがちであった外国人児童が授業を楽しみに登校するようになったり、在籍学級の友だちと共に学ぶ面白さを実感し始めたり、子どもたちが自信を持っていきいきと学習する姿が見られるようになるなど、子どもたちにさまざまな変化が表れ始めた。さらに、このような子どもたちの姿を見ることで、多くの教員が日本語教育コーディネーターの存在と協働的実践の意義を実感していった（川上・中川・河上、2009）。また、日本語教育コーディネーターは、市内の学校を回り、どのように授業を創り、子どもたちを

支援していけばよいかについて悩む先生たちへ助言・指導を行い、かつネットワーク作りを行った。

　もう一点、日本語教育コーディネーターの役割で重要なのは、JSLバンドスケールに精通しており、かつJSLバンドスケールによる子どもの日本語の力の把握を指導できるという点である。鈴鹿市は2008年度以来、市内のすべての小中学校にJSLバンドスケールを導入し、それを使った日本語の力の把握を行い、日本語指導に役立てている。

　川上・中川・河上（2009）は、鈴鹿市における日本語教育コーディネーターの役割を以下のようにまとめている。

① JSLバンドスケールによる、日本語を学ぶ児童生徒の日本語能力把握をリードする
② 日本語を学ぶ児童生徒への日本語指導の授業を担当し、その実践を公開する
③ 市内の園や学校での教職員研修（巡回）を行う
④ 日本語指導教室担当者、学級担任への助言・指導を行う
⑤ 外国籍保護者への助言を行う
⑥ 日本語教育ネットワークづくり（市内の学校間、および市と大学との連携）を行う

　また、川上・中川・河上（2009：6-7）は、鈴鹿市の日本語教育コーディネーターのあり方が「市内の学校で実践をする教員や指導員との連携構築に大きな影響を与えている。また、日本での定住を考え、家庭でどのように子どもを支えていけばよいか、子どもの母語保持や日本語の習得などに悩む保護者も多いが、その保護者に対しても、日本語教育コーディネーターは専門的な立場から助言を行い、学校と家庭両方で子どもの学びを支える体制を作っていくことに貢献している。そのような専門性と実践力が教員や指導者および保護者との信頼関係を醸成し、それが基礎となるネットワークが機能してきている。孤立することの多かった日本語指導教室担当が実践交流や教材研究を一緒に行うことで、お互いの経験から学び合う姿が見られるようになったのは、その例である」と、日本語教育コーデ

ィネーターの存在意義について述べている。つまり、日本語教育コーディネーターを軸に、市内の日本語教育の連携が実質化したということである。

2.2. 目黒区の場合

東京都目黒区は、東京23区の南西部に位置し、区の人口は約25万人で、うち外国人登録者数は、2010年現在、7500人ほどである。この区は東京都内でも外国人登録者数が多いとは言えない。ただし、目黒区には外国政府施設で働く外国籍居住者の子どもの転入学および転出が盛んである。また、保護者の海外勤務にともなって日本国外で学校教育を受けた子どもたちが多く編入している。このような地域性から、これまで目黒区立の小中学校においては、日本国外からの帰国児童生徒や外国籍児童生徒に対する日本語指導が行われてきた。そのため、目黒区教育委員会と研究科との間の「協定」では、外国籍児童生徒だけではなく帰国児童生徒に対する日本語指導が盛り込まれている。

区内の外国籍の児童生徒数は100名を超えるが、日本語指導の必要な外国人児童生徒数は約50名である（2009年度）。区内には日本語指導教室が常設されている学校が数校あるほかは、それ以外の学校では目黒区教育委員会が設置する「日本語教室」において週に1～2回の日本語指導が行われている。目黒区教育委員会設置の「日本語教室」とは具体的な教室ではなく、週1回程度、子どもを在籍クラスから取り出し、別室で授業時間中や放課後に日本語指導を行う形態の個別指導を言う。

目黒区教育委員会は、2007年度に研究科と協定を締結し、区内の小中学校における日本語指導の根本的な見直しを進めることになった。この協定の骨子は、鈴鹿市との協定と同様、日本語教育コーディネーターの設置とJSLバンドスケールによる子どもの日本語の力の把握をもとに、教育支援システム構築を行うことにある。

鈴鹿市と同様に、研究科が研究科修了生を日本語教育コーディネーターの適任者として推薦し、教育委員会がその修了生を非常勤職員として採用し、2008年4月より日本語教育コーディネーターの実践が開始された。

目黒区の日本語教育実践の最大の特徴は、大学（研究科）との強い連携

である。目黒区の「日本語教室」の日本語指導員（以下、指導員）は研究科の修了生や在籍院生が担当している。指導員のうち在籍院生は大学院の授業（科目名「日本語教育実践研究」）も受講しているため、毎週1回はその授業で「日本語教室」の実践について協議を行うことが可能である。授業には日本語教育コーディネーターのほか、教育委員会の指導主事などが参加することもある。さらに、目黒区教育委員会においてすべての指導員が集まる日本語指導員連絡協議会（以下、連絡協議会）も2か月に一度開かれている。連絡協議会では、教育委員会側と日本語指導員が会合し、指導実践内容や課題について共に検討し、共通理解を深めている。

また、指導員はJSLバンドスケールを使って子どもたちの日本語の力を把握し、その結果に基づき適切な指導を行っている。教材や指導方法等については、大学が管理するメーリングリスト（以下、ML）を活用して指導員同士が交流できるようになっている。MLには複数の大学教員、日本語教育コーディネーターも加わっており、適宜、指導員への指示や助言が行われている。

日本語教育コーディネーターは、「日本語教室」に通級するすべての児童生徒の実態とすべての指導員の指導状況を把握し、かつ、適宜「日本語教室」を見学し、一人ひとりの子どもの学習状況や課題の把握も行っている。さらに、大学教員や指導員、指導主事等と子どもたちの学校を訪ね、学校側に日本語指導について報告するとともに、学校側と子どもの成長や指導内容を協議し、共通理解を深めることも行う。

川上・中川・河上（2009）は、目黒区における日本語教育コーディネーターの役割を以下のようにまとめている。

① 学校、教員と協力しJSLバンドスケールにより児童生徒の日本語能力を把握する
② 日本語指導員との日程や調整をはかる
③ 日本語指導員との連絡協議会を開く
④ 授業実践記録、授業観察記録など、指導の記録を管理する
⑤ 学校訪問し、日本語指導に関する助言、提案、調整などを行う
⑥ 学校および教育委員会内で日本語の力に関する理解を促進する

⑦　ネットワークづくり（区内の学校間、および教育委員会と大学との連携）を行う

　さらに川上・中川・河上（2009）は、目黒区における日本語教育コーディネーターの役割の特徴を以下のように述べている。
　目黒区における日本語教育コーディネーターは学校側および教育委員会側へ日本語を学ぶ児童生徒の実態と指導の経過について詳しく報告することができるため、学校側には、「日本語指導が必要な児童生徒」はどのような子どもなのか、あるいは、多少の日常会話ができるようになっても教科学習に十分に参加できない子どもがいることも指摘し、学校側に支援の必要性を知らせることができる。さらに教育委員会側に対しては、実際の日本語指導の様子と子どもの実態を知らせることが可能になり、教育行政的にどのような指導や施策を行うことが必要かを考える基礎的資料を提供できる。
　そのうえで、川上・中川・河上（2009：10）は、日本語教育コーディネーターが目黒区において教育委員会、学校、大学、指導員を連携するシステムで果たす役割について次のように述べている。長くなるが、ここに引用する。

　「この連携システムは、日本語指導員にとっても教育実践者としての資質向上に役立っている面がある。ある指導員は、2007年度から区内での日本語支援を行っているが、支援開始時は「部外者」という立場を感じ、孤立しやすい環境にあった。しかし、2008年度から日本語教育コーディネーターが設置されたため状況が変わったとインタビューに答えている。つまり、日本語教育コーディネーターが設置され、学校側への働きかけが強化されたため、学校の教員が日本語支援の必要性をより深く理解できるようになり、その結果、日本語指導員が学校の教員と連携が取りやすくなり、指導内容に関しても在籍学級とのつながり、教科学習とのつながりを考えた実践がしやすくなったと述べている。ここで注目されるのは、日本語教育コーディネーターが設置された結果、JSL 児童生徒への日本語指導の内容に関する理解が学

校側で深まり、その結果、指導員との関係が密接になり、指導員も学校という文脈の中での指導内容・指導方法を考察できるようになったという点である。さらに、先の指導員は、連絡協議会で日本語教育コーディネーターからの助言、指導、または他の指導員からの助言や意見を得ることにより、指導員自身の指導内容および指導方法を再考することが可能になったとコメントしている。このことは、日本語教育コーディネーターを軸にした連携システムにより、日本語指導員自身の資質向上が図られているということであろう。このように連携システムの実質化において、日本語教育コーディネーターの果たした役割は大きい。」

　以上が目黒区における日本語教育コーディネーターの役割に関する考察である。

2.3. 日本語教育コーディネーターの専門性

　では、鈴鹿市と目黒区で導入された日本語教育コーディネーターは、これまで地域の日本語教育で議論されてきたコーディネーターとどこが異なるのか。鈴鹿市と目黒区の日本語教育コーディネーターについて、川上・中川・河上（2009：11）は次のように言う。

　「これらの日本語教育コーディネーターの役割は、多くの自治体や教育行政で議論されている、連絡調整を担う「ファシリテーター的人材」（野山、2000）ではない。ここでいう日本語教育コーディネーターが「ファシリテーター的人材」と異なる点は、JSLバンドスケールによる日本語能力の把握ができ、それをもとに日本語指導ができる専門性を有するという点である。それは、JSL児童生徒の「ことばの力」を見て、「ことばの力」を育てていく授業実践案を提案できる専門性をいう。そのような「ことばの力」を育てていく理論的知識と実践経験は、まわりの教員や学校、教育委員会の関係者に年少者日本語教育とは何か、「ことばの教育」とは何かについて気づかせる効果を持つ。そのことが、地域における年少者日本語教育を実質化してい

くことになる。」

　そのうえで、川上・中川・河上（2009）は日本語教育コーディネーターの専門性の中で最も重要な点は次の5点であると言う。

① 年少者の母語と第二言語能力の捉え方についての知識と理解
② JSLバンドスケールの理解とその使用経験
③ 年少者のことばの発達段階と認知発達の知識と理解
④ 子どものことばの力と発達段階を踏まえた授業の構成力と実践力
⑤ 自らの実践を内省し、かつ他者の実践へ助言指導を行う力

　つまり、子どもを対象にした日本語教育コーディネーターの専門性は、これまで指摘されてきたファシリテーター的な連絡調整力や記録管理力、異文化対応調整能力、日本語以外の外国語能力などよりも、上記の5点こそが日本語教育コーディネーターの専門性の核になるのである。それを一言で言えば、「ことばの力」を基点にした年少者の第二言語教育実践力と言えよう。

3. 検証―日本語教育コーディネーターの役割とは何か―

3.1. 検証の方法

　このような日本語教育コーディネーターの役割について、学校現場の文脈から見るとどのようになるのであろうか。鈴鹿市に導入された日本語教育コーディネーターを例に検証してみよう。

　川上さくら（2010）はこれらの先行研究を踏まえて、年少者日本語教育における日本語教育コーディネーターの役割を学校現場の文脈から立体的に捉えることを試みた研究である。川上さくら（2010）は、日本語教育コーディネーターが日本語を学ぶ子どもたちへよりよい日本語教育を実施するために設置されるべきであることを指摘した上で、実際に子どもたちへ日本語を教える教員（教諭や非常勤教員、指導助手など）が抱える3つの課題、すなわち①子どもの実態が見えない、②日本語教育の目標が見えない、③指導内容が見えないという課題を踏まえて、その現実との関係の中

で日本語教育コーディネーターを論じなければならないと主張する。

　川上さくら（2010）が注目したのは前述の鈴鹿市の実践である。鈴鹿市の実践をケーススタディとして川上が行った調査は、大きく分けて以下の一次調査と二次調査である。一次調査は、日本語教育コーディネーターの内省記録の分析である。これは鈴鹿市の日本語教育コーディネーターが自らの教育研究活動について、大学関係者へ向けて週1回発信した記録、「鈴鹿だより」をもとに行われた。約1年間にわたる記録が質的研究法によって分析された。この分析では、日本語教育コーディネーターが日ごろどのような意識で学校現場の指導員と関わったのかを明らかにした。二次調査は、日本語教育コーディネーター本人と学校現場の教員へのインタビュー調査である。二次調査では、一次調査の結果を踏まえて、日本語教育コーディネーター自身が自らの役割をどのように意識し、学校現場の指導員とどのような関係性を築こうとしたのか、また学校現場の教員に対しては、彼らが日本語教育コーディネーターをどのように見ているのか、あるいは日本語教育コーディネーターの役割をどのように認識しているのかについて面接調査を行った。

3.2. 検証（1）〈ことばへの意識化を促す〉働きかけ

　これらの調査を踏まえ、川上さくら（2010）は次のように主張する。まず一次調査の結果から、日本語教育コーディネーターが〈ことばへの意識化を促す〉働きかけを意識的に行っていたという点に注目する。たとえば、学校現場で「情報交換や授業参観により教員の意識に変化が現われてきた」、「教員との教材作成を通じて教員間に連携が芽生えてきた」、「JSLバンドスケールを使うことによって教員らの語りに変化が生まれてきた」、さらに保護者に対しても「学校での学びを生かすためにも家庭での支援を含めて支援の設計をする必要がある」、「日本語学級の運営には行政、学校管理職の理解が必要だ」といった日本語教育コーディネーター自身の意識の深まりから、〈情報の共有〉、〈教材作成〉、〈JSLバンドスケールの活用〉などを通して日本語教育コーディネーターが関係者ら（指導員、保護者、行政・学校管理職等）へ〈ことばへの意識化を促す〉ように積極的に働きかけを行っていた。さらに川上さくら（2010）は、その働きかけが日

本語教育コーディネーターの〈一緒に考える〉という姿勢によって支えられていたという点に注目する。なぜなら、この〈一緒に考える〉という姿勢や〈現状を受け止める〉姿勢が、日本語教育コーディネーターから教員への一方的な働きかけではなく、日本語教育コーディネーターと関係者らとの双方向性のある関係性を築こうとする姿勢であると考えられるからである。

3.3. 検証（2）〈ことばの課題に気づかない〉段階から〈ことばの課題を漠然と捉える〉段階へ

さらに二次調査を通じて、学校現場の教員らの意識がどのように変容していったかが分析された。一次調査で見えてきた〈ことばへの意識化〉とは、日本語を学ぶ子どもたちが抱えることばの課題への意識化であると捉え直され、その意識化は、教員らが子どもたちとの実践を通じて徐々に進んでいったと分析された。

その意識化のプロセスの段階は大きく分けて3つあるという。まず第一は、意識化の前段階となる、教員が子どもの〈ことばの課題に気づかない〉段階である。

たとえば、次のような教員の語りがある。

> 「日常会話はできるように、なってたから。だから私が授業中にしゃべることも、だいたい分かるんやろーと思って。（中略：引用者）もうこんだけしゃべれるんやで、OKやって、思いながらやってたし。」
> 　　　　　　　　　　　　　　　　　　　　　　　（川上さくら、2010：49）

つまり、教員らは日本語を学ぶ児童生徒らの《存在》を認識しているものの、彼らがことばの課題を抱えていることに気づいていない段階で、子どもが学校文脈に溶け込めるように教室環境を整えるなどのサポートはするものの、ことばの支援は十分でない段階である。

次は、「意識化の段階Ⅰ」である。そこでは、〈児童生徒が抱えることばの課題を漠然と捉える〉段階である。教員らが子どもたちに「何らかのことばの課題がありそうだ」と感じるものの、課題をはっきりとはつかめな

かったり、どのような手立てが可能かわからなかったりする段階である。
　たとえば、次のような教員の語りが紹介されている。この教員は在籍クラスの担任で、クラスには日本語の話せない子どもが3人いたという。

> 「三人いて、結構しゃべれなかったんです、うちのクラスは。だからそんなときに、うん？　これは大変だぞって思って、辞書を買いに走りました。」
> 　　　　　　　　　　　　　　　　　　　　　（川上さくら、2010：52）

　また、この教員は日本語指導の教員から板書の際、振り仮名を振るようにアドバイスを受けた。そのときの様子を次のように語っている。

> 「じゃあ、どうしたらいいの？　って言ったら、絶対ふりがなを振ってあげてくださいって。そんなこと考えもしなかったんだけど、あ、そうか―漢字ではだめなんだ！　と。で、板書を書いたら全部ふりがなを振る、ひらがな、ルビを付けると、あ、写してるわーって感じが（わかった）」
> 　　　　　　　　　　　　　　　　　　　　　（川上さくら、2010：53）

　別の教員もはじめてことばの問題に気づいたときのことを次のように語っている。

> 「はじめは、外国籍の子がいても、1年生、みんな一緒のスタートじゃないか、って軽い気持ちでいたんやけど、それは、もしかしたら、言葉の問題でひっかかるのかなーって。…（略）…数字の式、3＋4＝って言うんならともかく、やっぱりお話の問題（＝文章題）になってくると、分かんない。その辺が、やっぱり言葉の問題っていうのがあるんやなーって。」
> 　　　　　　　　　　　　　　　　　　　　　（川上さくら、2010：55）

　ただし、この段階ではまだ子どもの状態を漠然と捉えているため、問題意識を他の教員らと共有しづらいのも、この段階の特徴であるという。

3.4. 検証（3）〈ことばの課題を捉える観点に気づく〉段階

次は「意識化の段階Ⅱ」である。この段階は〈児童生徒が抱えることばの課題を捉える観点に気づく〉段階である。この段階へ進むのに役立ったのがJSLバンドスケールであったと語る教員が多い。JSLバンドスケールを使って日本語の力を見るようになって担任の教員の意識が変わったことを、国際学級のある教員は次のように語る。国際学級とは、日本語指導をする取り出しクラスのことである。

> 「担任の先生たちが変わったと思う。それは、校内研修の反省とかでも出してもらったんだけど、（担任の先生たちは）今までは、そんなに（子どもの）日本語の力って感じなかったっていうんですよ、その…考えないっていうか、な。…（略）…（M小のJSL児童のうち）50人は（国際学級に通級せずに）クラスにいるんだけど、その子らは、（日本語が）分かってるか分かってないかってことは考えなかった、と。一応声はかけるけど、あ、どうなんだろう？　とか、こんなん分かってないねーとか、そんなことあんまり考えなかったんだけど、バンドスケールを取るとなると、やっぱ先生たちが見るって言うんですよ、子どもを。真剣に。［子どもに近づく動作をする］こうやって見て、あ、はっ、意外とこれ分かってないわーとか、なんか新たな発見をしたっていうのはすごく言われました。うん。今までやっぱ見てるつもりで見てなかったねって。」（川上さくら、2010：59-60）

JSLバンドスケールを導入する前の状況について、別の教員は次のように語る。

> 「自分だけの勘で、こう、子どもを見ているところがあったんですけど、結局それも「先生は何で日本語能力、見てますか」って言われても、私の勘ですってしか言いようがなくって。」
> （川上さくら、2010：63）

さらに、日本語教育コーディネーターについては、もうひとりの国際学級

のある教員は次のように語る。

> 「もう、常に常に、Cさん（日本語教育コーディネーター：引用者）は、ほんとに国際学級のスタッフの一員だっていう。もうそういう意識なんです。」　　　　　　　　　　　　　　　（川上さくら、2010：5）

前述のように、鈴鹿市の日本語教育コーディネーター（Cさん）は、小学校に常駐し、日本語指導にも直接関わっていた。日本語教育コーディネーターの役割を考える上で、教員と日本語教育コーディネーターの関係は重要な点である。その点について、ある教員は次のように語る。

> 「Cさんが、「あー、動作化はいいですよねー」って言って。ほんで次にはもうぱっと、お面を作ってきてくれたんです。そうそうそう、みさとか犬とかもね。そうするともう、子どもたちのノリがやっぱり全然違ってー。」　　　　　　　　　　　　　　　（川上さくら、2010：67）

このように、日本語教育コーディネーターが日本語を学ぶ子どもたちにとって動作化や視覚的補助が必要であることを実践の場で直接教員にアドバイスすることを通じて、教員の意識化が進んだという。それは同時に、教員の日本語教育コーディネーターへの信頼感となって表れてくる。たとえば、JSLバンドスケールの使い方で迷ったときに、日本語教育コーディネーターに尋ねた経験をもとに、ある教員は次のようにいう。

> 「ここ、どうやってつけんの？　って迷った時に、やっぱC先生がそこの近くにいたんで、これってどうなん？　って（聞けた）。…（略）…そういう（迷った）ときに、良く分かってる人に、「ここは、そういう取り方（＝解釈）じゃなくって、こういうふうな受け止め方でーやってください」って言われると、あ、なるほどなーと思って。」
> 　　　　　　　　　　　　　　　（川上さくら、2010：69）

このように教員らが日本語教育コーディネーターの持つ、年少者日本語

教育の専門性を実感することによってさらに教員らは「ことばへの意識化」の段階Ⅱへ進んだと見られる。つまり、教員らは、JSLバンドスケールや年少者日本語教育に関する専門的知識などを持つ日本語教育コーディネーターと関わる中で、この段階へ進んでいくことができた。この段階では、教員らが子どもたちの課題を捉える観点に気づき、その気づきから子どものことばの力を把握するようになる。その気づきから、課題の把握、そして実践の組み立てが可能となっていく。したがって、この段階は子どもを捉える観点を教員間で共有できるようになる段階であるという。

3.5. 検証（4）日本語教育コーディネーターと教員らの関係性

では、このような教員らの〈ことばへの意識化〉のプロセスを日本語教育コーディネーターの視点から見ると、どうなるのか。川上さくら（2010）は、この教員らの〈ことばへの意識化〉のプロセスには、日本語教育コーディネーターの姿勢と働きかけが鍵となったと見る。その点を、日本語教育コーディネーターの語りから直接見てみよう。たとえば、日本語教育コーディネーターは教員らに対して、

>「そういう、視点を…視点を与えるっていう感じなのかな。…（略）…何かこう、先生が目を向ける場所をたくさん選択肢として準備してあげるっていうか。」
>「私が教えるんじゃなくて、先生方自身で気づいてもらうっていうことかな。」
>　　　　　　　　　　　　　　　　　　　　（川上さくら、2010：75）

と、自らの姿勢を語る。またアドバイスを求める教員に対しては、

>「その先生が抱えている困った感、困り感っていうのを共有したいと思うし、で、その子がどういうふうにしたら（授業に）参加できるのかっていうのを、（私はその子と）直接は関係ないんだけど、やっぱり親身になって考えたいっていうか。それを示したいのかな？」
>　　　　　　　　　　　　　　　　　（川上さくら、2010：76-77）

と振り返る。

またその姿勢は教員らとの会議などでアドバイスをするときにも反映する。

> 「私がそういう立場でネットワーク会議に関わりたいって思っていたから。「私はこういうふうに思って、こういうふうにしたけど、どうですかねー？」って投げかけをしたことがあったの。自信がないっていう感じなんだけど。「自分はこういうふうにやってみたけど、あーでもなんか、間違いかもしれません」っていうようなことをちらって言ったときに、ある先生が「でも、それは先生のね、考え方であれやから、それはそれでええんちゃう？」（中略：引用者）そういうふうな、ちらっと話が出てから、…（略）…それぞれの先生が自分の意見を言い合えるようになったっていうか。」

川上さくら（2010）はここで日本語教育コーディネーターと教員らの関係性に改めて注目する。その関係性とは、日本語教育コーディネーターと教員が実践の場を共有しながら同じ立場で実践を〈一緒に考える〉という関係性である。その関係性の上で日本語教育コーディネーターが自らの役割を〈視点を与える役割〉と捉え、年少者日本語教育の専門性を発揮し、教員らが子どもたちのことばの課題を意識していくように働きかけたと分析する。川上さくら（2010）は、この関係性が日本語教育コーディネーターと教員らの双方の働きかけによって生まれた点にも注目する。

このような関係性から生まれる、〈子どもたちの抱えることばの課題への意識化〉は、学校現場にさまざまな動きをもたらしている。まず、〈ことばの課題への意識化〉が促されることで、子どもを捉える観点が教員間で共有化され、さらに教員間で子どもが抱えることばの課題について問題意識が共有されていく。その結果、①子どもの実態が見えるようになり、②実態の把握から日本語教育の目標が見えるようになり、さらには、③目標が意識されることで指導内容が見えるようになるという。そして結論として、現場の〈ことばの課題への意識化〉が起きない中でシステム作りだけを進めても意味がなく、日本語教育コーディネーターは教員らの〈こと

ばの課題への意識化〉を促すことをめざして設置されるべきであり、このような〈ことばの課題への意識化〉を起こすことができる力がコーディネーターの専門性であると、川上さくら（2010）は結論づける。

4．「教育支援システム」における日本語教育コーディネーターの意義

　以上、鈴鹿市および目黒区に導入された日本語教育コーディネーターを事例に、日本語教育コーディネーターの役割について検討してきた。前述のように、一般に、学校現場や教育委員会には年少者日本語教育の専門家はいない。学校現場には日本語を学ぶ子どもたちを教える専門的教員、つまりJSL教員もおらず、また教員養成課程でJSL教員を養成する仕組みもまだない。一方、専門的教員の必要性に気づいている教育委員会にとっても専門的教員を確保することはほとんど不可能である。その結果、年少者日本語教育の専門性のない非常勤職員やボランティアに頼らざるを得ない状態が続く。これが、さまざまな教育課題を抱える学校現場の現在の現状である。

　そのような環境下で、鈴鹿市や目黒区で導入された日本語教育コーディネーターの試みの意義は大きい。年少者日本語教育の専門性を有する日本語教育コーディネーターが教育委員会に所属し、地域の学校現場と行政、大学とが結びつきながら共に日本語教育実践を展開していくという点で、鈴鹿市や目黒区で構築された「教育支援システム」は画期的な実践と言えよう。

　ここで改めて年少者日本語教育の専門性を有する日本語教育コーディネーターが学校現場（公立小学校および中学校）の日本語教育における実践論的支援や連携の構築にどのような役割を果たすのかについて、考察してみよう。

　川上・中川・河上（2009）は日本語教育コーディネーターの専門性の中で最も重要な点は次の5点であると言う。

① 年少者の母語と第二言語能力の捉え方についての知識と理解
② JSLバンドスケールの理解とその使用経験

③ 年少者のことばの発達段階と認知発達の知識と理解
④ 子どものことばの力と発達段階を踏まえた授業の構成力と実践力
⑤ 自らの実践を内省し、かつ他者の実践へ助言指導を行う力

ここで重要なのは、これらの5点が相互に連関しているという点である。5点を連関させる点とは、日本語を学ぶ「移動する子どもたち」の持つ複数言語能力、つまり、「ことばの力」の捉え方である。その「ことばの力」の捉え方への気づきがなければ、実践をどうデザインするかも、自らの実践の振り返りも、教員への助言指導も実質化しない（図1参照）。つまり、日本語を学ぶ「移動する子どもたち」の「ことばの力」の捉え方とその気づきが必要となるのである。

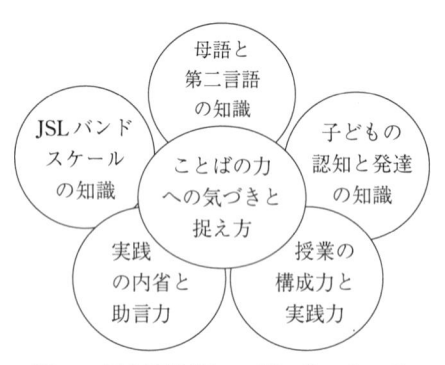

図1．日本語教育コーディネーターの
5つの専門性と「ことばの力」

川上さくらの研究（川上、2010）は、その「ことばの力」への気づきが学校現場でどのように進むのか、またその「ことばの力への気づき」に日本語教育コーディネーターがどのように関わるのかを論じた研究であると言える。川上さくら（2010）は、その「ことばの力への気づき」は子どもの「ことばの課題への意識化」であり、その意識化を進めるためには、日本語教育コーディネーターが教員と共に実践を行い、一緒に考えるという日本語教育コーディネーターの姿勢が有効であり、さらに、子どものことばの課題への気づきを促す視点を教員に与えることが日本語教育コーディ

ネーターの重要な役割であると主張する。つまり、日本語教育コーディネーターと学校現場の関係性こそが重要な結節点になるということである。

5. 実践研究としての「教育支援システム」

では、鈴鹿市や目黒区で構築されているような年少者日本語教育の「教育支援システム」は、年少者日本語教育の専門性を持つ日本語教育コーディネーターとJSLバンドスケールを導入し、前述のように日本語教育コーディネーターが専門性を発揮すれば、日本語を学ぶ子どもたちの「ことばの教育」の課題はすべて解決されるのであろうか。

川上・中川・河上（2009）や川上さくら（2010）の成果は年少者日本語教育の実践において極めて大きな示唆を持つ。しかし、それらの成果が教育現場に作用するには、現実的要素についてまだ考慮しなければならない点があろう。つまり、年少者日本語教育の「教育支援システム」が機能し、日本語教育の実質化が進むかどうかは、日本語教育コーディネーターを軸にした教育委員会や学校現場の関係性の内実にかかっているということである。それは、子どもたちの「ことばの力」を結節点に教育行政が力を結集するようにシステムが機能しているかどうかとも言えよう。

したがって、たとえば鈴鹿市における「日本語教育支援システム構築」（図2参照、水井、2008）を見るときには、「ことばの課題への意識化」と「日本語教育コーディネーターと学校現場の関係性」を視点にその「教育支援システム」の成果と課題を検証することが必要になるということである。

そのうえで、教育行政のあり方を見てみると、鈴鹿市と目黒区の年少者日本語教育の「教育支援システム」の要となるのは、やはり日本語教育コーディネーターとJSLバンドスケールであることがわかる。どちらも日本語を学ぶ子どもたちのことばの課題への意識化を進める上で重要な働きを持つ。JSLバンドスケールの目的はただ子どものことばの力を把握し、その発達上の課題を明らかにすることだけではない。むしろ、JSLバンドスケールを使ってことばの力を把握する過程で、日本語教育コーディネーターを含む教員同士のことばの捉え方の見直しや教育実践の捉え直しを進め、教育実践を考えることがJSLバンドスケールの目的である。した

がって、そのような実践を考える機会を持つことが不可欠となる。子どもの実態と実践をめぐり意見交流をする機会を持ち、日本語教育コーディネーターと教員が共に指導の方法や子どもの成長について考える機会を持つことが、新たな実践を行う上で重要なのである。

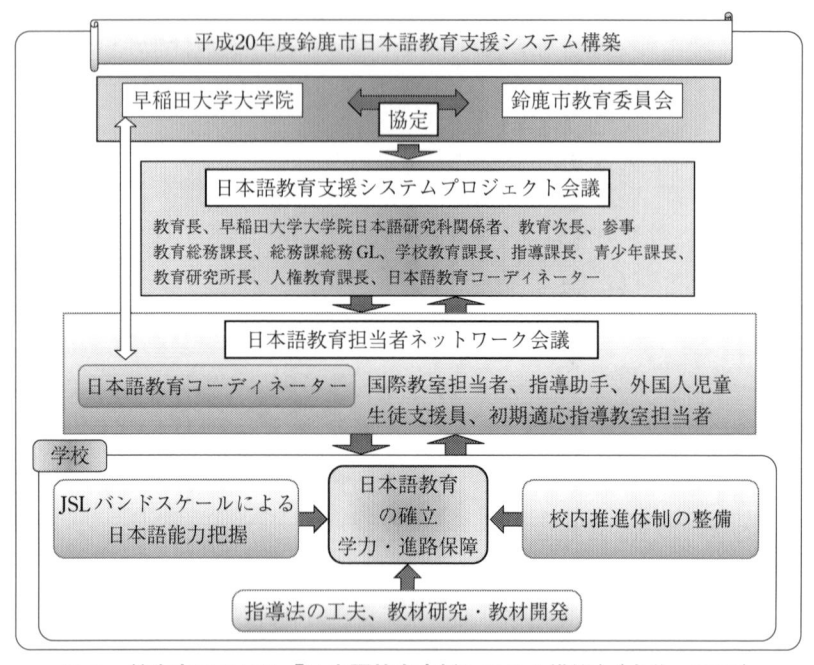

```
┌─────────────────────────────────────────────────────────────┐
│           平成20年度鈴鹿市日本語教育支援システム構築            │
│  ┌──────────────┐        ┌──────────────┐                   │
│  │ 早稲田大学大学院 │←─協定─→│ 鈴鹿市教育委員会 │              │
│  └──────────────┘        └──────────────┘                   │
│           ↓                                                  │
│      日本語教育支援システムプロジェクト会議                      │
│   教育長、早稲田大学大学院日本語研究科関係者、教育次長、参事    │
│   教育総務課長、総務課総務GL、学校教育課長、指導課長、青少年課長、│
│   教育研究所長、人権教育課長、日本語教育コーディネーター         │
│                                                              │
│           ↓                                                  │
│       日本語教育担当者ネットワーク会議                         │
│  ┌──────────────┐                                           │
│  │日本語教育     │  国際教室担当者、指導助手、外国人児童          │
│  │コーディネーター│  生徒支援員、初期適応指導教室担当者            │
│  └──────────────┘                                           │
│  ┌学校─────────────────────────────────────────────────┐    │
│  │                                                       │    │
│  │ ┌──────────┐  ┌──────────┐  ┌──────────┐            │    │
│  │ │JSLバンド  │→ │日本語教育│ ←│校内推進体制│           │    │
│  │ │スケールに │  │の確立    │  │の整備     │            │    │
│  │ │よる日本語 │  │学力・進路│  │          │            │    │
│  │ │能力把握  │  │保障      │  │          │            │    │
│  │ └──────────┘  └──────────┘  └──────────┘            │    │
│  │                    ↑                                  │    │
│  │         指導法の工夫、教材研究・教材開発                │    │
│  └─────────────────────────────────────────────────────┘    │
└─────────────────────────────────────────────────────────────┘
```

図2．鈴鹿市における「日本語教育支援システム構築」（水井、2008）

それが、年少者日本語教育の実践研究なのである。しかし、現在の日本の教育行政にはこの実践研究の視点が弱い。研究は大学や専門家が行うものであって、学校現場や教育委員会が行うものではないという風潮が強い。それは誤りであろう。教育委員会も学校管理者も、実践を通して考え、考えながら実践をするということが教育の基本であることを認識すべきである。それが教育現場における本来の実践研究のあり方でもある。そのような意味で生まれる、教育委員会、学校現場と大学との間で構築される協働的実践ネットワークの実質化がこの「教育支援システム」であり、その実質化には、年少者日本語教育学的視点が不可欠なのである。その年

少者日本語教育学的視点とは、端的にいえば、「ことばの力」と子どもの関係についての視点であり、認識である。

その視点と認識を深めていくには、これまで考察してきたように、日本語教育コーディネーターとJSLバンドスケールを導入し、日本語教育コーディネーターが教員とともに考え、実践する関係性を持ち、子どものことばの課題についての視点を提供し、ことばの課題への意識化を図るべく教員の気づきを促すことが必要である。この点こそが「移動する子どもたち」のことばの力を育てるすべての教育実践に共通する基本的視点と考える。したがって、この視点に立った「教育支援システム」の構築がなければ、日本語教育コーディネーターの意義と役割は十全に発揮されることはないだろう。教育行政はこの点を十分に理解し、教育行政の主体が「教育支援システム」と、さらには学校現場および大学等と双方向性の関係性を構築し、「移動する子どもたち」のことばの教育をめざすことが必要である。システムと人が一体となったときに初めて新しい年少者日本語教育の実践が創発されることになるのである。

第III部
「移動する子どもたち」のアイデンティティと「ことばの力」

第 7 章

「移動する子どもたち」に必要な「ことばの力」を捉え直す

1. 子どもを対象にした日本語教育で想定されてきた日本語の力とは何か

　子どもを対象にした日本語教育では、これまでどのような日本語の力を育成すべきと考えられてきたのか。

　野元菊雄は、ブラジルの日系の子どもたちに対する日本語教育で使用されている教科書について以下のように述べている。

> 「「おにいさんとオニブスにのってサンパウロに行きました」って風に、ブラジルの日本語では、外来語が、「バス」じゃなくて「オニブス」なんですが、これじゃどうも日本の日本人には通じないんじゃないかと思います。つまり、正しい日本語じゃないと考えます。やっぱり「バス日本語」じゃなくちゃいけません。この点からしても、この教科書は改訂すべきです。」
> 　　　　　　　　　　　　　　　　　　　　（野元、1974：16）

野元（1974）は、このような日本語は「えせ日本語」であり、「その言語がよって立つ物の考え方を失った日本語」であるゆえに、それを正していくべきであると主張した。

ここで議論したいことは、日本語の外来語が「バス」がいいか「オニブス」がいいかということではなく、野元がこのように発想した「日本語へのまなざし」である。それは野元が考える「日本語の所在」であり、日本から見て地球の反対側のブラジルの日本語を見るまなざしである。つまり、日本にいる日本人に通じる日本語が「正しい日本語」であるから、世界で日本語を学ぶ子どもたちのめざす日本語も「日本にいる日本人に通じる正しい日本語」という発想になるのであろう。ここで考えたいのは、日本語教育における日本語の規範性への疑義という言い古された議論ではなく、「世界で日本語を学ぶ子どもたちの日本語教育が育成すべき日本語の力とは何か」という問いに対して、「日本にいる日本の子どもたちが持っている日本語の力」という発想になりかねないという危うさである。

ブラジルだけではなく、現在日本語を学ぶ世界の子どもたちの背景は多様化している。グローバリゼーションによる世界経済の統合とそれにともなうトランスナショナルな大量人口移動の影響により、多くの国がこれまで以上の速度で多言語化・多文化化社会へ向かっている。日本語を学ぶ子どもたちも、このような時代の流れと必然的につながっている。

しかし、このような「移動する時代」に生きる子どもたちに必要な「ことばの教育」をどのように進めるか、またどのような「ことばの力」を育成するのかという課題は十分に議論されていない。本章では、「移動する子どもたち」に必要な「ことばの力」がどのように捉えられてきたのかを振り返りながら、これらの子どもたちのことばの教育のあり方について考えてみたい。

2．「移動する子どもたち」はなぜ議論されてこなかったのか

第1章で述べたように、私はこれらの子どもたちの「ことばの教育」を考えるには、実体概念としての「子ども」ではなく、分析概念としての「移動する子ども」という捉え方が有効であると考える。

「移動する子ども」とは、以下のような3つの条件を持つ分析概念であ

る。3つの条件の1つめは「空間的に移動する」、2つめは「言語間を移動する」、そして3つめは「言語教育カテゴリー間を移動する」である。ここでいう言語教育カテゴリーとは母語教育、外国語教育、継承語教育など、子どもの言語教育や言語学習を表すために大人が作った既成のカテゴリーである。つまり、これらの既成の境界を越えて子どもたちが「移動」するという動態的な意味が含まれている分析概念なのである。

　日本語を学ぶ「移動する子どもたち」の教育が近代の教育史の中で十分に議論されてこなかった理由は、いくつかある。1つは、近代国民国家における教育の役割や構造的力がこれらの子どもたちの課題を見えにくくしている点である。近代国民国家の教育とは、均質的な国民を作ることによって国民国家を支えていく制度である。そのために国の定めた学校で、国の定めた教科書を使って、国が育成した教師によって均質的な教育を行うことによって、差異を同一化する「国民概念」が生成され、「想像の共同体」（Anderson, 1991）としての近代国民国家が作られていく。幼少期より複数言語間、複数文化間を「移動する子どもたち」はその国民国家の教育の構造的力によって常にマージナルに位置づけられることになるのである。

　もう1つは、これまでの言語教育の内容とあり方が「移動する子どもたち」を想定していないという点である。たとえば、日本を例に言えば、日本国内の公立学校での国語教育は「移動する子どもたち」を想定していない。そのため、多様な子どもたちを想定した言語教育のあり方についての議論が深まらず、これまで個々の言語教育カテゴリーの実践が別々の文脈で語られてきた。歴史的に振り返れば、子どもを対象にした日本語教育は、日本の先住民族であるアイヌの子どもたちや戦前の日本の植民地に暮らしていた現地の子どもたちへの「国語教育」、戦前戦後を通じて日本に多数居住してきた在日コリアンや在日中国系住民の子どもたちの「日本語習得」、1970年代から1980年代に多数来日した「インドシナ難民」や中国帰国者の子どもたちへの「日本語指導」があった。また日本国内の「インターナショナル・スクール」や「民族学校」などで行われる「日本語」という教科指導、さらに日本国外にある「日本人学校」「日本人補習授業校」や「日本語教室」で行われている国語教育や継承日本語教育まで、長年に

わたる多様な言語教育の実践があったはずであるが、それらが総合的に捉えられ、多様な子どもにとっての言語教育のあり方が議論されることはなかった。その理由は「移動する子どもたち」という視点が欠如していたためである。

さらに3つめの理由は、従来の子どもの捉え方が固定的で、多様な「移動する子どもたち」の実態を捉えきれていないためである。たとえば、日本国内にいる日本語を学ぶ子どもたちの母語やエスニシティを重視し、「民族的アイデンティティ」を維持する名目で、子どもたちが持つ母語・母文化を本質的に、したがって固定的に捉え、ステレオタイプ化した「母語教育」や「母文化教育」を行う実践がある。またそれらの実践とは対称的な関係にある、日本国外にいる日本語を学ぶ子どもたちへの「母語教育」や「母文化教育」としての継承日本語教育の実践もある。さらにその両者の対極にある、ホスト社会の言語や文化への「同化主義的言語教育」までさまざまな教育があるが、いずれの「言語教育」の議論においても、「移動する子どもたち」の多様でハイブリッドなアイデンティティと21世紀を生きる力を支える「ことばの教育」のあり方についての議論は少ない。その理由は、個別の文脈の子どもたちを1つにまとめ、他の文脈から捉えることができないためである。そのため、多様な背景を持つ子どもたちに必要な「ことばの力」とは何かという問題設定ができていないのである。

したがって、ここでの議論としては、「移動する子どもたち」が、これからの21世紀の国際社会に生きていくときに必要な「ことばの力」とは何かという問題設定が必要なのであり、その問題を解く中で、「移動する子どもたち」のことばの教育の内容とあり方を深めていくことが必要なのである。

3．世界の言語教育の動向と「移動する子どもたち」

3．1．異文化対応能力と「第三の場所」

これからの21世紀の国際社会に生きる「移動する子どもたち」に必要な「ことばの力」とは何かという議論を進めるには、世界的な言語教育の流れにも留意しなければならないだろう。

近年、世界の言語教育や外国語教育において、「ことばの力」の捉え方

が多様化している。単に言語の形や機能、知識や運用能力だけでなく、相互理解や文化理解、異文化対応に必要な能力まで幅が広い。たとえば、言語学習と異文化能力が個人の中にどのように位置づいているかを示す『ヨーロッパ言語ポートフォリオ』に関するザラトの議論（ザラト、2007）や、異文化学習と「異文化リテラシー」の育成を重視する言語教育を論じるクラムシュの指摘（クラムシュ、2007）のように、言語教育や外国語教育の中でことばや文化を視野に入れた人間と社会の関係を含んだ議論が活発化している。

『変貌する言語教育—多言語・多文化社会のリテラシーズとは何か—』（佐々木倫子他編、2007）は、ザラトやクラムシュらを招いた国際シンポジウムの成果がまとめられたものであるが、そのシンポジウムに参加した私は「移動する子どもたち」の言語教育について述べた。ここでは、「移動する子ども」のことばの力とは何かという点について、国際的な視野で再度検討してみよう。

川上（2007b）ではザラトやクラムシュの論を踏まえ、かつそれらの言語教育理論を実際に展開しようとしているオーストラリアの言語教育政策 Intercultural Language Learning（ILL：以下、異文化間言語教育）を取り上げ、その中で、どのような力を育成しようとしているかをめぐる議論と課題を紹介した。

オーストラリアでは異文化間言語教育がめざす力を異文化対応能力（intercultural competence）とし、かつ「第三の場所」（the third place）を見つける能力が異文化対応能力の中心にあると言う（Lo Bianco et al., 1999）。さらに、その力を育成するには、接触場面の中で違いを経験することが言語教育に含まれるという。

このような「異文化対応性」（interculturality）は、言語を学べば自動的に育成されるものではなく、また、文化を文法のように記述されたものとして教えることで育成されるものでもなく、むしろ、コミュニケーション行為自体が複雑で相互行為的で関係性の中に生起するものであるゆえに、スムーズなコミュニケーションよりも失敗を含むコミュニケーションの中から、「異文化対応性」は育成されるとする（Crozet & Liddicoat, 2000）。

オーストラリアの異文化間言語教育では、文化をプロセスとして学ぶことによって文化の動態性や任意性を理解し、文化を比較することによって自らの文化を内省し、かつ他者の文化を尊重し、そこから他者と気持ちよく関係を取り結ぶ場所、すなわち「第三の場所」を築く力を育成することになると言われる。

　ただし、これらの議論の中には、文化やことばは常に変化し、再構築され、ハイブリッドな中間的なものが産出されているのが現実であるという文化観、言語観がある。したがって、これからの言語教育は、ことばの型（パターン）や文化的情報を身につけるだけではなく、文化接触から生まれるさまざまな変化を考え、それに対応する行動を身につけていくことなのであると主張される。

　オーストラリアの異文化間言語教育がめざしているのは、「異文化に対応する話者」（intercultural speaker）の育成である。ここで言う「異文化に対応する話者」とは、母語話者と同じ言語規範に基づく言語行動をとれる人ではなく、自分の判断で自分の対応を決めることができる人という意味である。つまり、「第三の場所」を見つけることができる人という意味になる。

3.2. 言語学習と「認識の問題」

　では、どのようなプロセスを経て、「異文化に対応する話者」は育成されると考えたらよいのか。それを考える1つのモデルとして旋回的発達モデルが提示されている（Liddicoat, 2002）。すなわち、異文化の接触（input）からその違いに気付き（noticing）、それにどう対応するかを考えてから（reflection）、行動を起こし（output）、その行動についての反応を知って（noticing）、さらにその行動の評価をし（reflection）、さらに次の行動へ移る（output）という回りめぐりながら行動を修正しつつ場面に対応していくというモデルである。このモデルで重要なポイントは、学習者の第一文化から目標文化へ単線的に到達するというのではなく、その間に何度も何度も学習者は試行錯誤を繰り返し、その過程で、中間文化1、中間文化2、中間文化3などを形成していき、そこに「第三の場所」を発見するかもしれないという点である。したがって、その「第三の場

所」が目標文化らしくなくても、それは学習が失敗したと見なくてもよいことになる。つまり、「異文化間言語学習」とは、異文化間のやりとりの中で学習者が自分自身にふさわしいやり方を探したり、独自のアイデンティティを形成したりすることが、主体的に、かつ自覚的に行うことができるダイナミックなプロセスを持つ言語教育であるということである。

さらにオーストラリアでは、具体的な学習活動の中で学習者が自ら理解したことや解釈したことを「内容」と捉え、それを他者とのインターアクションを通じて学習者間で相互に学び合うことによって個人の認識の枠組みを更新していくような、主体的な人間育成を目指す異文化間言語教育の理念と方法論も提示されている（Scarino, 2007a, 2007b；太田、2007）。

このようなオーストラリアでの議論には、明らかにアメリカのクラムシュ（Kramsch, 1993, 1998）の考え方が大きく影響している。クラムシュの主張で重要なのは、言語教育の過程に見られる「認識の問題」である。たとえば、学習者は目標言語とその文化と対照しながら自分のことばと文化を理解する。また「対話」を通じてその理解は深められ、その過程で生まれるどのような多様な見方も認められ、共有され、受け入れられる。学習者は自分のことばや文化、また目標言語とその文化についても内省する視点を持ち、かつ世界中にある多様なことばや文化のあり方や多様な個のあり方を認める視点を獲得する。それらの視点に立った言語教育を受け、複数言語話者となる学習者は、モノリンガルな話者とは異なる対応の仕方を知っており、多様な視点でものごとを考えられる人となることが期待される。その具体的な方法としては、宣言的知識による他文化理解を超えて、推論や比較、解釈、議論、交渉の過程を経て言語と文化の多様性を認識するような手続き的知識の獲得をめざす方法が提示される。

換言すれば、学習者の文化（文化1）と目標言語の文化（文化2）の間にいる学習者は、自分の文化1の中でも自己認識や他者認識があり、学習目標となる文化2にも自己認識や他者認識があるという考え方である。つまり、ひとりの学習者が言語学習を通じて、文化1と文化2の間を行ったり来たりしながら、認識が変容していくのである。この場合の文化1と文化2を二項対立的な文化観と考える必要はない。他言語を学習していくときに一人ひとりが想定する「文化」という認識が、学習過程で変化してい

くのである。言語学習の過程で、学習者一人ひとりの認識が変化していくのであり、また過程を通じて学習者の認識が形成されていく。言語学習における学習者の認識の問題がクラムシュの主張の重要なポイントである。

3.3. 異文化に対応する「ことばの力」育成

ここで改めて、「第三の場所」をめざす「ことばの教育」が近年世界的に主張されてきた背景について見てみよう。

「第三の場所」をめざす言語教育を構想する理由は、簡潔に言えば、21世紀の社会状況に対応する人材の育成ということである。そこで想定される社会は、多様な社会的文化的な背景や考え方を持つ人々が国境を越えて出会い、コミュニケーションを行うような社会である。そのような社会に対応する人材の育成は、もちろん教育全体で行わなければならないのは当然であるが、これまでの教育が固定的、静態的な社会観や文化観、言語観に立って行われていたとすれば、そのパラダイムを見直すことが必要となる。すなわち、社会の多様性や文化のハイブリディティ性、ことばの動態性などを捉える視点から教育を再構築することである。言語教育においても、同様のパラダイム転換が必要となる。

これまで述べてきた異文化間言語教育の議論も、そのようなパラダイム転換の文脈にある。したがって、議論の前提として、ことば、文化、社会の動態性や多様性、ハイブリディティ性という点や、ことばによるコミュニケーション自体が文化であるという考え方、また、「異文化に対応する話者（intercultural speaker）」の育成がこれからの言語教育の目標となるという点がある。その目標も、その言語の母語話者と同じ「ことばの力」や、母語話者と同じ言語規範に基づいて言語行動をとる力でもない。むしろ、異文化に対応することばの力の育成をめざすことになる。

ここでの重要な論点は、以下の点である。自己認識や他者認識は変容し、同時に「異文化に対応することばの力」も回旋的に変化する。その認識とことばの力のあり様は、場面や状況、相手との関係性によっても異なるものである。したがって、それらの到達点を目標言語話者の認識や言語規範に求める必要はないし、「異文化に対応することばの力」を項目別に、あるいは固定的に捉える必要もない。重要なのは、一人ひとりの学習者が

自分の認識をことばで表現することができるかどうか、またそのことが学習者の主体性とどう関わるかという点である。

　つまり、これからの時代に生きる子どもたちのことばの教育には、目標言語の母語話者の言語規範を教え込むという捉え方ではない。多様に変動する社会状況に生きていく子どもにとっての「自己のことばと他者の文化」という課題が切り離せない。換言すれば、「移動する子どもたち」への日本語教育の重要な課題は、多様な他者と関わる「ことばの力」、他言語話者との関わりを築く「ことばの力」をどう育成するのかということになる。

　このような視点をもった言語教育というのは、これからの社会のあり方と密接に関わっているという意味で、極めて政治性のある課題でもあると言える。なぜなら、子どもたちにどのような「ことばの力」を育成するか、また、「自己のことばと他者の文化」の認識をどう捉え、どのような教育を構築するかは、これからの社会のあり方と密接に関係しているからである。

　以上の議論をまとめると、「移動する子どもたち」に必要なことばの力とは、多様化する社会の中で、さまざまな異なる文化的背景や考え方を持つ他者とやりとりする力であり、自己を見つめ、自己の考えを語る力であり、さらには新しい見方や考え方を創造する力である。それが、「異文化に対応することばの力」、自己の認識を更新する力、そして他者を認め、他者につながる力になると考えられる。

4．年少者日本語教育で「ことばの力」はどのように捉えられてきたか

4.1．子どもの言語生活を支える「ことばの力」

　では、日本国内で進められてきた年少者日本語教育の教育研究においては、これまで「ことばの力」についてどのような探究があったのかを見てみよう。

　ここでは外国人児童生徒が増加した1990年代からの動向を追ってみる。1990年代はじめ、国（文部省）が開発した教材『にほんごをまなぼう』シリーズは、日本語指導が必要な子どもたちを学校生活に適応させるための

「ことばの力」や教科学習に必要となる日本語の語彙や表現を子どもに習得させることをめざしていた。

　1990年代半ばから、日常会話ができるが教科学習に遅れが見られるという外国人児童生徒の課題が指摘されるようになり、国（文部科学省）が開発した「JSLカリキュラム」では「日本語の習得を通して学校での学習活動に参加するための力の育成」「日本語による『学ぶ力』の獲得」が目標として示された（文部科学省、2003、2007）。これは単に言語形式に関する知識や技術ではなく、文脈や状況に応じてことばを運用する力という意味であり、「思考を支えることばの力」「教室での学習に参加することばの力」、つまり日本語による「学ぶ力」（齋藤、2009）が目標とされた。

　一般に、子どもの第二言語能力は、日常的なコミュニケーションに必要なことばの力（生活言語能力あるいはBICS）と学習や思考に必要なことばの力（学習言語能力あるいはCALP）という2つの側面から捉えられる。「JSLカリキュラム」も、このような捉え方を踏まえて考案されている。

　一方、この両者は単純に切り分けられるものでもないという指摘（池上、1998）があるように、子どものことばの力をまるごと捉えるという方法論も試みられている（川上編、2006）。

　さらに、日本語を学ぶ子どもたちに必要なことばの力を広く捉え、「「文化」に規定された社会的な環境と相互作用し、「自己実現を目指す力」」（池上、2005）や、子どもたちの成長と発達を支える視点から、「グローバル社会において学ぶ力・生きる力」（石井、2009a）、子どもの「自主学習能力」（野山、2006）まで幅広い議論がある。

　「ことばの力」に関する、これまでの議論を見ていると、日本の学校生活へ適応させるための「ことばの力」から学力保障のための「ことばの力」、自己実現のための「ことばの力」、さらに子どもの主体的な生き方を築くための「ことばの力」へと議論が発展しているように見える。ただし、子どもたちの「ことばの力」を捉えるためには、子どもたちが姿を見せる学校文脈だけの「ことばの力」ではなく、子どもの生活やライフコースを見定めた「ことばの力」の捉え方が必要である。石井（2009b）は次のように述べる。

「子どもは社会のあらゆる場でことばを介して人との関係を結びながら育ち、人との関わりがことばの力を育てる。言語発達を捉えるには子どもの言語生活の全体を視野に入れなければならない。情報を的確に伝えることばの力、場面や状況に合わせて適切にことばを使い相手との関係を築く力、心情を表現し他者との心的交流を可能にすることばの力、思考するためのことばの力など、子どもの言語生活の様相を捉えるために必要なさまざまな観点から、子どもの言語使用、言語能力を見ることが重要である。」　　　　　　　　　（石井、2009b：147）

　このように子どもの言語生活を広く支えることばの力は、子どもの成長やアイデンティティ形成に直結する。子どものことばの力を、子どもが生きていくこと、大人になることと合わせて捉える視点は難しい課題であるが、重要な課題である。

4.2. 子どもの成長、自己形成に必要な「ことばの力」

　その議論の延長上に新たな課題が出てきている。それは、日本語を学ぶ子どものことばの力を日本語母語話者の子どものことばの力と照らし合わせて捉えるのではなく、子ども自身の成長や自己形成と合わせて捉える見方である。
　たとえば、齋藤恵は子どもの全人的な成長を支えるような支援が子どもには必要であり、そのためには、子どもがどのように自己を認識し、「なりたい自分」の姿をどのように思い描いているのか、子どもの主体的なアイデンティティの状況を把握することが肝要であると述べる（齋藤、2006b）。なぜなら、子どもの「行為主体性」は子どもと周囲の社会的な関係性によって変動するからである。したがって、支援者は子どもの自尊心や意欲を育て、子どもがどのような問題を解決したいと考えているかということに目を向け、それを受け止めながら、学習活動を創っていくことが重要であるという。齋藤はさらに次のように言う。子どもが日々の生活世界で見出した課題を調整する術を自分で探し出し、解決のために周囲にも働きかけるかどうかが、子どもの学びを左右する。子どもが自分の置かれた環境をどう見るか、その上で自分はどうしたいのか、どうなりたいのかを

踏まえて、自分の学びを組み立てる力を育てていくことが、「移動する子どもたち」の「行為主体性」を育てることにつながる。したがって、そのような子どもたちとともに実践を創っていくことが、「移動する子どもたち」へのことばの教育実践の本質であると言う。

また、尾関史は、子どもの日本語能力の有無にかかわらず、子どもは自らの置かれた環境で周囲にさまざまな働きかけをし、その力が正当に評価されることによって自信をもって子どもは社会に参加し自己実現していくということを、実践をもとに主張している（尾関、2007）。つまり、何をもって子どもが自己実現できたと見るかは、他者とどのような関わり方が自分にとって意味があると考えられたのかという子ども自身の視点が重要であるという理解である。したがって尾関は、「ことばを使って周囲の子どもたちや教師たちとやりとりする力」「自分自身で自分の置かれた状況を捉え、その中で自分に必要な学びを主体的に作っていける力」という幅広い文脈で「ことばの力」を捉える。

また古賀和恵・古屋憲章は「移動する子どもたち」に必要な「ことばの力」とは「他者と関わりながら、自分が何を大切にして生きていくのかを生涯にわたって考え続け、見つけていく力」であり、それは日本語の力がどれくらいか、母語が何語かにかかわらず、子どもにとって必要な力であると述べている（古賀・古屋、2009：251-252）。

これらの見方は、幼少期より複数言語環境で育つ「移動する子どもたち」をそれぞれの言語の母語話者と比較してことばの力があるかどうかを見る見方ではなく、子ども自身の中の複数のことばの力や社会に働きかける力を正当に評価しようとする見方といえよう。つまり、子ども自身が自らの複数のことばの力をどのように捉え、どのようにことばと向き合い、その中から自己形成してきたのかという視点に重点を置いた見方である。そのような視点から尾関・川上（2010）は大学生となった「移動する子どもたち」を取り上げ、また川上編（2010）はかつて「移動する子ども」で現在、社会で活躍している大人たちの語りを聞くことから、「移動する子ども」として成長した当事者自身が考える複数のことばの力への認識を掘り起こした。

以上をまとめると、「移動する子どもたち」のことばの力は、学校生活

へ適応することばの力から学習に参加できることばの力あるいは学ぶ力の育成が目標となり、子どもの成長やライフコースの中で必要なことばの力という捉え方へ発展し、さらに、近年では、それだけではなく、子ども自身が考えることばの力、日本語を含む複数のことばの力への主観的な捉え方へとことばの力の捉え方が進んでいることがわかる。

このような流れは、世界の言語教育の流れと呼応している。前述の「第三の場所」をめぐる議論でも、自己の中で更新し続ける、言語学習を通して見られる他者認識、自己認識という学習者自身の「認識の問題」に通じるからである。

5. 子どもの主体性と「ことばの力」、そして関係性

世界の言語教育の流れや年少者日本語教育の流れから、「移動する子どもたち」に必要な、そして育成すべきことばの力とは、子ども自身の認識や主観的な言語能力意識と深く関わることがわかる。「移動する子どもたち」のことばの教育とは、子どもが主体的に、かつ自覚的に自己の意見や考えを目標言語で語るという行為とその行為によって育成されることばの力によって、新たな自己認識と他者との新たな関係性が生まれてくるということである。

1つだけ例を示そう。川上・尾関・太田（2011）は、日本人の両親を持ち、3歳からアメリカで暮らし、英語が主となっていた女子学生の事例を紹介している。その女子学生が日本の大学で日本語を学ぶことによって、日本語が向上し、日本語で自己表現できるようになった。そのため、さまざまな変化が生まれた。その1つが、母親との関係性であった。以前は、母親と日本語で会話をしても、彼女は日本語で十分に自分を表現できなかったため、母と娘の相互理解が進まなかった。しかし、日本語の力が向上すると、彼女は母親に対しても自分の「もっと面白い側面」を表現できるようになり、お互いをよりよく理解できるようになった。その結果、互いを尊重する意識が深まり、母子関係が変化したという。

この事例のように、ことばの学びが新たな自己認識と他者との新たな関係性の構築に影響を与えていく。

石井（2009b）が「学ぶ力とは、周囲の関わりの中で「学び合う力」で

もある」と述べているように、日本語を学ぶ子どもが日本語を使って主体的に、かつ自覚的に自己の意見や考えを語るという行為は、決してひとりでは完結しない。話す行為でも、書く行為でも、いずれも他者との間に起こる社会的行為であるとすれば、日本語を使いながら他者と「やりとり」をすることこそ、奨励されなければならない。なぜなら、他者との「意味のある文脈」における日本語による「やりとり」によって、ことばの力が育成されると考えられるからである。

その場合、他者は単に教師や支援者だけではない。「移動する子どもたち」と日々日本語による「やりとり」を経験しているのは、日本語を母語とする子どもも日本語を母語としない子どももさまざまである。日本語によるさまざまな「やりとり」で、子どもたち同士が日々経験していることは、自分たちとは異なる背景やことばを持つ子どもたちとの厳しい「相互理解」という課題であろう。その厳しい「相互理解」は、日本語を母語としない子どもたち、日本語を母語とする子どもたちの双方を含む行為であり、自分たちとは異なる背景やことばを持つ子どもたち同士のコミュニケーション行為であると言えよう。

つまり、このような意味の「やりとり」も「相互理解」も、片方の当事者だけを取り出して「教育」すれば「完結」するものではない。双方の「やりとり」の中で双方の「ことばの力」が育成されると考えるべきなのである。そう考えれば、そのときに焦点化される「ことばの力」は、片方にのみ要求される「ことばの力」ではなく、双方に必要な「ことばの力」ということになる。

この地点に立つことばの教育は、もはや「移動する子ども」への日本語教育とも、日本語を母語とする子どもへの国語教育とも言い切れない。それは、日本国籍があるかないかを問わない教育実践となろう。「移動する子ども」は、日本社会に定住し続けるとも限らないし、将来、他国へ移住するかもしれない。しかし、日本国籍があってもなくても、また定住型の子どもであれ、滞在型の子どもであれ、発育途上にある子どもたちにとって必要なことばの教育は施されなければならない。ことばの教育を通じて、これからの多言語化・多文化化社会に対応する力を、子どもたちに育成していくことが必要となる。その意味で、「移動する子どもたち」を対

象にした年少者日本語教育は、これまでの国民教育の枠を超えた「新しい言語教育の創造」の可能性を意味する。

「想像の共同体」としての近代国民国家は、創られる「国民概念」によって成立するものであり、教育システムはそのための「国民概念」を創出する装置として機能すると考えられる。したがって、多様な背景を持つ「移動する子どもたち」を対象にする年少者日本語教育は、想像された「国民概念」の枠組みに異議申し立てをする働きを潜在的に内包しているのである。それは、近代国民国家の枠組みを破壊するというラディカルな運動という意味ではなく、子どもたちの「ことばの学び」に寄り添うことから見えてくる「教育のすがた」を捉え直し、「ことばの学び」の座標軸を変えることによって、さまざまな背景をもつ子どもたちの人間理解の底辺を押し広げることを意味する。そして、それが一人ひとりの子どもが共に学ぶ教室とともに生きる新たな社会の建設につながる視点を提供することになる。このような視点こそが、「移動する子どもたち」へのことばの教育の最大の社会的貢献の1つと考えられるのである。

6. 関係性こそ、「ことばの力」

本章のここまでの議論は「移動する子どもたち」のことばの力とその教育をめぐる議論であった。最後に、「移動する子ども」のことばの教育に関わる議論が、日本語教育全体にどのような点で示唆を与えるのかを考えてみよう。

第一は、ことばの学びと主体形成の点である。学習者は成長する中で、複数の言語を自分の中に取り込む。取り込みながら、成長する。学習者にとって意味のある内容を、学習者にとって意味のある場面で、学習者にとって意味のある相手に日本語で伝える時に学習者にとって主体的な日本語学習の学びが起こり、その学びの過程は、そのままその学習者の主体形成の過程と重なるという点である。

第二は、ことばの学びと関係性構築とが関係する点である。学習者はその学びの過程で、自らの周りにいる多様な他者と日本語で関係性を築くことになる。その過程で、学習者は日本語を使うたびに他者からの反応を得て、反応を得ることによってさらに日本語を習得していく。そのような日

本語によるやりとりを通じて他者との関係性が変化していく。その変化に応じて、学習者にとっての複数言語との向き合い方が変化するという点である。

　第三は、ことばの学びと日本語を使用するアイデンティティの形成という点である。学習者にとっての複数言語との向き合い方が変化する過程で見える日本語の力は、日本語を使用する目的、内容、他者との関係性、表現形式などによって日本語が選択されるため、日本語の力の見え方は場面ごとに異なる。つまり、その日本語には動態性、非均質性、相互作用性（川上編、2006）があるように見える。日本語の力を要素や機能によって部分に分けて記述することは可能だが、そのような分類は学習者にとって意味をなさない。なぜならば、学習者にとって意味のある日本語の力は、自分の中にある力というよりは、他者との関係性の中に、あるいは社会的な文脈の中に立ち現れるという実感であるからだ。そのような実感から、「日本語を使用する自己」というアイデンティティが生まれる。その経験は、学習者が日本語学習を通じて、自らの中にある日本語を含む複数言語と向き合うことになり、複数言語を使い多様な他者とやりとりする体験が自らの中にある複数言語性、複数文化性に気づくことにつながる。日本語を使用しているときの学習者は、日本語を他者に向けて使用することによって、「日本語を使用する人」「日本語とともに生きる人」になる体験をするのである。

　最後に、このように考えることになった私のエピソードを1つ紹介しよう。

　2010年9月、スイスのある町にある日本人補習授業校を訪ねた。そこで16歳の少年に出会った。その少年は、日本語以外に複数の言語を使うことができた。少年の父はスイス国内のフランス語圏で生まれたため家庭ではフランス語を使用し、母は日本人で少年とは日本語で会話をした。学校で使用される言語は標準ドイツ語であったが、地域ではスイス・ドイツ語もあり、二種類のドイツ語に触れて少年は成長した。それだけでも4種類の言語を使っているので、「英語は？」と尋ねると、なぜそのようなことを聞くのかと怪訝そうな表情を見せて、「英語は学校で習っているから、（使えるのは）当然でしょう。」と答えた。つまり、5言語を使用できるとい

6．関係性こそ、「ことばの力」　169

うことであった。5つの言語を使用できるといっても、その使用度や運用能力は言語によっても異なるのかと思った私は、少年に「学校で勉強しているときに言葉で困ることはないのか」と尋ねると、ほとんどないという。「では、何語があなたの中で一番中心の言葉なのか」と恐る恐る尋ねると、また少年はなぜそのようなことを聞くのかといった表情で、「それは、（当然）日本語でしょう」と平然と答えた。少年の身体の中には複数の言語があり、それが渾然となりながらも、中心となる言語が形成されているようであった。最後に、私は少年に尋ねた。「では、あなたはどのような人ですかと尋ねられたら、何と答えますか」と。すると、少年は、「まあ、心的（こころてき）にはスイスと日本が半分半分かなあ」とケロリと言った。なぜスイスに住みながら、「心的（こころてき）には」などという表現ができるのかと思い、「どのように日本語を勉強しているのか」と尋ねると、少年は「日本の推理小説をよく読む」ということだった。好きな作家は？　と聞くと、すぐにベストセラー作家の「東野圭吾」と教えてくれた。

　スイスで出会った少年は、日本語を含む複数言語を習得しつつ多様な他者と多様なコミュニケーションができる能力を持つハイブリッドな生き方を示していた。スイスの少年と別れる時、「日本の大学に留学しないか」と尋ねると、少年は「いいえ、まずはスイスの大学でしっかり学びたい」と力強く答えた。彼の日本語の力を、日本にいる若者と比較することは彼にとって意味がないように見える。日本語は彼の中では他者とコミュニケーションをとるためのオプションの1つにすぎないのである。野元のように「日本にいる日本人に通じる正しい日本語」とナショナルスティックに考えることは「移動する子どもたち」が生きる21世紀の今の時代にはそぐわない。それよりも、学習者一人ひとりが成長過程で自らの自己形成のために必要な日本語とは何か、そして日本語を使って他者とどのような関係性を構築したいと考えるのか、さらには、日本語を使ったコミュニケーション体験の中でどのような自己を他者との関係の中で出現したいと考えるのかということが、学習者にとっても実践者にとっても重要なのではないか。なぜなら、日本語を使いやりとりすることが、学習者にとっては自らの生き方を考えることにつながり、実践者にとっては自らの日本語教育観

を再構築することにつながるからである。日本語教育が育成する日本語の力とは、「日本にいる日本人に通じる正しい日本語」を到達目標にする必然はなく、21世紀に生きる学習者と実践者が共に探究する力なのである。その意味で、日本語教育とは、学習者と実践者双方が互いに支え合うことによって、双方が日本語によるやりとりを通じて「人によって人となる」教育（川上、2010）なのである。

第 8 章

「移動する子どもたち」のアイデンティティの課題をどう捉えるか

1．「移動する子どもたち」の今日的意味

　21世紀の社会状況の中で、国境を越えて「移動」する現象がますます増加している。それは国境を越える「フロー（flow）」という「風景」として出現している（Appadurai, 1996）。その風景に関わる「文化」研究を、近年、「トランスナショナリティ」研究という新しい造語で捉え、研究を進める動きがある。
　この「トランスナショナリティ」研究を進める人類学者の小泉潤二・栗本英世は、トランスナショナルな現象を広く指し示すために、「トランスナショナル」という形容詞と「トランスナショナリズム」という名詞から、「トランスナショナリティ」という抽象名詞を造語し、「トランスナショナリティ」研究の3つのテーマ、すなわち「ヒト、モノ、情報のトランスナショナルな流れの様態の分析」、「ナショナルまたエスノ・ナショナルな次元で閉じようとするモメントの分析」、「脱領域化（デテリトリアライズ）されたアイデンティティの分析」（小泉・栗本、2006：3）を提示し

ている。

ただし、この3つのテーマは決して切り分けられるものではなく、相互に連関するものであることも確かである。本章は、この3つのテーマが混然一体となっている「移動する子どもたち」を取り上げる。

「移動する子どもたち」は前述のように世界的な現象である。したがって、本章の目的は、「移動する子どもたち」に焦点を当て、子どもたちの課題を考えることを通じて、「トランスナショナリティ」研究の課題を考え、「トランスナショナリティ」研究の課題を考えることを通じて、再度、子どもたちの課題を捉え直すことにある。その理由は、これらの子どもたちの置かれている状況や抱えさせられている課題は、われわれ自身の課題であり、今後の日本社会のあり方と、トランスナショナルな現在的状況を「生きる」生き方を考えることにつながると考えるからである。

2. ある小学校の授業風景

以下に述べる、ある小学校の授業風景は、ここで考えたいこと示すための仮想の教室である。学校名や地域、人物、その背景など、特定されることを避けるために削除しているか、加工している。名前はすべて仮名である。しかし、この「仮想の教室」の詳細は、これまで私が出会った実際の子どもたちの様子であり、彼らの学校生活や言語生活を対象にして私が長年にわたって実施してきた調査研究に基づいている。

ここで述べる教室は、東京都内のある小学校の4年生の教室である。その日の授業は、国語であった。教科書にある「二分の一成人式」という学習単元である。10歳になる子どもたちが、自分の名前の由来や意味を親から聞きだし、そのことをクラスのみんなの前で発表するという授業である。子どもたちが、名前をつけた親の気持ちや期待を理解し、そのことからかけがえのない自分を意識し、今後の自分の生き方を考えるという趣旨は、20歳の成人式と同様の趣旨である。

このクラスには「移動する子ども」が複数いる。そのうち、来日して半年から1年ほどの児童は、まだ日本語が十分ではない。そのため、1日に1時間、校内にある「日本語学級」に在籍クラスから移動し、そこで日本語担当の教員から日本語指導を受ける。このような「取り出し指導」を受

ける子どもが、このクラスに3人いる。キョンミさんと空（そら）君、永田君である。

担任教員のさとみ先生は、黒板に「自分の名前の意味を考えよう」という紙を貼って、日本語の「取り出し指導」を受けている3人を1人ずつ黒板の前に呼び出し、自分の名前について発表させた。まず、キョンミさんからだ。キョンミさんは、自分の席から立って、緊張気味に前に出て行き、用意してきた作文用紙を見ながら、語り始めた。

「私の名前は、イ・キョンミです。」

すぐに、さとみ先生が「キョンミさんの名前の漢字は、こう書くのよ」と言って、「李敬美」と書いた紙を黒板に貼った。カラフルなマジックで縁取られた文字から、キョンミさん自身が書いたことがわかる。

キョンミさんの発表は、続く。

「私の名前、キョンミの意味を、お父さんに聞きました。人にやさしい、きれいな人という意味です。」

そこで、教室には「ウォー」と歓声や笑い声があがった。キョンミさんも、嬉しそうである。続いて、空君の順番である。

「ぼくの名前は、わたなべ　そらです。」

さとみ先生が黒板に「渡辺空」と書いた紙を貼った。それを見て、空君が発表を続ける。

「ぼくは、名前の意味をお母さんに聞いたけど、お父さんに聞きなさいと言われたので、お父さんに聞きました。そら（空）というのは、空まで届くような大きな人になってほしいという意味です。」

ここで、「ヘェー」と大きな声を上げる子もいた。

「ぼくは、どうして空というかわからなかったけど、これを聞いてそうかと思った。なんか、いい名前だなあと思いました。」と、空君が続けた。みんなから拍手が沸いた。その拍手に勇気づけられたのか、空君は、「あれを見せたい」といって、さとみ先生のそばに行った。先生が、用意した紙をもって立ち上がり、開いた。その紙には、子どもたちの見たことがない文字が書かれていた。

「これは、空という名前がモンゴル語で書いてあるんだよ。空君のお母さんが書いてくれたんですって。」と、さとみ先生は説明した。ここで、

また「ヘェー」と大きな声が教室のあちこちであがった。それを聞いて、空君も、笑った。

次は、永田君である。

「僕の名前は、ながたかつみです。」

さとみ先生が、また黒板に紙を貼った。そこには、「永田克己」と書いてあった。

「克己という漢字について、辞書で調べました。克という漢字の意味は、できる、能力があるという意味です。」

永田君の発表は、そこで終わった。あまりに短くて、友だちからの反応もなく、一瞬、授業が止まった感じになった。自分の席に帰った永田君は、机の上の作文用紙をじっと見ていた。

そのときだった。キョンミさんが立ち上がり、先生に小声で言った。

「ヒ・ミ・ツ」

先生がその意味を解して、「ああ、そうだったね。」と言って、みんなに向かって、

「キョンミさんが、みんなに言いたいことがあるんだって。みんな、聞いてね。」

と言った。

キョンミさんが、再び、黒板の前に立って、言った。

「私の名前は、イだけど、本当はリです。お父さんは中国で生まれたので、りだけど、日本にいるのでイと言います。これ、ヒ・ミ・ツ。」

他の子どもたちは、何のことかわからず、教室は再び静まり返った。先生は、「キョンミさんは、このことを言いたかったのよね。キョンミさんは、今日、はじめてそのことを言ったのね。だから、ヒ・ミ・ツだったのね。」と、キョンミさんの口真似をして言ったが、それ以上、説明はしなかった。しかし、キョンミさんは得意満面の笑顔であった。

その後、さとみ先生は、「みなさんは、今日のキョンミさんと空君、永田君の発表について、どんなことを感じましたか。感想を書いてください。」と言って、用紙を配った。それまで教室の隅で見ていた日本語担当のケイコ先生が3人を促し、教室を出て、「日本語学級」へ移動していった。途中の廊下では、キョンミさんと空君はスキップをしながら意気揚々

と引き上げ、永田君は、「オレ、こんなこと、したくなかった。」と、ぼそっと言った。

3．「移動する子どもたち」の背景

　さとみ先生の学級で見られた3人の児童の様子がそれぞれ異なっていたのは、その背景に理由がある。

　まず、キョンミさんの両親は、父親が中国東北部の出身の朝鮮族で、母親が韓国出身である。キョンミさんは韓国で生まれ、小学校2年生のときに日本にやってきた。日本に来たときは日本語が全くわからず、これまで「日本語学級」で1年半ほど日本語指導を受けてきた。父親の名前は李（リ）であるが、韓国を経て日本に来たときには、韓国式に李（イ）と呼ぶようになった。このような事情があって、キョンミさんは自分の本当の名前が李（リ）であることを「ヒミツ」と表現し、この授業で初めて「公表」したのである。ただし、キョンミさん自身は、自分が中国の朝鮮族にルーツを持つとは考えておらず、韓国で生まれたために母親とともに「韓国」にルーツを持っていると思っている。さとみ先生は、父親と面接をした際に、父親が中国出身であると聞いていたので、キョンミさんの話を聞くまで、キョンミさんのルーツは中国にあると考えていた。

　空君の家族は、日本人の父とモンゴル人の母と妹の4人家族である。ウランバートル市郊外の村出身の母親は15年ほど前に日本にやってきた。大学進学をめざしたが果たせず、日本人の男性と出会い、結婚した。空君は10年前に日本で生まれた。父親が仕事で不在が多く、空君は小さいときから保育園に預けられ、母親はパートに出ていた。空君は母親とはモンゴル語で会話をし、学校では日本語を話す。しかし、小学校に入学したときには他の子どもと何も変わったところはないと思われるほど日本語が話せた空君だが、学年が進むにつれ、教科学習の理解が不十分であることに担任が気づき、4年生になってから、「日本語学級」で日本語指導を受けることになった。最近、さとみ先生は、空君のモンゴル語の力も日本語の力も十分とは言えない「ダブル・リミテッド」ではないかと考え始めている。その背景には、毎年夏に、2か月間、母親とともにモンゴルへ帰省していることも影響していると、さとみ先生は考えるようになった。2か月間、

モンゴル語の世界に浸り、日本語を忘れるからである。そのような空君が、積極的に授業に参加したときがあった。それは、2年生のときの国語の授業だった。教科書に載っている「スーホの白い馬」というモンゴルの民話を読んだとき、空君は「モンゴル、知っている！」と叫んで、嬉々とした表情を見せた。

　永田君の家族は、現在、母親と2人である。フィリピン出身の母と日本人の父と3人家族であったが、両親は離婚したため、母子家庭となった。両親はフィリピンで出会い、結婚し、後に日本に帰国し、永田君が生まれた。家族はその後、数年間は日本で生活していたが、父親の仕事の関係で、永田君が小学校へ入学する前にフィリピンに家族で戻った。そして、さらに永田君が3年生のときに日本に戻り、この学校へ編入した。しかし、フィリピンでは学校に行っていなかったらしく、タガログ語はほとんどできない。そのためか、日本語の習得が遅い。そのうえ、父親と母親のいさかいを見て育った永田君は、父親との関係が疎遠で、よい思い出はない。離婚後、父親とは会っていない。この授業で「名前の意味や由来を調べよう」と先生がいったとき、永田君は下を向いて黙りこくってしまった。学級での発表が短かったのは、そのような背景があったからだろう。永田君の国籍は日本だが、気持ちはフィリピン出身の母親に向いている。「混血の子」として、気持ちが日本とフィリピンの間でゆれている。法律的には「日本人」である永田君は、現在、戸籍上の「世帯主」になっている。

4．「移動する子どもたち」のアイデンティティ

　前節で述べた、これらの「移動する子どもたち」の生活世界をどのような視点から捉え、どのように考えたらよいのであろうか。キョンミさんを「中国系韓国人児童」、空君を「日本人とモンゴル人のダブルの子」、永田君を「日本人児童」と記述するだけで十分と言えるであろうか。そのような「捉え方」から、子どもたちを理解することはできるであろうか。ここで重要なのは、そのような「くくり方」ではなく、子どもの視点に立った「個」のあり方や生き方を捉える視点であろう。その1つが、アイデンティティである。

帰国生や在日外国人児童生徒のアイデンティティに関して、これまでも社会学や教育社会学、教育人類学などのアプローチから、多くの研究がある。ここでは、先行研究から「移動する子どもたち」のアイデンティティを考える視点を探ることにする。

　関口知子（2003）の『在日日系ブラジル人の子どもたち―異文化間に育つ子どものアイデンティティ形成』は、東海地方のブラジル人集住地域で子どもたちや関係者へのインタビューや長年にわたるフィールドワークをもとに書かれた教育人類学の研究である。この研究では、1990年代から増加した「日系ブラジル人の子どもたち」を日本にもブラジルにも帰属しない「第三文化の子どもたち：Third Culture Kids」と捉え、その視点から子どもたちの「文化化」過程とアイデンティティ形成を分析し、「日本社会で日系ブラジル人であることの象徴的意味」、日本社会にある「異文化に対する価値の序列」、つまり「文化の不平等性」を照射することをめざす。そのため、「日系人」として受け入れながら「外国人扱い」をする日本社会の社会文化的文脈の構造や日本社会で見られるポルトガル語への価値付けと日本語とポルトガル語の間の非対称な言語文化の力関係が子どもたちに影響を与えていることを分析し、そのうえで、子どもたちのアイデンティティについて論じようとする。ただし、その方法論は、公立中学校に在籍する日系ブラジル人生徒、日本人生徒、私立の「帰国子女校」の帰国生徒、それぞれ30〜40名ほどに、「わたしは……」で始まる自己描写文を20個書く心理テスト（Twenty Sentence Test）を行い、その結果の分析をもとに、日系ブラジル人生徒の「ブラジル性」や「混血性」などから文化的スティグマを付与される「弱いネガティブ・マイノリティ」となる彼らの姿を浮き彫りにする。そのうえで、関口は子どもたちの多様なアイデンティティのありようを認め、「非日本人＝外国人」と見る「心の壁」とそれを支える差別的な「制度の壁」を取り崩す、つまり、「イエローワスプ」の解体こそが必要であると結論づける。

　ただし、この研究にはいくつかの問題点も指摘されている（川上、2004b）。関口は、動態性、雑種性、非本質主義というポストモダンの視点でアイデンティティを見る立場を表明しつつも、「日系ブラジル人」に対する日本人のディスコース分析の方法として、被験者に「外国人」リストを

示し、好きな順に番号をつけさせる、また○○人に当てはまる形容詞を選ばせるという方法で日本人の「外国人」好悪感やイメージを調査した我妻洋・米山俊直の調査（1967）を踏襲し、さらに自らも同様の調査を行い、日本人の「外国人観」を把握しようと試みる。したがって、それらの類型的アプローチを多用するあまり、日系ブラジル人青少年が苦しい環境の中でも家族や日本人の友人に支えられ、明るく前向きに進学や就職をする生き方を、彼らへの複数のインタビューから抽出しても、その意味を十分に深めることなく、結局、課題とその焦点を社会の側へ向けて、「イエローワスプ」の解体という課題へ収斂する。このような結論への収斂から、子どもたちの課題を考えるよりもむしろ社会体制や社会的な偏見への批判や見直しを主張するのが、この研究の主眼のようにさえ見える。

同様の傾向は、教育社会学のアプローチにも見える。志水宏吉・清水睦美編（2001）の『ニューカマーと教育―学校文化とエスニシティの葛藤をめぐって』は近年増加しているニューカマーの子どもたちに注目し、これらの子どもたちが「日本の学校でどのような生活を送り、何を学んでいるか」をテーマに長期にわたる大規模なフィールド調査をもとにまとめられたものである。取り上げるニューカマーは、日系ブラジル人、インドシナ難民、韓国系ニューカマーである。編者らは、ポストモダンの立場から、主観的要素に重きを置くエスニシティ観を持ち、日本の学校文化とニューカマーのエスニシティが出会う場面を分析する。たとえば、日系ブラジル人生徒が学校に適応する過程を「創造的適応」と呼び、子どもたちが自らの尊厳とブラジル人としてのアイデンティティを維持しつつ能動的に適応する点に注目する。また、家族と学校との関係では、ベトナム、カンボジア、ラオスの家族へのインタビューから、彼らを「地位家族」、「葛藤家族」、「人格家族」というコンセプトでそれぞれ分析し、出身国別の特徴をまとめている。さらに、「家族の物語と教育戦略」では、「家庭での言語使用・文化伝達」「学校観・学校とのかかわり」「子どもの進路に対する希望とそれへの対応」という3点から、エスニシティの主観的側面に注目しながら「家族の物語」を分析する。その上で、結局、論点は日本の学校文化へ移る。「学校パーソナリティ」とも言う「学校文化」と、それにうまく適応する子どもたちの適応戦略との葛藤が焦点となる。最終章では、「調

査からみえてきたこと」として実践への提言がまとめられている。

　この研究は、在日する複数の「エスニック・グループ」へ多数のインタビュー調査を行い、比較検討している点で他には類を見ない研究であり、新しい知見も多数提出されているが、その「論じられ方」には問題もある。たとえば、各「エスニック・グループ」内の多様性は指摘されているが、「エスニック・グループ」間の議論になると「ブラジル」や「ベトナム」という出身国レベルの「くくり方」によって論じられる点である。さらに、それらを踏まえ、論点は最終的に日本の「学校文化批判」へとつながる。その場合、子どもたちの一人ひとりの葛藤や生き方をどう支えるかではなく、旧態依然の「日本の学校体制」への批判と教育実践の心構えや視点の指摘に留まることになる。つまり、ポストモダンの視点に立ちながらも、「国」「出身国」による子どもたちの捉え方や、ニューカマーを視点にした「学校文化」批判という枠組みを超えた研究方法論と議論の提示に至っていない点が、課題なのである。

　同様のことは他の社会学や教育社会学の研究にも見られる。宮島・太田編（2005）、太田（2000）、佐久間（2006）、児島（2006）などでも、ニューカマーの子どもたちが考察の対象となっているが、その論点は、国際化した日本の現状に立ち遅れている教育行政、適応指導や日本語指導に潜在するイデオロギー、教育を含む日本社会の排除的構造、日本の「学校文化」や「不就学」を含む教育問題・社会問題など、子どもを取り囲む問題群に集中する。あたかも、子どもよりも、それらの課題を論じることに意義があるかのように見える。確かに、子どもたちが抱えさせられている課題は社会の課題であり、学校や社会が変わらない限り、解決されるものではないだろう。

　しかし、「移動する子どもたち」のアイデンティティや生き方をトランスナショナルな現在的状況から捉え、「生き方」を捉え直すための方法論や議論がこれらの研究に十分に提出されているとは言い難い。児島（2006）は、これらの子どもたちを抑圧的な環境の犠牲者という受動的な存在ではなく、自らが生き抜くために主体的に戦略や方法を考える存在として捉え、「学校文化」さえも変容できるという積極的な視点を出し、固定的な「学校文化」観を批判的に論じているが、その場合でも、子どもよ

りも、後者の議論へ重点を置く教育社会学的アプローチの枠を越えていない。

これらの先行研究に見られる視点と方法論では、先に述べた「移動する子どもたち」（たとえば、キョンミさんと空君、永田君）の葛藤と生き方を十分に捉えることはできないであろう。その点を、再度、考えてみたい。

5．「移動する子どもたち」の人類学的観点と課題は何か

「移動する子どもたち」に関する人類学的研究で、日本における先駆的業績は、人類学者の箕浦康子の研究である。箕浦は1984年に『子どもの異文化体験：人格形成過程の心理人類学的研究』を発表した。この研究の主な対象となる子どもは、「在外日本人」の子どもたちである。その後、箕浦は「在日インターナショナル」の子どもの追跡調査も行い、子ども時代の異文化体験に子どもがどう対応したか、また、その体験がその後の人生にどう影響したかを追究した。しかし、その研究方法論は、1970年代のそれであり、本質主義的な認識による論理実証主義的枠組みが前提となる研究であった。そのことについて、箕浦自身が自己批判的に述懐している（箕浦、2006）。

その中で、箕浦は研究上の問題について、子どもの「主体性」をどう扱うかという問題を指摘している。たとえば、ホスト社会に入ったマイノリティがそのホスト社会の文化をどう取り込み、どのように生きていくかという視点や、子ども自身の「位置取り」という政治的視点、自らの状況やアイデンティティを再定義する「当事者性」などの諸点である。さらに箕浦は当時の自分の分析を振り返り、分析を行うためにホスト社会や文化を不変なものと見なすことが前提であったという点を指摘し、そのことを反省的に捉えた上で、個人の主体性を取り込む構築主義的な文化接触研究では、ホスト社会の動態性や可変性、個人の当事者性や戦略をどのように取り込んでいくかという課題があると指摘している。

この箕浦の指摘は、ポストモダンの心理人類学や教育人類学の問題意識であると言えるし、前述した教育学や教育社会学のアプローチを考える上でも共通の課題と言える。同時に、いずれもそれらの課題を超える視点や

方法論の提示までには至っていない現状を示唆しているとも言えよう。したがって、「移動する子どもたち」の課題をどういう視点で、どう取り扱うか自体が、大きな今日的課題なのである。

　この点について、人類学者の原尻英樹は、在日コリアンの子どもに関するフィールド調査を踏まえ、「文化化」という概念を再吟味している。原尻（2005）は『マイノリティの教育人類学―日本定住コリアン研究から異文化間教育の理念に向けて―』で、文化化とは、「関係性（人と人との関わり）によって形成される表象（イメージ）の体得化（学習）過程」であるとしている（原尻、2005：274）。つまり、文化化は、自己と他者との間の関係でつくられた見方や構えでものを見ていくことを体得していくプロセスをいう。このような双方の「当事者」間のまなざしは、国や地域における歴史や権力構造による働きかけによって形成されている部分があることや、その体得のプロセスには動態性があることは当然だが、原尻はその文化化の過程の分析によって「文化の創造」の契機も解釈できると指摘している。つまり、そのプロセスは、固定化したある文化を個人が内面化するという受動的な動きではなく、個が状況に応じて変化していく能動的な動きとして見ている点が注目される。この点は、箕浦のいう「課題」や「窮状」を乗り越える視座の可能性を示したものと言えよう。

　ただし、原尻の論には、留意すべき点もある。原尻がフィールド（大阪市生野区）で出会った子どもたちは、「現在、生野にいる小学生たちの母語は日本語であり、生活様式その他の文化面で、地元の「日本人」と異なるところはほとんどない」（同、p. 258）と述べているが、原尻（2005）の最終章では、結局、これらの子どもたちを「エスニック集団」間の「系」の議論に還元していく方向を示唆している。だとすると、本章の第2節で示したような子どもたちは、大人になる過程で「系」の議論によって「分類」あるいは「回収」されていく存在なのかという疑問も残る。原尻の議論の方向性は、在日コリアンの生活世界から見える、社会の権力作用の具体的な呈示に重きがあるので当然の論理と見えるが、原尻の文化化の概念をそのまま「移動する子どもたち」の研究に応用するためには、前述の原尻の説明だけでは足りないと考えられる。では、どのような視点が加味される必要があるのか。

「移動する子どもたち」は日々の生活の中で「ことばを学ぶ」という人間的な営為を通じて、社会との関わりを形成している。前述のキョンミさんと空君、永田君の例は、そのことを示した例である。彼らは在籍クラスの子どもたちよりも、日本語の力が弱いと判断されて、日本語学習の「取り出し」指導を受けている子どもたちである。彼らは日々の日本語の学習を通じて、他の子どもたちや先生たちとの関係を深めているが、その学習過程は、原尻のいう文化化を実践しているとも言える。したがって、これらの子どもたちの場合、母語と第二言語による認知発達と言語習得の途上で、文化化を行っていると言える。この点は、「移動する子どもたち」の研究においては不可欠な視点である。さらに、その行為は日々繰り返される「日常的実践」（田辺、2002）と見ることができ、その「日常的実践」には、学習行為者とそれに関わる他者（家族、教師や他の子どもたち等）との関係性（相互の関わり）によって「行為主体」「情緒」「アイデンティティ」が育成されていると見ることができる。この点は、「学び」が学校だけではなく、学校外の場面でも生まれると分析した人類学者のレイヴとウェンガーの議論にも通じる。その関係性への子どもたちの関わり方は、受動的でもあり、能動的でもある。そこには、原尻がいう「文化の創造」の可能性もあるのである。

このように、「移動する子どもたち」に関する文化人類学的課題の重要なテーマには、子どもたちの「アイデンティティ形成」と「ことばの学び」の視点が不可欠なのである。このことは教育社会学の議論にも同様に言える。志水宏吉の「資本概念から資源概念へ」という議論（志水、2006）、すなわち親の資産や学生、コネクションなどの経済資本、文化資本、社会関係資本という「構造的資源」から、時間や情報やアイデンティティなど自分で工夫して編成できる「編成的資源」へという議論は注目される議論だが、そこにも、子どもたちの「ことばの学び」あるいは「ことばの力」という視点が欠如している。多様な情報を獲得する力も、そこから生活戦略を構築し、独自のアイデンティティを形成するのも「ことばの学び」「ことばの力」「ことばのストラテジー」が密接に関係している。どのような「ことばの力」を自分の中に取り入れるかは、まさに子どもの主体性や生き方につながる。その過程にこそ、本章の冒頭で述べた「トラン

スナショナリティ」研究の 3 つのテーマが潜在しているのである。それは、第二、第三の「キョンミさんや空君や永田君」たちが、「ヒト、モノ、情報のトランスナショナルな流れ」の中で、「ナショナルまたエスノ・ナショナルな次元で閉じようとするモメント」をどう受け止め、「脱領域化（デテリトリアライズ）されたアイデンティティ」を、「ことばの学び」を通じ、どのような「ことばの力」を獲得し、自己実現を試みようとするのかという「生身の人間のテーマ」につながるのである。このテーマこそが、「移動する子どもたち」に自らの名前の意味を語らせ、そこに、固定化された「文化」や「エスニシティ」という大人たちの「思惑」をかぶせることで納得する教育実践者や、「子どもたちの苦境」をもとに社会問題を議論し、「エスニック集団」間の関係性に議論を「回収」したい研究者からは見えなかった、「移動する子どもたち」のテーマなのである。

　また、このテーマは、同時にわれわれの課題でもある。「移動する子どもたち」は、「日本語を母語としない子」「日本語を第二言語とする子ども」と呼ばれることもあるが、そのときの「母語」や「第一言語」、「第二言語」とは何か、それらによって人をくくることはできるのか、あるいは「国籍」や「エスニック・カテゴリー」によって人をくくることはできるのか、また、そのくくり方の意味は何かとわれわれに問うてくる。この問いは、言い換えれば、21世紀の社会状況を、われわれがどう認識し、どう記述するかという問いであり、われわれの「生き方」をどう考えるかという問いでもある。「移動する子どもたち」が21世紀の今後の社会のマジョリティになるのは確実である。「移動する子どもたち」という個から立ち上がる研究領域と研究課題は、ポストモダン人類学の批判を乗り越え、ポストモダニズム、ポストコロニアリズムの先にある発展形の21世紀の「学」のパラダイム構築へ導くことになろう。したがって、今後は、「移動する子どもたち」一人ひとりのアイデンティティと「ことばの力」に視点を置いた「生き方」についての実践研究を重ねることが課題となろう。

第 9 章

「移動する子どもたち」への支援と連携とは何か

1. 「移動する子どもたち」の教育に関する「支援」と「連携」とは何か

　日本において日本語を学ぶ子どもたちの教育に関する問題群は、教育現場の課題から行政や言語政策まで多岐にわたることがこれまでも指摘されてきた（川上ほか、2004）。その中でも「支援」と「連携」というキーワードで、これらの子どもたちに関わる諸問題を解決する方向性が示唆されることがある。学校だけではなく、教育行政やボランティア団体との「連携」の重要性の指摘（たとえば、松本、2003）やその「連携」の質を高めるために「ファシリテーター」的役割を担う人材の育成が必要である（たとえば、野山、2000）という指摘は、日本語を学ぶ子どもたちの教育に関する問題群がこれまでの教育現場や教育行政の守備範囲を超える課題であるため、当然の指摘と言える。
　ただし、その「支援」と「連携」の中身に関する議論はまだ十分とは言えない。なぜなら、その「支援」と「連携」がこれらの子どもの日本語習得や日本語学習の視点と、どのように関連しているのかが不明であるからである。つまり、日本語を学ぶ子どものためのことばの教育の観点から、どのような「支援」と「連携」が必要なのかという議論が必要なのであ

る。単に、地域における「教室確保」や「ボランティアや協力者の派遣」、あるいは「行政との定期的な話し合いの場」や「予算の確保」、「新しい制度や政策の立案」だけが、「支援」や「連携」の中身ではない。

　本章は、日本における日本語を学ぶ子どもの日本語習得や日本語学習の視点から、「支援」と「連携」の実質とは何かを問うことを目的とする。論を進めるために、まず、「支援」と「連携」の実質を問うための視点を考える。次に、その視点からこれまで実施した実践研究の中身を検討する。そのうえで、見えてくる「支援」と「連携」を構築する視点と意義を確認し、最後に新たな提言を行う、という順序で進める。

2．年少者日本語教育における「連携」と「支援」を考える視点

　日本において日本語を学ぶ子どもたちの教育的課題に関する議論で「支援」と「連携」が焦点化するのは、これらの課題が多岐にわたり、かつ関係者にとって新しい課題であるからである。本章では、「支援」を「働きかけ」、「連携」を「その関係性」と捉え、論を進める。

　まず、日本における、これまでの年少者日本語教育に見られる「支援」と「連携」は、教育現場を中心点に同心円を描くと、大きく分けて次の3つのレベルがある。（1）学校内、（2）学校と地域、（3）国、地方間である。

（1）学校内の「支援」と「連携」では、日本語を学ぶ子どもへの教育的指導、および当該の子どもが在籍する学級や担任への「支援」、学校内の管理職や他の教員、教育委員会から派遣される指導協力者の「支援」や「連携」などが含まれる。

（2）学校と地域の「支援」と「連携」では、地域のボランティアによる教室や大学などからの「支援」、市町村など自治体による「教室」運営や教育委員会の教育行政、学校・ボランティア団体・教育委員会の「支援」ネットワークの構築などが含まれる。

（3）国や地方間の「支援」と「連携」では、いわゆる「外国人集住都市会議」などの見られる地方間の「連携」や文部科学省の「支援」策となる「JSLカリキュラム」開発やそのほかの行政施策（たと

2. 年少者日本語教育における「連携」と「支援」を考える視点

えば、「帰国・外国人児童生徒受入促進事業」など）が含まれる。

　この3つのレベルの「支援」と「連携」は、当然ながら、相互に関連している。ただし、それらの「支援」と「連携」の中身に関する議論は、加配教員や指導協力者、ボランティアなどの「人員」、教室や場所などの「空間」、指導書やマニュアル化、カリキュラム化などの「情報」、事業運営や予算の確保や配分などに関する「資金」、つまり「人、モノ、カネ」に関することが主眼となり、それらがないから「支援」ができず、「連携」も難しく、したがって、日本語を学ぶ子どもたちの「教育改善」はうまく進まないということになる。

　また、それゆえに、そのような課題を乗り越えるための「開かれた学校」や「多元的なネットワークの構築」（佐藤、2001）という「教育の中身」や「教育のソフト」の議論が主張されることになる。しかし、その主張だけで、「支援」や「連携」の実質化は進むのであろうか。

　つまり、これまでは「人、モノ、カネ」の視点からだけの議論や実践であって、そこには子どもがどのように日本語を学ぶかという視点が十分に含まれていないため、これらの子どもたちへの教育に対する「支援」と「連携」が実質化することにつながっていないのではないかという疑問である。

　ここで重要な視点は、「これらの子どもたちが日本語を学びながらどのように生きていくのか」ということをどのように支援するのかという視点である。それは、日本語を学びながらどのように学習を進め、日本語を学びながらどのように友だちと交流し、日本語を学びながらどのように自分自身を形成していくのかという視点でもある。つまり、子どもたちがことばを学ぶとはどのようなことか、そのときの「ことばの力」とは何か、そしてその「ことばの力」を育成するにはどのような手立てが必要なのかを考えることこそが「支援」や「連携」の実質化につながるのである。

　以下では、本書が繰り返し述べてきた「ことばの力」や「ことばの力の捉え方」をめぐる議論が、これらの子どもたちへの「支援」と「連携」とは何かという議論にも同様に有効であることを、教育現場との協働実践を通じて分析する。

3．「ことばの力の捉え方」と「支援」「連携」の関係

　前章までの議論を踏まえて、「ことばの力の捉え方」と「支援」「連携」の関係について以下の3つの観点から考えてみよう。

　第一は、「ことばの力の捉え方」と実践者との関係である。

　前述のように、学校現場の教員や日本語指導員は、日本語を学ぶ子ども、特に初期適応指導期の子どもに対して文字や漢字、文法などの言語知識を教えることが重要であると考えたり、子どもたちの抱えている「ことばの課題」に気づかないまま日本語指導や教科指導を行ったりしている場合がある。なぜそうなるかと言えば、教員側が「ことばの力」を静態的、かつ固定的に捉える傾向があるからである。

　日本語を学ぶ子どもの「ことばの力」は、常に変化しているという「動態性」、場面や状況に応じて生起する能力が決して同じではないという「非均質性」、そして日本語が使用される目的や相手との関係性によって異なっていくという「相互作用性」という三つの特徴を持つ。したがって、そのような「ことばの力」を把握するためには、学習者がその日本語を使用する場面や様子、あるいは日本語を使って行う他者とのやりとりをまるごと捉えることが必要となる。しかし、「ことばの力の捉え方」がわからなければ、予め用意された教材を与え、それを子どもになぞらせるだけの「日本語指導」になってしまうであろう。それでは、生きた文脈で子どもが主体的に日本語を発する「生きたことばのやりとり」は期待できず、その結果、「ことばの力」は育ちにくくなる。その意味で、実践者（教員や日本語指導員など）の「ことばの力の捉え方」が日本語指導の実践には重要になる。簡潔に言えば、実践者の「ことばの力の捉え方」が変わらなければ実践は変わらないのだ。「支援」や「連携」を考える場合、この点は外せないポイントとなろう。つまり、実践者の「ことばの力の捉え方」が「支援」や「連携」の実質化には不可欠な視点なのである。

　第二は、「ことばの力の捉え方」と実践のあり方との関係である。日本語を学ぶ子どもへのことばの教育の実践は、その子どもがどのように日本語を使うかを、実践者は十分に把握しておかなければならない。人がことばを使うときは、「何について話したり書いたりしているか」（話題）、「誰

が誰に対して話したり書いたりしているか」（対人的関係）、そして「目的や状況に応じ、話し言葉で伝えるのか、書き言葉で伝えるのか」（伝達様式）という3つの要素によってことばを選択し、テクストを構成する。しかし、日本語を学ぶ子どもは、それらの要素について理解や経験が不十分なため、自分が伝えたい、表現したいと思う内容が日本語と十分に結びつかない場合が多い。そのとき、子どもの「ことばの力」を踏まえて、実践者が子どもとどう向き合うかが重要なポイントとなる。

　具体的には、子どもが主体としてことばを使い伝えたい内容を、実践者が主体として受け止めるという、子どもと実践者の「相互主体的な関係」、また両者がいて実践が成り立つような「相互構成的な関係」に立ってことばのやりとりをするような実践が必要となる。そのような実践では、日本語を学ぶ子どもの「ことばの力」の発達段階を十分に踏まえた実践者が、「発達の最近接領域」（ヴィゴツキー、1934）の観点から、子どもに働きかけることが必要となる。

　ただし、その場合、子どものアイデンティティは重要なポイントとなろう。なぜなら、子どもがことばを使いながら成長するということは、子どもがことばによって他者と関わり、他者との関係性によってことばの意味を確定し、そのことばによるやりとりから子どもが人となっていく実践であるからだ。換言すれば、子どもにとって意味のある文脈で意味のある内容を、子どもにとって意味のある相手に伝えることによって、自己形成していくような実践が必要なのである。このように、実践者が日本語を学ぶ子どもへの実践のあり方を理解し、実践を進めることができることが、「支援」と「連携」の実質化には不可欠なのである。

　第三は、「ことばの力の捉え方」と実践者の資質向上との関係である。上記の第一と第二の観点は、すべて実践者の力量を向上させることにつながる。日本語を学ぶ子どもが発する日本語を受け止め、その子どもがどのような意図でそのような表現をしたのか、またそのときの「ことばの力」はどのような状況だったのか、あるいは実践者がどのような視覚的な補助やスキャフォールディングをすることによって、子どもはさらに他者との関係を深めていくことができるのかなどを、実践者が実践と子どもの「ことばの力」の関係性を深く考えていくことが重要である。つまり、実践者

は日本語を学ぶ子どもの「ことばの専門家」にならなければならないのである。「移動する子ども」のことばの教育において、実践者が「ことばの専門家」にならない「支援」や「連携」は意味がないのである。

　これらの観点は、日本語を学ぶ子どもたちのことばの学びをどう支え、「ことばの力」をどう育てていくのかという、「移動する子ども」のことばの教育の根本的な論点に深く関わっており、それゆえに、「支援」や「連携」という議論とも直結している。子どものことばの学びを支えるという教育的な課題は、ひとりの実践者に閉じられた、実践の課題ではない。子どもが社会的な場面で複数の他者（実践者や他の子どもなど）と関わる中でことばを学ぶということを前提に、複数の実践者が当該の子どもへの共通理解を踏まえてことばの学びを支えるということが重要なのである。

　ただし、これらの三つの観点を持ちつつ、実際に「支援」と「連携」の内容を実質化することは必ずしも容易ではない。労力も時間もかかる。しかし、私は、これまでいくつかの「支援」と「連携」のプロジェクトを進めてきた経験から、その実質化にはJSLバンドスケールが有効に働くと確信している。では、本章の後半では、その点を考察してみよう。

4．JSLバンドスケールを使った調査と実践

　ここでは、JSLバンドスケールを使って行った私の研究室の調査と実践の例を分析し、「支援」と「連携」の実質化について見てみよう。

4.1．学校との連携

　都内のある小学校の場合、半年間に3回、JSLバンドスケールを使い、日本語を学ぶ子どもたちの日本語の力の把握を行った。その結果、約40名の児童の調査結果が、同小学校の教職員を対象とする「研修会」で報告され、個々の児童の抱える「ことばの力」に関する課題を、大学側と検討した。その過程でわかったことは、①子ども一人ひとりの日本語の力（特に4技能）の発達過程が把握できたこと、②取り出し指導を受けている子どもは、JSLバンドスケールのレベル1からレベル4くらいの子どもが多いこと。また同時に、半年間でレベル3からレベル5、あるいはレベル4からレベル5ないしレベル6へ上がっている子どもも見られたこと。ただ

し、③日本語の力の発達が停滞しているように見える子どもがいることも判明した。このような情報は、子どもの現状とことばの発達状況を把握するだけでなく、子ども一人ひとりの今後の課題を理解する上で、大学側だけではなく、小学校側にとっても重要であった（川上、2005b）。

さらに、このような検討会を経ることによって、教員の中にJSLバンドスケールの意義と有効性が浸透していった。「日本語国際学級」（取り出しクラス）を担当する小学校の教員は、子どもたちの日本語の力について漠然と把握していたことがJSLバンドスケールのレベルとして具体的に示されたことによって、子どもたちの日本語の力について、より明確に理解するようになったと語る（川上・高橋、2006）。さらには、このクラスには、私が指導する大学院生がほぼ毎日見学に入り、頻繁に授業記録をとっていた。そのため教員と大学院生の間で子どもの日本語の力や学習状況について協議が日常的に重ねられていた。その協議は、担当教員にとって、子どもの理解と授業実践を組み立てていく上で参考になったという（川上・高橋、2006：31）。

4.2. 教育委員会との連携

では次に、自治体の教育委員会との間の「連携」を考えてみたい。その例は、都内の目黒区教育委員会からの依頼により、実施したJSLバンドスケールによる調査研究である。2006年7月には調査の打ち合わせが始まり、同年10月から11月までの2か月間、目黒区内の小中学校に在籍している「日本語指導を受けている児童生徒」の日本語の力が調査された。調査は、私の研究室の大学院生が行った。日本語の取り出し指導を受けている子どもの様子を観察したり、直接子どもに面談をしたりして進められた。調査に協力してくれた児童生徒数は、小学校4校：6名、中学校8校：11名であった。調査結果は、「目黒区国際理解教育推進協議会」で報告され、その概要が『目黒区の国際理解教育―国際社会を生きる子どもの育成』（2006年度目黒区教育委員会・目黒区国際理解教育推進協議会編）に掲載された。協議会と報告書で、JSLバンドスケールを使った子どもたちの日本語の力の詳細が報告されたことによって、これらの子どもたちの実態が鮮明になっただけではなく、これらの子どもたちが日本入国後、日本語

指導を受ける期間と日本語能力の発達状況の相対的な関係が明らかになったことが成果であった。そのことを踏まえ、調査を行った私の研究室からは、以下の5つの提言が行われた。①子どもの「背景」を把握する。②母国での教育と生活について知る。③来日年齢と発達段階を把握する。④子どもの個別性に留意した指導が必要である。⑤子どもに次のステップと目標を与える。

　このことがきっかけとなり、前述のように、目黒区教育委員会と早稲田大学大学院日本語教育研究科（以下、研究科）の間で「教育支援システム」に関する協定締結へ発展した。具体的には、2008年度より、年少者日本語教育の専門家を「日本語教育コーディネーター」として任用すること、また、JSLバンドスケールを使って区の公立小中学校に在籍する日本語を学ぶ子どもたちの日本語の力を把握し、指導に役立てること、そのために目黒区教育委員会と研究科の間で連携を強めることなどが、同協定に盛り込まれた。

4.3. 教員研修と「授業づくり」への支援と連携の例

　JSLバンドスケールの導入が教育委員会と大学の連携へ発展したもう1つの例は、三重県鈴鹿市である。鈴鹿市では2007年9月よりJSLバンドスケールについての教員向け研修会やJSLバンドスケールを使った実践発表会が重ねられてきた。2008年6月には市内のすべての小中学校でJSLバンドスケールを使った日本語を学ぶ児童生徒の日本語能力の把握が始まった。

　では、学校現場の教員はJSLバンドスケールを使うことによって、「子どものことばの力」や授業づくりについて、どのような意識を持ったのかを見てみよう。以下、教員への面接調査（2008年5月26日実施）の一部を抜粋する。面接に協力してくれたS教員は小学校教諭としてクラス担任の経験は長いが、日本語指導は2年目であった。Y教員は日本語指導員として長い経験を持っている。

Q：JSLバンドスケールを使ってから、何か変わりましたか。
S：目から鱗でしたね。それまでは、文法や文字を教えなければと思って

いたので、それに目を奪われていましたし、教科書を使って教えることが多かったので、教材の方に目が行っていたと思います。でも、JSLバンドスケールを使うことによって、一人ひとりの子どものことばの力に目を向けることが大切だとわかりました。

Q：JSLバンドスケールを使ってから、何か変わりましたか。
Y：国際教室で何をするか、どういうふうに教えたらよいか、またどんな内容を教えたらよいのかわからないまま、これまで自分で工夫をして教えてきました。ですから、子どものことばの力がどんなものかも、よくわかりませんでした。でも、JSLバンドスケールを使ってから、子どものことばの力にあった教材を考えるようになりました。
Q：JSLバンドスケールを使うようになってから、授業の形が変わりましたか。
Y：私は、担任から日本語担当になったので、前は、一人ひとりの子どもにどうやって教えるかばかり考えていました。ですから、複数の子どもを一緒に教えると、一人ひとりの子どもに手がかかって大変だったんです。JSLバンドスケールに触れるようになって、教えるより、子ども同士の話し合いとか、ことばを使ったやりとりが大事だとわかったので、ずいぶん、楽になりました。文脈の中で教えたらよいのだということもわかったので、どんなふうにことばを教えるのかを学びました。また、子ども同士でわかることばで教え合うことで学び合うこともわかりました。ですから、ずいぶん授業の形が変わりましたね。

　以上の例は、JSLバンドスケールを使った調査や実践、それにともなう学校側、教育委員会側との協議や研修会を通じて、教育現場と大学との間にさまざまな「支援」と「連携」が生まれ、教育実践に有効に働いたことを示唆していると言えよう。

5．考察―「支援」「連携」を実質化するとは何か―

　これまでJSLバンドスケールを使った調査や実践を例に、「支援」と

「連携」のあり様について述べてきた。ここでは、これらのもとに、「支援」と「連携」の実質化について改めて考えてみたい。

これまで「支援」を「働きかけ」、「連携」を「その関係性」と措定して議論を進めてきたが、年少者日本語教育の実践においては、日本語を学ぶ子どもの日本語習得や日本語学習との関連から、さらに明確な定義が必要となろう。前述のように、「支援」と「連携」が「人、モノ、カネ」の結びつきや、「開かれた学校づくり」という理念だけでは、それらを実質化しているとは言い難い。重要な視点は、子どもの日本語習得や日本語学習との関連である。

JSLバンドスケールを使った調査や実践、また研究から言えることは、JSLバンドスケールを使うことによって見えてくる子どもの「ことばの力」が教員やボランティアなど関係者に日本語を学ぶ子どもたちの現状と課題に気づかせ、かつ、子どもたちに必要な教育とは何かを考えさせることに有意義に働いたということであった。それは、日本語を学ぶ子どもの日本語能力がどのような発達段階にあるのか、その課題は何か、またその段階や状況に必要な働きかけや指導はどのようなものが必要かなどについて問題意識を深めることができたと言える。さらに言えば、それらの調査等に参加した側（私や研究室の院生たち）にとっても、日本語を学ぶ子どもたちの実態把握からわかったことや、彼らに関わる関係者の積極的な姿勢から、子どもたちの「ことばの力」についての認識が深まったなど、関係した者に多くの「学び」があったことも確かである。つまり、そのような「支援」や「連携」に見られる相互影響や相互の働きかけが、JSLバンドスケールを使用することによって生まれたと言える。ただし、そのような相互影響や相互の働きかけはJSLバンドスケールがなければ成立しないというわけでもない。

では次に、JSLバンドスケールを使用しない実践の例で、「支援」や「連携」を考えてみよう。

齋藤（2005）は、年少者日本語教育に求められる実践と研究の関係について論じている。齋藤は、年少者日本語教育の実践研究のあり方として、理論を教育現場に当てはめたり、実践から理論を抽出したりすることではなく、両者の視点が必要であり、そのキーワードが実践者と研究者の「協

働」であると主張する。そして、その「協働」のもと、日本語を学ぶ子どもたちの「ことばを育む」視点から授業づくりをすることを提案している。

　この齋藤の実践は、本章の議論でいえば、「支援」と「連携」の実質化と言えよう。齋藤の実践では、研究者から教育現場の実践者へ理論を提供するという一方向のベクトルを持つ関係ではなく、研究者と実践者が「対話」を重ね、両者の視点と力が統合されたときに実践が生まれている。これが「支援」の実質化であり、そのような関係性が「連携」の実質化である。さらには、齋藤の実践には、研究者と実践者が重ねた「対話」の中心に、日本語を学ぶ子どもの「ことばの力」へのまなざしがあった。それが、「子どもたちのことばを育む」授業づくりへ発展したと見ることができる。研究者と実践者の「支援」と「連携」の実質化には、「ことばの力」への視点が不可欠であるということだ。換言すれば、齋藤という研究者と小学校の教員という実践者が、共に「ことばの力」を見つめる視点があったことが、その実践の重要なポイントであったとも言えよう。

　次に、本章で述べた調査や実践以外の実践で、JSLバンドスケールを使った、もう1つの実践例を見てみよう。それは、間橋理加の実践である。間橋（2006）は、小学校で日本語教育ボランティアとして日本語を学ぶ子どもへ日本語指導を行ったことをもとに、「クラス担任と日本語指導者の連携による教科指導実践」について論じている。間橋は、JSLバンドスケールを使って、日本語を学ぶ子どもの日本語能力を把握し、その結果を担任の教員と共有したことによって、子どもへの共通理解が可能になったと述べている。その上で、間橋は、在籍クラスの授業の参与観察に入り、子どもの実態を確認し、さらに、「取り出し指導」で指導した結果や、学習単元に対する子どもの知識や経験の有無、発音や記述に見られる母語の干渉など、当該児童を指導するときの留意点を担任に知らせた。また、担任の教員と一緒に指導方針や指導内容を検討した。そのような実践の中で、当該児童への担任の教員の意識も変化した。担任は、どのような点に留意して指導を行ったらよいかを考えるようになり、その結果、子どもへの指導方法にも変化が見られたという。間橋は、このような「連携」は指導報告という事務レベルのつながりを越え、日本語を学ぶ子どもへの教育

や学校全体にも大きな役割を果たすのではないかと指摘している。このような間橋の実践でも注目されるのは、日本語を学ぶ子どもの「ことばの力」への視点が、担任の教員と日本語教育ボランティアの「連携」を可能にしたという点である。その一助となったのがJSLバンドスケールである点も、確認しておきたい。

　前述の齋藤実践にはJSLバンドスケールは使用されていない。しかし、「ことばの力」へのまなざしが研究者と実践者の「対話」を生み出し、それが実践に発展した。つまり、「ことばの力」へのまなざしが鍵となるということである。間橋実践は、担任の教員との「連携」にJSLバンドスケールが功を奏したのである。

　また、前節で述べたように、学校や教育委員会との「支援」「連携」にJSLバンドスケールが果たした役割は大きい。なぜなら、本書ですでに述べたように、JSLバンドスケールには、複数視点による言語能力の協働的把握とそれに基づく協働的実践を可能にする働きが内在しているのである。そのような言語能力へのまなざしと「ことばの力」の捉え直しこそ、「支援」と「連携」の実質化を可能にするのではないか。

　したがって、ここで「支援」と「連携」の定義を行えば、以下のようになる。「支援」とは、支援する側と支援を受ける側という二項対立の関係ではなく、「両者の視点から共通理解を得る働きかけ」と見ることができる。前述した調査や実践などで、大学教員、大学院生など専門的知識や専門的訓練を受けたものと、それらがないものとの「力の関係」があることは確かである。しかし、齋藤実践や間橋実践が示すように、それらの関係性は変化するのである。そのきっかけは、日本語を学ぶ子どもの「ことばの力」への認識と理解である。

　したがって、以上の考察をもとに「移動する子ども」の教育における「支援」と「連携」を定式化すれば、以下のようになる。

「支援」：「日本語を学ぶ子どものことばの力に対する、複数の視点から共通理解を得るために行う相互の働きかけ」
「連携」：「日本語を学ぶ子どものことばの力に対する、複数の視点から共通理解を得るために行う相互の働きかけに見られる関係性」

6. 地域日本語教育と教員養成および教員研修への示唆

　最後に、本章の考察結果が「移動する子ども」の教育以外の分野で、どのような意味があるかを検討したい。

　米勢・尾崎（2005）は、地域で日本語教育に関わる「日本語ボランティア」の養成の課題を論じている。そこでは、14年間の「日本語ボランティア養成講座」の実践を踏まえ、その養成と研修の課題を提出している。地域のボランティア日本語教室は、社会教育としての相互学習の場であるという視点から、「学習者が日本社会を構成している地域住民であり、共に社会を創っていく人たちであることを理解し、彼らにとって日本がどのような社会なのか、共に生きる我々の社会をどのような社会にしていけばいいのかを考えることが、日本語ボランティア活動の最終目的であろう」と述べる。その上で、現状を振り返り、当該の「講座に多文化共生の視点を盛り込むためには、さらに広範で多様な他分野とのネットワークを構築する必要があろう」と述べる（引用はいずれも、米勢・尾崎、2005：86）。そして、最後に、当該の「講座を開催するに当たって重要だと思われるのは、①主催者、講師ならびにボランティアが協働して講座内容を検討すること、②講座内容に関わる情報収集、情報交換を行うこと、③修了生のボランティア活動を支援すること、の3点である」（米勢・尾崎、2005：88）と述べている。

　この講座は地域日本語教育のためのボランティア養成講座であり、それゆえに、講座内容も多岐にわたることは十分に理解できる。しかし、ボランティア活動の対象となる外国人住民には年少者も含まれている。したがって、上記の視点と講座開催の重要ポイントは、地域の年少者日本語教育と関わる。その意味で、ここで指摘したいことは、米勢・尾崎の論考には、本章の述べた「支援」「連携」の議論にある「ことばの力」への視点が欠如しているという点である。その点から見れば、米勢・尾崎の実践には、本章で述べた「支援」「連携」の実質化は見られないのではないだろうか。

　このように「ことばの力」への視点が欠如した年少者日本語教育の実践は、「人、モノ、カネ」の「支援」や「連携」の議論しか生まない。この

ことは、年少者日本語教育に関わる教員養成や教員研修にも言えよう。私の所属する早稲田大学大学院日本語教育研究科における年少者日本語教育実践研究は、常に日本語を学ぶ子どもの「ことばの力」への視点をもとに実践研究と教員養成を行っている。その成果は、これまで多くの実践研究として公表されている。いずれも、「JSL バンドスケール」をもとにした実践を通じて、日本語を学ぶ子どもの「ことばの力」へのまなざしを鍛錬し、実践力の向上をめざしている

　以上のように、「JSL バンドスケール」は、日本語を学ぶ子どもの「ことばの力」を考えることを可能にし、年少者日本語教育の「支援」と「連携」を実質化することに貢献するものと言えるのである。

　本書のテーマである「移動する子ども」のことばの教育学において、これまでの議論にある「ことばの力」への視点は欠かせないのである。そして、その上で、子どもたちの生き方と実践者の生き方を重ね合わせた形で、どのような実践を行うか、あるいはどのような実践研究を行うかが「移動する子ども」学の中心となろう。次の終章では、その点を深く考察してみよう。

終　章

「移動する子ども」学の創発へ向けて
―日本語教育学的語りと文化人類学的語りの節合―

1．「移動する子ども」を学問する

　本書は、分析概念としての「移動する子ども」を提起し、幼少期より複数言語環境で成長している多様な子どもたちのことばの学びについてこれまでさまざまな考察を重ねてきた。本書を貫く主張は、子どもの「ことばの力」についての理解と探究が、「移動する子ども」のことばの教育の中心になるということである。つまり、実践者が子どもの力をどう把握し、その子どもが今後生きていく上でどのような「ことばの力」をつけることが当該の子どもにとって必要なのかを深く考えることが実践の基本となるということを指摘した。換言すれば、実践者にそのような「ことばの力」への理解力と、その力を育成するための授業構想力がない限り、「移動する子ども」のことばの教育は成功しないだろうということを主張している。この点が本研究の基軸となる考え方である。
　この地点にたったとき、本書の議論は、学習者が子どもであれ、大人であれ、日本語教育のすべてに共通する視座を提供することになるだろう。

なぜなら、「人がことば（日本語）を学ぶ」という意味においては、日本語教育のどの領域にも共通しているからである。しかし、これまで「移動する子ども」の課題は学問的な課題として十分に認知されてこなかった。そのため、「移動する子ども」に関する研究は、日本語教育のみならず関連する学問領域で周辺に位置づけられてきた。今、「移動する子ども」に関する研究を発展させ、その成果を社会に還元していくには、「移動する子ども」に関する研究を学問として成り立たせることが必要になる。

　ここでは、そのような研究を「移動する子ども」学と呼ぼう。その学のミッションは、「移動する子ども」への「ことばの教育」の実践を通じて、人間の姿のあり様を探究することとなろう。

　では、「移動する子ども」学を立ち上げていくにはどのような課題があるだろうか。私は、その課題とは、実践者が「移動する子ども」に関する実践研究をどのように捉え、どのように行っていくか、そしてその実践研究をどのように記述していくかということにかかっていると考える。なぜなら、「移動する子ども」学は、実践研究の学であるからだ。

　ただし、実践研究のあり方は社会の動向や時代性と密接に結びついている。したがって、実践者が「移動する子ども」の「ことばの力とことばの学び」をどのように捉え、ことばの教育実践をどのように行い、どのように記述するかが常に問われることになる。本章では、「移動する子ども」学を立ち上げる前提として、実践研究の捉え方と研究の進め方について考えてみたいと思う。そのために、ここで取り上げるテーマは日本語教育全体に関わる「ことばと文化」をめぐる議論である。この議論には、前章までに述べた、学習者の「認識の問題」（クラムシュ）や、「実践研究」とは何か、つまり、どのように実践を捉え、実践を行い、実践を記述するかという根源的なテーマが含まれる。「移動する子ども」学が実践研究の学である限り、このテーマは避けられないと思われる。

　以下、「ことばと文化」をめぐる議論を通じて、「ことばの教育」を行う上で、実践者に必要な視座を構築することをめざす。それらの議論を踏まえて、最後に「移動する子ども」学への見通しを述べる。

2．「ことばと文化」をめぐる議論

　「ことばと文化」に関する人間の思索は洋の東西を問わず古くからあるが、21世紀になり、「ことばと文化」を人間社会の中でどう捉えるかという課題は解決されるどころか、ますますその課題の重要性が明らかになってきているとも見える。それは、グローバリゼーションとそれにともなう大量人口移動の結果、地球上のどの社会も多言語化・多文化化し、人間同士の相互理解や共存、戦争や紛争の解決、社会秩序の維持と平和構築に、「ことばと文化」の課題が密接に関係しているという認識が深まってきているからであろう。

　と同時に、その「ことばと文化」の内実に関する共通理解が、必ずしも、統一されていないという事情がある。流動化する社会状況の中で「ことば」や「文化」も流動化し、その内実が多様化し、捉え難くなっているからである。そのような状況は、社会のさまざまな領域に影響を与えている。教育や研究も、その1つである。

　したがって、ここでの課題は、流動化する「ことばと文化」の内実と捉え方は、実践者に何を提起するのか、あるいは実践者はこのような状況の中で「ことばと文化」に関する課題をどのように捉え、実践すべきかという課題である。本章ではまずはじめに、この課題に密接に関係する2つの領域として、日本語教育学の実践の立場と、また文化人類学の実践の立場から捉え、それぞれのフィールドから見える実践者に必要な視座を構築することを試みてみよう。

3．「ことばと文化」をめぐる文化人類学的語り

　どの学術論文も常にその専門領域の専門的実践者を読者に想定し、その読者へ向けて主張を発信する。その場合、その専門領域で使用されるキーワードやディスコースを含む「語り」を用いる。ここでは、そのような意味で、「ことばと文化」に関する文化人類学的語りと日本語教育学的語りを見ていく。その議論の方向性は、両者を二項対立的に比較検討することではなく、その両者の「語り」の中から、実践者として必要な視点を考えることにある。

まず、文化人類学では、ことばに関する研究としては言語人類学（あるいは人類学的言語学）という領域があるが、その思索の対象となるのは言語の成り立ちや言語構造という内的言語学ではなく、言語が社会構造や人間の認識とどのような関係にあるかを考える外的言語学が中心となる。つまり、文化人類学的問題関心は、言語と社会との関係性をいかに語るかということになる。その「言語と社会の関係性」が人間の社会的構築物としての「文化」と密接に関わっているために、「ことば」を語る文化人類学的語りは「文化」を語る文化人類学全体の「語り」と重なる。したがって、ここで、「文化」に関する文化人類学的語りがどのような到達点にあるかを見てみよう。

　文化は「知識、信仰、芸術、道徳、法律、慣習その他、社会の成員としての人間によって獲得されたあらゆる能力や習慣の複合総体」であるとしたタイラーの定義（『原始文化』、1871年）は、文化を行動様式あるいは生活様式全体として捉えた全体論的アプローチであった。その古典的定義以後、政治経済組織や親族組織や宗教組織から社会像を文化として捉えるアプローチ（社会人類学や構造・機能主義など）や、ものごとについての個人的、主観的な認識の体系として文化を捉えるアプローチ（認識人類学、象徴人類学、解釈人類学など）が生まれた。これらのアプローチは、いずれも、人間社会や人間そのものの理解のために、人類学者が所属する社会とは異なる社会の構造や考え方（「異文化」）を人類学者の視点（外部の視点）からどのように解釈するかという方法論である。方法論的な流れを大きく捉えると、人類学者が資料をもとに外部から自分の解釈や説明をするという方法論から、当事者である「異文化」内部の人々の主観的な「語り」や「解釈」や「認識」に重点を置く方法論へ移行してきた。ただし、これらの文化の捉え方には、いずれも同一文化集団は等しく文化を共有しているという前提が多かれ少なかれ含まれており、それをどう「記述」するかが人類学者の主要な問題意識であった。

　そのような「文化の説明のしかた」、「文化の記述のしかた」に異議申し立てをしたのが、1980年代以降のポストモダニズムである。ここでいうポストモダニズムとは、近代西欧の価値観や西欧的理性の普遍性や客観性への疑義である。これは文化人類学に限った潮流ではないが、文化人類学に

見られる、その典型はクリフォードとマーカスの『文化を書く』(Clifford & Marcus (eds.) "Writing Culture" 1986) である。この論文集のテーマは、それまでの人類学者がフィールド調査の成果を記述するエスノグラフィー（民族誌）のあり方を問うことであった。人類学者はフィールドで見たものを「文化」として析出し、エスノグラフィーというテクストに「記述」する。その場合、当該文化を背負う人々の産出する事物や認識や解釈によって「文化」をいかに「真実」として、あるいは「真実」らしく客観的に「記述」できているかが課題となる。『文化を書く』の編者のクリフォードらが提起するのは、その「記述」の「客観性」であり、「権力性」であり、「政治性」である。つまり、フィールドで「発見」される「文化」は、「近代西欧的価値観」や「西欧的理性の普遍性」を備えた人類学者によって人為的に作り上げられた構築物ではないか。その「構築物」は、多様性を排し、同質的に、統合的に、したがって、操作的に作られたものではないか。そのように生産されるエスノグラフィーは、ポストコロニアリズムの諸地域における「文化」像の再生産と、そこに隠された西洋の知的ヘゲモニーの強化に寄与するだけではないか等の問題意識である。このような問題提起は固定的・伝統的文化観や本質主義的文化観を、またエスノグラフィーをある時点で記述するという「民族誌的現在」を、さらにはそのような人類学的方法論自体を根本から問い直すことになった。

　クリフォードらの問題提起は、人類学的方法論を問い直すだけではなく、人類学の存在自体にも及ぶ。つまり、西欧から生まれた人類学が成立する背景には、西欧諸国がアフリカなどで行っていた植民地経営があり、人類学者はその権力的構造の中で民族誌を、そして「文化」を記述し、西欧の読者へ向けて提供することで人類学が成立してきたという経緯がある。このことを換言すれば、人類学者という「権威」によって記述された「文化」が西欧社会によって受容されてきたと言える。したがって、そこからの問題は、「語るのは誰か、書くのは誰か、いつ、どこで、誰と一緒に、あるいは、誰に対して、また、どのような制度的制約や歴史的制約のもので書かれたのか、話されたのか」(『文化を書く』邦訳、pp. 22-23) という問題である。これは、「他者理解」を専門とする文化人類学という学問の根底を揺さぶる問題提起となった。

このような意味の「民族誌的権威」を問題にした論考を第1章に配したクリフォードの『文化の窮状』(Clifford, "The Predicaments of Culture" 1988) では、これまでの「文化概念」を形成してきた全体性や有機的統一性、規則性、土着性、歴史性などに対する疑義から、博物館に展示される器物や写真などを含む「他者表象」の権力性や政治性、虚構性などの問題性まで、「文化」を記述する窮状を提起している。これは、「文化人類学的語り」の窮状に留まらず、人文社会科学全体への問題提起となっているとも言える。

この流れは「ポストモダン人類学」「批判人類学」と呼ばれる流れになり、さらに先鋭化していく。そこでは、「文化」を記述するキーワードとして、「脱全体」「脱中心」「多様性」「多声性」「ハイブリッド（異種混淆性）」「ヘテログロシア（異種言語混交）」「ディアスポラ」「位置性（ポジショナリティ）」「流動」「拡散」「分裂」「非決定性」などが有効な視点を提供する。

以上が、ことばを含む「文化」に関する文化人類学的語りの到達点と言えよう。この傾向は1980年代以降のグローバリゼーションによる社会変動によりますます強まってきているのだが、ここで確認しておきたいのは、1980年代以前の「社会」や「文化」が単一的、均質的な有機的総合体であったのが、1980年代以降、多様化し流動化し、変化し、崩壊してきたという「語り」ではない。1980年代以前の「社会」や「文化」も、多様化し流動化し、常に変化していたはずである。課題は、ますます多様化し流動化し、変化する社会状況の中で、われわれは「文化」をどのように認識し、どのように「語る」のかということが、文化人類学の課題となって焦点化してきたという点である。換言すれば、1980年代以前の「文化」についても、ポストモダニズムの諸視点で語ることは可能であるということだ。

4．「ことばと文化」をめぐる日本語教育学的語り

次に、日本語教育における「ことばと文化」の語りを見てみよう。ここでは、日本語教育において、「ことばと文化」がどのように「語られているか」という視点から見ることにする。

日本語教育学会は、学会誌『日本語教育』27号（1975）で特集「「日本

語教育」と文化」を組んでいる。そこに寄稿された、池田摩耶子の「日本語教育の中での"言葉と文化"の扱い方」という論文では、「文化」を盛り込んだ「言葉」が教科書にどのように配置されているかを検討し、結論として、「日本の"文化"を順を追って"言葉"と同時に教材の中に盛りこんでゆく方法」（池田、1975：16）を研究すべきであるとする。ここで注目したいのは、日本語教育で「文化を語る」というのは、実は教科書の中で「どのように語るか」ということが課題となっているという点である。同様の発想は、池田（1971）にも見られる。そこでは、「日本語のうしろには、ことばでは直接表現されていない日本人の心の交渉がある」（池田、1971：100）と述べ、「日本語を教える」という文脈で「文化」が説明される。

　1980年代の佐藤洋子の「日本語教育における「文化」の扱い方」という論考も同様である。日本語学習者が日本語を通じて「文化」を学ぶ例として、「日本語表現」を取り上げている。たとえば、「中村さんのへやは2階の6畳です。」という文を教えるとき、教授者は「下宿」や「2階の6畳」などの「語彙の奥ゆきが深く日本の住生活にかかわっていること」（佐藤、1985：64）を自覚しておくべきであるという。また、「挨拶」を例に、「その節は（先日は）どうも」の挨拶は、「歴史的に作られてきた社会構造から規定されて成立する、日本人の行動原理や行動傾向によって導かれる行動様式のあらわれでもある。挨拶は通常おじぎを伴って行われる。」（佐藤、1985：65）と説明する。

　池田も佐藤も、教科書に現われた事項をどのように説明するかという文脈で「文化を語る」ことを説明するが、ここで考えたいことは「文化の語られ方」である。日本語教育の現場、たとえば「教室」や「学習者と教師の関係性」の中で、文化がどのように語られるかという点である。

　日本語教育で「ことばと文化の教育がどのように行われてきたか」という視点でまとめられた貴重な論考は、細川英雄（2002）の第Ⅰ章、「言語文化教育研究史」である。その中で細川は一貫して「文化とは何か」を軸に論を展開している。細川は、前述の池田や佐藤のテーマ、「日本語教育における「文化」の取り扱い方」で論じられる「日本文化」とは何かを問う。細川は、ある社会に見られる集団類型化された説明や発想を「文化

論」とし、そのような「文化論」に対して、日本語学習者それぞれの個人の中に生まれる「文化」認識が記述されることによって明確になる「個の文化」を対置する。そのうえで、前者のような「文化論」は一対一のコミュニケーションを阻害するものとして否定する。細川の主張は、「学習者主体性」論や「文化リテラシー」「言語習得」と関連しつつ展開され、さらに、外側にある知識や情報を、コミュニケーション活動を通じて、学習者の内側に取り入れ、知識＝能力として転換していくという個と他者の円環プロセスの中にこそ、言語学習の実践があるとする（細川、2002の第Ⅲ章）。

　ここで注意したいのは、池田や佐藤が述べる「文化」は教師の視点からの説明であり、細川の主張は学習者からの視点であるという点である。私がここで考えたいのは、前述の「文化人類学的語り」に見られた視点、すなわち、「語るのは誰か、書くのは誰か、いつ、どこで、誰と一緒に、あるいは、誰に対して、また、どのような制度的制約や歴史的制約のもので書かれたのか、話されたのか」という視点（以下、「語るのは誰か」という視点と記す）である。その視点で見ると、池田や佐藤の語る「日本文化」は、日本語教師が日本語学習者へ向けて日本文化を語るための「日本文化」であるという点がわかる（川上、1999）。それは、日本語教育という文脈で語られる「想像の日本文化」ということである。池田や佐藤の「語り」を形成する文化観は本質主義的文化観と言えよう。

　一方、細川は「日本文化とは何か」を問うたのだが、細川自身は文化を静態的モデルで見るよりは、異質性、多様性、流動性を含む動態的モデルで見ようとしていることは、「文化とは流動的に変化するものだという認識がここで改めて明らかにされる。川上・河野のいずれにおいても、その上で、ではその文化をどう捉えるか、という視点が重要であると指摘する」（細川、2002：68）と述べ、川上（1999）、河野（1999）の主張を引用する形で論を展開していることからもわかる。ただし、その後の展開で、細川は「文化の捉え方」よりも、「個人の認識」と「言語教育方法論」に重きを置いた論を発展させ、学習者一人ひとりが「個の文化」を語ること、「考えていること」をどのように表現する（させる）かが言語学習へつながるという考え方へ進み、「個の文化」論が強化されていく。

また、細川が引用した河野理恵は、主に日本事情教育の実践の分析の中で、「〇〇人、××人」という対比やそこから生まれるステレオタイプの問題性を指摘し、ポストモダン人類学の視点にたった「文化」観の獲得をめざして、「学習者が個々人の営みに正面から立ち向かえるよう、担当者がまず学習者の内面にある「日本文化」のイメージや「日本文化」観を引き出し、次にそれを"戦略"的に壊していく作業が必要である」（河野、2000：14）と主張する。また牲川波都季は「ステレオタイプから離脱して、学習者ひとりひとりが明確な自文化を構築するためには、どのようなステレオタイプな文化観が入り込んでいるかを自覚させる段階が必要である」（牲川、2000：38）と主張する。どちらも、「文化」に関する日本語教育学的語りとしては、それまでの他の主張に比べ先鋭的な主張となっている。しかし、このような先鋭的な主張には、いくつかの弱点がある。河野は、ポストモダン人類学の視点に立った実践を展開しようとしているが、そこには、前述した「語るのは誰か」という視点、すなわち実践現場の政治性の視点が弱い。教室内の権力性にもっと留意が必要であろう。また河野も牲川も、文化人類学者が直面する「文化の窮状」の課題に見るような、流動化する「文化」をどう捉えるのか、どう記述するのかという課題には直接触れていない。さらに、「ことばの教育」という視点が弱いことである。そのような「文化」観に立つことと、「ことばの力の育成」ということはどのように関連づけられるのかが明確ではない。

　それに対して細川は、「社会集団としての「文化」の存在を否定するものではない。」（細川、2002：183）と述べるが、その後、「人間を集団類型的に認識しないことによって、個と個の関係が創造的な関係になりうるような、そうした認識が必要であるという立場を私はとる」と明確に述べ、「個の文化」論にたった実践論では、「学習者としての個人がコミュニケーションにおける「場面」（他者存在を含む）をどのように認識するか、そして、その認識をどのように外言化するか、ということが課題となる。」（細川、2003：41）と述べる。つまり、細川にとっては、ポストモダン人類学が提起したような「文化表象」の課題に一定の理解を示しながらも、それよりも、学習者が、個人の暗黙知にある「個の文化」を、他者がわかるように明らかにするプロセスを言語学習プロセスとして重視していく立

場を強調する。

　私も小川貴士も、社会認識は個人の認識であるという点では、細川と同じであるが、実践のあり方はやや異なる。川上（1999：22）は「もはや「静態的・均質的モデル」に立つことはできず、「社会」の内部・外部の影響の中で変容する「動態的・多様的・多重的モデル」が求められる」という「文化の捉え方」を示し、そのうえで、教室活動を「授業者も含む議論を通じて、クラス内で日本文化・日本社会のイメージを共に練り上げていくプロセス」とし、「クラス内で展開される複数の口頭発表と複数の議論による「日本文化」のイメージの総体」がポストモダンの新しい知のあり方の模索につながると主張する（川上、1999：24）。また小川（2001）は、日本語学習者がひとりの「認識者」として「日本文化」に対峙する事実を踏まえ、次のように言う。「文化には客観的な実体がなく、様々な文化事象という「テクスト」を認識者一人ひとりが主観的にどう「読む」かにより、文化の姿が変容する。（中略）教員と認識者の双方向な議論を深めながら、認識者一人ひとりがそれぞれの文化の姿を獲得してゆく姿勢が求められる」（小川、2001：4）というクラス実践のあり方を示す。

　以上が、「文化」に関する日本語教育学的語りの推移である。方法論的な流れは、1980年代までの「日本文化を知っている（と思っている）教師」が「日本文化を知らない（と思われる）学習者」に「日本文化」を語るという実践から、1990年代後半から「文化」は個人の認識であるという視点に立った「個の文化」や「日本文化を学習者一人ひとりが読み取る」という実践を構築し、そこから「ことばの教育」を考えようとする動きに移行してきていると言えよう。それは、ポストモダン人類学が提起した「語るのは誰か」という視点の政治性や権力性、位置性を問う視点と重なる。日本語教育の場合、さらに、それに「学習者主体性」や「言語習得」の視点が加味される。その日本語教育学的実践の探究は、ポストモダン日本語教育学の構築をめざす営為と言える。では次に、そのための実践のあり方について、考えてみよう。

5．「実践」をめぐる文化人類学的語り

　再度、文化人類学的語りから、この「実践」について議論を始めよう。

前述のクリフォードらが民族誌批判を展開し、人類学的方法論のイデオロギー性を糾弾したため、人類学者はフィールドにどのように立つのかという課題に直面した。その結果、人間社会を全体論的に捉え、規則性や規範性を描くことが難しくなった。一方、人々の現実の生活は厳然とあり、人々がこれまでと同様に日常生活を営んでいることは以前と変わらない。したがって、人類学者がそのフィールドに立ち、その日常的生活世界を新たに捉え直し理論構築することが、次の時代の課題として模索されるようにもなった。

　その中で、人々の行為を「日常的実践」という視点で捉えようとする試みがある。「日常的実践」とは、「さまざまな社会、文化のなかで、あるいはそのあいだで差異化しながらも、日常生活のすべての場面に見られるルーティン化された慣習的行為」(田辺、2002：3)をいう。これは、決して受動的な行為ではなく、むしろ社会に能動的に関わりながら生活世界を構築していく力と見る。これは、ブルデューのハビトゥスやプラクティスという概念を発展させたものであるが、ブルデューの概念と異なる点は、人々の認知や日常生活の社会文化的状況、人と環境との関係性をより重視して生活世界を捉えようとする点である。

　その1つが「実践の場所」としてのコミュニティへの注目である。レイヴとウェンガーが「正統的周辺参加」という概念で職人の徒弟制に見られる「実践コミュニティ」の学習を捉え、近代の学校教育とは異なる学習として提示したのは、その例である。その「実践コミュニティ」では、職人は親方や熟練者の仕事をコミュニティの周辺的位置から観察し、学習することによって、徐々にコミュニティの中心に十全的に参加していくという「実践」が行われている。

　ここで重要な視点は、このような「実践」が従来の人類学が重視してきた儀礼や社会構造の分析とは異なり、反復される慣習的行為から人々がいかに能動的に学び、生活や仕事や世界に対する見方を作り上げていくプロセスとなりうるかという点である。つまり、人々が「実践コミュニティ」に参加することによって、そのコミュニティのもつ伝統的な力を吸収しつつ、あるいは「実践コミュニティ」と他のコミュニティや社会との関係の中で、能動的に自己の果たす役割を学習しつつ、自己の主体性とアイデン

ティティを形づけていくかという課題でもある。この課題の追究は、人間生活を理解するにあたり、1980年代以前の全体論的、本質主義的な捉え方によるのでもなく、かといってすべてを個に分解していくという捉え方でもなく、流動化する社会状況の中にあって、権力関係と社会関係の中でいかに人々がそれらの力に拮抗しつつ、受動的かつ能動的に主体性とアイデンティティを形成していくのかを、フィールドに立ち返っていかに文化人類学的に語るかという試みと言えよう。

このように、「実践」をめぐる文化人類学的語りとは、人々が繰り返される日常的な行為の中から、いかに行為主体とアイデンティティを形成しつつ生活世界を構築し生きていくかという「語り」なのである。この「語り」は、言語教育や言語習得研究においてよく引用される、レイヴとウェンガーの「正統的周辺参加」論や状況論的アプローチの言説をさらに発展させる可能性を示唆しているという意味において、言語教育における「実践」論と有機的につながる。

6．「実践」をめぐる日本語教育学的語り

近年、日本語教育学界において「実践研究」のあり方が問われている。学会誌『日本語教育』126号（2005）は特集「日本語教育の実践報告―現場での知見を共有する―」を組んで、議論を展開しようとした。その趣旨は、「実践報告」のあり方をさまざまな角度から考えることにあった。その特集に、細川英雄は「実践研究とは何か―「私はどのような教室をめざすのか」という問い―」と題した論文を寄稿している。ここでは、細川論文の主張を追うことから、「実践」をめぐる日本語教育学的語りを見ることにする。

細川（2005）が「実践」を考えるとき、「何を教えるか」「どのように教えるか」という従来の実践の捉え方を批判的に捉え、その根底にある意識、すなわち、「教師自身が何のために何をしようとしているか」という意識、および「その教室においてめざしていることは何かということ」（細川、2005：5）を問題にすることから始める。さらに教師の役割を考えるとき、「私はなぜ教えるのか」という教師自身の実践に対する問題意識を問う。そのため、教師として、「現在よりも充実した仕事をするため

の、よりよい居場所をつくろうとする実践者の意思の表れが、「実践」のための「研究」、すなわち「実践研究」である」（細川、2005：7）として、「実践」＝「研究」を統合する立場を明確にする。ここで、さらに「研究」とは何かという問いになり、「研究」とは自分の取り囲む現実をよりよいものにしようという欲求、あるいは「かけがえのない自己という存在を認めた上で、その自己に何ができるのかを自らに問うことである」（細川、2005：7）という。

　ここで細川は「研究」の意味を、「教室をめぐる、ひとつの社会において自分をよりよく表現し、よりよい自分を形成していくための実践者自身の自己表現」（細川、2005：7）と述べる。さらに「「研究」は、常に自分以外の他者とのインターアクションの中で醸成されるもの」として「仲間の集まりなり研究会なりに参加し、自分の意見を発表しては、他者からもコメントを引き受け、さまざまに思考をめぐらして考えていくこと」（細川、2005：7-8）と述べる。

　ここには細川の日本語教育実践に関わる日本語教育学的「語り」が凝縮している。ここに見られるのは教師の側から見た「実践」論である。たとえば、ここに教育現場に立つ見習い教師がいるとしよう。前述の「実践」をめぐる文化人類学的語りから見れば、教育現場に立つ見習い教師が伝統的な教具と教授法を駆使して実践を繰り返しながら、自らの実践を問い返し、徐々に教師としての主体性とアイデンティティを再編成していく契機が、細川の論の展開には示されているとも読める。つまり、教師の成長の「語り」である。

　一方、近年、状況論的アプローチなどから、学習者の「学び」を社会的状況の中で捉える見方が広まっているが、そのような環境にある学習者の能動的な「学び」は学習者にとっての「日常的実践」と言える。それは、学習者が環境や文脈に働きかけ、意味や知識を自分の中に取り込みながら、生きていく力を蓄えていく営為としての「実践」である。学習者から見た、そのような「実践」は、細川が言う、教師の主体的な関わりや職業的なアイデンティティによる「実践」に対する相互構成的関係にある実践であり、両者がそろうことによってはじめて、日本語教育学的に語る「実践」となるのではないか。これは、日本語教育における新しい「実践論」

の地平を拓く視点と言えるかもしれない。

　つまり、「学び」には、学習者の主体性やアイデンティティ、主体的な「学び」という点が欠かせない。その点を含めれば、教室で行われる「日常的実践」、つまり日本語教育学的「実践」論は、細川の言う教師の側の主体性とアイデンティティと視点だけではなく、学習者側の主体性とアイデンティティと視点の両者の相互構成的関係性の中に展開されると考えられる。日本語という言語習得において、学習者がいかに主体的に「学び」を形成していくか、そして、それに教師がいかに主体的に関わっていくか、あるいは、そのことによって、学習者の、また教師の主体性とアイデンティティをいかに形成していくかということが問われてくるのである。さらにそこには、教師から見た教室設計の視点や教室という社会的状況や環境という視点だけではなく、教室や学習者、教師を取り囲むより大きな、そして広い社会的文脈が深く関わっているだろう。それゆえ、自己の内言を外言化する、あるいは、自己の社会認識を他者へ向けて語るという社会的相互行為を通して、言語能力と主体性、アイデンティティを同時に形成していく実践が、これからの時代にはますます必要となってくるだろうし、そのような実践の場所、実践コミュニティの形成が課題となろう。

7．日本語教育学的語りと文化人類学的語りの節合

　これまで見てきたのは、「ことばと文化」をめぐる文化人類学的語りと日本語教育学的語りである。この両者は、一見別々のもののように見えるが、両者を相互補完的関係で捉えることによって、さらにどちらの研究も教育も発展する可能性が生まれると私は考える。ここで改めて、この両者の語りの節合とその意味について考えてみよう。

　ポストモダン人類学が提起した課題は、日本語教育学の課題と直結する。たとえば、「民族誌（エスノグラフィー）」を「実践研究論文」に、「現地の人々（インフォーマント）」を「日本語学習者」に、「フィールド」を「教育現場（学校や教室）」と置き換えてみよう。人類学者は「フィールド」に立ち、「現地の人々」の調査を行い、「データ」を収集し、それをもとに「エスノグラフィー」を書く。日本語教育実践者は、「教育現場」に立ち、「日本語学習者」に授業を行い、その「授業記録」をもとに「実

践研究論文」を書く。これまで人類学者は、「フィールド」に見られる生活世界をいかに伝統に基づく、不変で、かつ統一体としての「文化」として捉え、「民族誌的現在」という手法によって「エスノグラフィー」というテクストに定着させるかに腐心していた。このような「古典的な規範」（Rosaldo, 1993）による人類学的研究方法論は、その政治性、権力性、虚構性などの諸点で、ポストモダン人類学以降、批判と反省の対象となってきた。このような視点からの批判は、日本語教育学においても言えるのではないか。たとえば、「教育現場」に立つ日本語教育実践者は、「教育」と「研究」、あるいは「実践研究」という名のもとに、「日本語学習者」に教授し、それを観察し、「日本語学習者」によって書かれたものや話されたものを「データ」と称して収集し、それをもとに、「学術論文」という名の「日本語教育学的エスノグラフィー」を書き上げる。その「日本語教育学的エスノグラフィー」には「日本語学習者」が、「民族誌的現在」によって固定化された「現地の人々」と同様に、固定化された「学習者」として記述される。そこに描かれる「学習者による日本語学習」や「教室活動」や「データ分析」は、あくまで統一的で、秩序立てられた、安定した「世界」として描かれる。人類学者が「現地の人々」に背を向けて「エスノグラフィー」を書くように、日本語教育実践者は「日本語学習者」に背を向けて「日本語教育学的エスノグラフィー」を書く。このような構造から生まれる「日本語教育学的エスノグラフィー」には、統一的で、秩序立てられた、安定した「世界」（日本語教育実践者が描きたい「世界」）にふさわしくない「日本語学習者」は排除され、その「世界」にふさわしい「日本語学習者」が登場し、「教育現場」で書かれたものや話されたことが、ときには「作文」や「テープ起こし」のデータとして、ときにはコーパスによって描かれる「仮想的現実」のデータとして提出され、「真正性づけ」「権威づけ」される。ポストモダン人類学が提起したのは、「語るのは誰か」という視点の政治性や権力性や位置性であった。その視点で日本語教育学の現状を見ると、「日本語教育学的エスノグラフィー」を書くのは誰か、誰に向かって書くのか、どのように書くのかが問われることになる。人類学者が直面する「窮状」は、日本語教育実践者が人類学者と同様に直面せざるを得ない「窮状」を示唆している。

この点は、日本語教育学の研究や教育の「前提」や「まなざし」にも直結する。たとえば、ポストモダン人類学が批判したのは、それまでの人類学が前提としてきた「近代西欧の価値観」や「西欧的理性の普遍性」や「客観性」である。同様の批判が日本語教育学においても言えるかもしれない。たとえば、言語観、言語教育観、言語習得観、言語能力観、研究方法論、研究成果発表のディスコースなどを支えている「全体論的捉え方」や「客観性」や「まなざし」である。具体的には、「日本語母語話者はトータルな日本語能力を持っている」「日本語学習者は日本語母語話者に比べ常に日本語能力が不足している」「日本語能力の発達を直線的に初級レベルから上級レベルへ設定する」「日本語を習得すれば、コミュニケーションがスムーズにいく」、「設定された到達目標の項目へ向けて教育を行い、その達成度で評価する」「言語能力を客観的に把握するテストづくりをめざす」「問題設定—実践・考察—結論—今後の課題という論文構成を重視する」「データ分析を含む論文を高く評価する」「母語別学習者の傾向を探究する」等である。これらの諸点が含む政治性、権力性、虚構性などへの「問い直し」が、これからの日本語教育学に必要になるのではないか。

　しかし、課題はそれだけだろうか。ポストモダン人類学が提起したような批判的検討だけで終わることはできない。さらにその先にある課題は何かということが課題である。前述のポストモダン日本語教育学も、ポストモダン人類学も、モダニズムやコロニアリズムの「学」のパラダイム批判があり、ポストモダニズム、ポストコロニアリズム、そしてさらに発展形の21世紀の「学」のパラダイム構築にこそ目標がある。

　このような問題意識が生まれる背景には、現在の社会状況がある。それは、二項対立的思考を拒む、社会の流動性や異種混淆性、不確定性、中間領域性、両価性など（Bhabha, 1994）である。そして、課題は、そのような社会状況の中で、いかに「社会」を、「文化」を、「生活世界」を、そして人間の「学び」を捉えていくかという課題である。それは、ポストモダニズムが批判した「全体論」や「本質主義」を否定しつつ、社会や人間生活、人間そのものの捉え方に関する新たな「統一的な」捉え方の構築という課題である。

その課題は人類学だけで探究される課題ではなく、言語教育においても同様に探究されなければならない課題である。なぜか。言語教育の「現場」においても同様の多様な現象が現われているからである。たとえば、「日本語学習者」と単純にくくれないほど多様な日本語使用者がいる。本書のテーマである「移動する子ども」はまさにその例である。さらに海外で日本語を学習し、日本にやってくる学生、若者やビジネス関係者などは、世界規模の大量人口移動と多様なメディアによる大量の情報流通のただ中におり、その結果、ことばを学習する前に、日本語使用者はすでに日本語についての多様なイメージを持つようになっている。インターネット、マンガ、アニメ、コミック、携帯電話、映画、音楽などの大量のイメージ流通を可能にするメディアの中で、「意味するもの」と「意味されるもの」の関係性が多様な可能性を含んで膨大している。つまり、そのような多様な意味の記号群をすでに「装備」した日本語使用者が「日本語を使用する場」あるいは「教室」という「接触場面」（コンタクトゾーン）の中で、言語使用者と言語教育実践者の双方による、多様な意味の記号群との壮絶な「ことばの鋳造の場」を通じて、「実践コミュニティ」が社会や人間についてどのように認識し、その関係性をどのように「ことばの教育」の中で「実現」するかという課題は、人類学における課題と同様の重大な課題と言えよう。

　たとえば、それは「行為者の固有性（個別性）と、社会を形成するための共有性（公共性）に着目する」（細川、2007：86）という問題意識と通底する。さらに、その課題は、[「文法」、「規範」、「真正性」、「文型」]対[非「文法」、非「規範」、非「真正性」、非「文型」]という「対立」を超えたところで、人間のことばの使用と習得のあり方、言語生活、人間のあり方について探究するという課題でもある。その課題の探究には、教室環境だけではなく、広く流動化する社会的関係性の中で、「ことばと文化」とは何か、「ことばを学ぶ」とは何かが「日常的な実践」という人間的な営為を通して追究されることが必要になる。その場合、「成長」のものさしにあわない学習者や言語習得に抵抗する人、母語話者と非母語話者の境界の中間に位置する人、実践者と学習者の双方の主観的な相互作用など、これまでの研究領域から「はずれた」視点をも含みこんだ、繰り返される

「日常的な実践」への視点が不可欠となろう。それは、まさに学習行為者および実践行為者の双方を含む「行為主体」「情緒」「アイデンティティ」等の「眼に見えにくい」視点を有する、動態性の日本語教育学、主体性の日本語教育学、再帰性の日本語教育学と呼ぶにふさわしい言語教育の創造となろう。それは、決して文化人類学的「語り」を取り入れた実践研究という意味だけではなく、そのような言語習得や言語教育実践研究から、逆に、人類学や社会学、文学や文芸研究に示唆を与える新しい「語り」が生まれる可能性がある。なぜなら、21世紀の人間教育に関わるすべての実践研究領域において、これらの視点は、人間理解や他者理解、他者表象、人間相互学習に不可欠な視点であるからである。そこにこそ、日本語教育学的語りと文化人類学的語りの節合の必要性と意味がある。

8．「移動する子ども」学の創発に向けて

「他言語話者と関わりを持とうとすることはつねに文化的行為」であるとクラムシュ（1993）が述べているように、「移動する子どもたち」がことばで他者とやりとりすることは「文化的行為」なのである。そこには子ども自身の主観的な世界があり、子どもと関わる他者にもその者の主観的な世界がある。その相互主観的な世界にことばによるやりとりが生まれ、相互作用の中で両者が変容していく。さらに子どもたちは時間軸と成長発達の広がりの中で変容し、多様な人々とことばによるやりとりを通じて新たな関係性を構築し、新たな関係性の中で自己を見つめ、そして自らの複数言語を意識することを通じてさらに自己形成を進める。

「移動する子ども」学は、まさにそのような複数言語を使用する子どもたちのことばによるやりとりに関わるさまざまな事象を、時間軸と成長発達の広がりの中で考察対象として分析記述していく実践研究の学である。ただし、その分析記述の方法は、前節まで議論したように、指導者と子どもたちといった二分法的な方法でも、子どもだけが描かれるような固定的で、静態的な記述でもないだろう。本書で繰り返し議論してきたように、子どもの主体性、学びの動態性、環境も含めた相互作用性の視点から、子どもたちのことばの学びと自己形成、そしてアイデンティティの構築を含む生きざまを子ども一人ひとりの「日常的実践」として捉え、記述するこ

とが求められる。その作業は果てしない作業のように見えるが、豊かな人間性の発見につながる道のりでもある。

　そのためには、本章で考察した日本語教育学的語りと文化人類学的語りを節合する新しい視点に立った実践研究のあり方が追究されなければならないだろう。つまり、「移動する子どもたち」の実践研究は、子どもと実践者の双方の主体性やアイデンティティと視点の相互構成的関係にある実践研究である。それゆえに、多様な子どもたちがことばによって他者と関係性を構築し、ことばを通じて自己形成と自己実現を図りながら、21世紀の新たな社会構築に参加していく力を獲得できるような、ことばの教育の実践が、そして同様に、実践者自身の主体性と実践者としてのアイデンティティの構築を図れるような、相互構築的関係性をめざす、ことばの教育の実践が求められているのだ。

　「移動する子ども」学という学問が成立するとすれば、それは世界各地にいる多くの多様な子どもたちや実践者たちとともに構築する動態的で、かつ協働的実践研究の発展形と言える「学」になるのではないだろうか。

あとがき
―「移動する子ども」学のアプローチを考える―

　子どもへの日本語教育に関心を持ちだしてから20年以上がたった。その間、私は日本での研究調査を経て、オーストラリア・クィーンズランド州教育省で子どもへの日本語教育のアドバイザーを務め、同時に、娘を現地の小学校と日本人補習授業校へ通わせる経験もした。以後、オーストラリアでは、子どもたちへの日本語教育のほかに、移民研究、移民の子どもたちへの英語教育や母語教育の調査も行い、同時に、日本国内ではJSL児童生徒の教育について研究を行ってきた。

　そのような経歴が縁で2002年に早稲田大学へ移り、大学院で「年少者日本語教育」研究を専門として行うようになった。本書は、これまでの研究を踏まえて、私が近年考えてきたことをまとめたものである。本書の骨子となる論考は、以下の論文であるが、本書を編む上で、これらの論文をすべて読み返し、大幅な加筆修正を行った。また、新たに書き下ろしの論考も加えた。

第1章　「「移動する子どもたち」のことばの教育学とは何か」
　　　　『ジャーナル「移動する子どもたち」―ことばの教育を創発する―』第1号、2010年
第2章　「言語能力観から日本語教育のあり方を考える」
　　　　『リテラシーズ　1』、2005年
第3章　「年少者日本語教育における「日本語能力測定」に関する観点と方法」
　　　　『早稲田大学日本語教育研究』2003年

「「移動する子どもたち」のプロフィシェンシーを考える―JSLバンドスケールから見える「ことばの力」とは何か―」鎌田修・嶋田和子・迫田久美子編『プロフィシェンシーを育てる―真の日本語能力をめざして―』2008年

第4章　「主体性の年少者日本語教育を考える」
川上郁雄編『「移動する子どもたち」の考える力とリテラシー―主体性の年少者日本語教育学―』2009年
「動態性の年少者日本語教育とは何か」
川上郁雄編『海の向こうの「移動する子どもたち」と日本語教育―動態性の年少者日本語教育学―』2009年

第5章　「実践と「教材」はどう結びつくのか―年少者日本語教育における「実践的教材論」の試み」
『リテラシーズ　4』2009年

第6章　「書きおろし」

第7章　「書きおろし」

第8章　「「移動する子ども」の文化人類学的課題とは何か」
小松和彦還暦記念論集刊行会編『日本の人類学／異文化の民俗学』、2008年

第9章　「年少者日本語教育における「支援」と「連携」を考える視点とは何か―JSLバンドスケールを用いた実践研究をもとに―」
『早稲田日本語研究』18、2009年

終　章　「「ことばと文化」という課題―日本語教育学的語りと文化人類学的語りの節合」『早稲田大学日本語教育研究センター紀要』20、2007年

「移動する子ども」をめぐる思索は、近年、私の中でますます大きなテーマになってきている。それは予想以上の速さで、世界の情勢が変化してきていることと関係している。私は、これまで海外の日本人学校、日本人補習授業校、日本語教室などを多数見学してきた。オーストラリアのブリスベン、シドニー、メルボルン、ブラジルのサンパウロ、タイのバンコク、チェンマイ、ドイツのベルリン、ドレスデン、ハンガリーのブダペス

ト、オーストリアのグラーツ、スイスのバーゼル、ルツェルン、ベルン、チューリッヒ、アイルランドのダブリン、スウェーデンのストックホルムなど、さまざまな都市で日本語を学ぶ子どもたちに出会った。そこで気づくのは、海外で成長し日本に帰国しない日本人の子どもたちや、国際結婚した両親のもと生まれたダブルの子どもたちが増加しているということである。その結果、たとえば日本人補習授業校の様子が一変した。日本語の力が弱いため、日本の教科書が読めない子どもや授業内容が理解できない子どもが出ており、先生方や親たちが頭を悩ませている。特に、この5年間の変化が著しい。これらの訪問で出会った子どもたちや関係者から、この問題の重大さを、私は改めて知らされた。

　これらの多様な「移動する子どもたち」についての実践研究を考えるとき、この研究を一体どのように進めたらよいのかという問いが常に私の中にあった。その理由は、私の研究アプローチにも由来するかもしれない。私はこれまで文化人類学と日本語教育のふたつの領域の研究を行ってきた。かつて、民俗学者の島村恭則氏が拙著の書評「『越境する家族』を読む」（『21世紀の「日本事情」－日本語教育から文化リテラシーへ』第3号、くろしお出版、2001所収）に次のように書いた。

　　著者（川上）は、文化人類学と日本語・日本事情教育を方法的に架
　　橋しようとしている数少ない研究者の1人であるが、（中略）この架
　　橋過程自体を主題として著作がなされることも期待したい。

本書がその期待に十分に応えたとは思えないが、私は、「移動する子どもたち」の研究には人間理解を旨とする文化人類学とことばの教育を旨とする日本語教育を節合した新たな研究アプローチを探究することが必要ではないかと思っている。なぜなら、最初に述べたように「移動」と「ことば」のふたつのコンセプトを包含する研究主題、そしてその研究主題を掲げる「移動する子ども」学の創発には、このアプローチがふさわしいと思うからである。

　本書は、平成22（2010）年度の科学研究費補助金「研究成果公開促進費（学術図書）（課題番号：225065）」によって刊行されるものである。関係

機関に謝意を申し上げる。また、本書に力強い「推薦文」を書いて下さった広島大学名誉教授の縫部義憲先生、本書の刊行を引き受けていただいたくろしお出版、および編集担当の池上達昭氏に感謝申し上げる。私の「移動する子ども」シリーズではいつもカバーデザインをお願いしている装丁家の桂川潤氏には今回も素敵な装丁を作成していただいた。心より、感謝を申し上げたい。本書の草稿をもとに大学院の授業で議論をしたり、校正を手伝ってくれた院生たちにも御礼を述べておきたい。

　「移動する子ども」の研究に関心を持つ若い人たちや、「移動する子ども」の体験を持つ若い研究者たちも育ちつつある。日本国内、国外を問わず、「移動する子ども」学が、まさに国境を越えて広がることを願っている。

川上郁雄

　2010年12月暮れ　早稲田大学の研究室にて

参考文献

池上摩希子（1998）「児童生徒に対する日本語教育の課題・再検討―研究ノート―」『中国帰国者定着促進センター紀要』6：131-146.

池上摩希子（2005）「帰国・入国児童生徒の教育問題」縫部義憲監修、水島裕雅編『講座・日本語教育学　第1巻　文化の理解と言語の教育』スリーエーネットワーク、pp. 155-175.

池上摩希子・小川珠子（2006）「年少者日本語教育における「書くこと」の意味―中国帰国者定着促進センターでの取り組みから―」『日本語教育』128：36-45.

池田摩耶子（1971）「日本語教育と日本の文化」『講座　日本語教育』第9分冊、早稲田大学日本語研究教育センター、pp. 90-103.

池田摩耶子（1975）「日本語教育の中での"言葉と文化"の扱い方」『日本語教育』27：9-16.

石井恵理子（2002）「多言語環境にある子どもの言語能力の評価を考える」『多言語環境にある子どもの言語能力の評価』（日本語教育ブックレット1）、国立国語研究所、pp. 3-6.

石井恵理子（2006）「年少者日本語教育の構築に向けて―子どもの成長を支える言語教育として―」『日本語教育』128：3-12.

石井恵理子（2009a）「JSL児童生徒の日本語学習支援体制の整備―教員養成・研修を中心に―」水谷修監修、野山広・石井恵理子編『日本語教育の過去・現在・未来―第1巻　社会』凡人社、pp. 214-240.

石井恵理子（2009b）「年少者日本語教育の構築へ向けて―子どもの成長を支える言語教育として―」川上郁雄・石井恵理子・池上摩希子・齋藤ひろみ・野山広編『「移動する子どもたち」のことばの教育を創造する―ESL教育とJSL教育の共振―』ココ出版、pp. 142-164.

伊東祐郎・菊田怜子・牟田博光（1999）「外国人児童生徒の日本語力測定試験開発のための基礎研究（1）」『東京外国語大学留学生日本語教育セン

ター論集』25：33-50.
伊東祐郎・菊田怜子・牟田博光（2000）「外国人児童生徒の日本語力測定試験開発のための基礎研究（2）」『東京外国語大学留学生日本語教育センター論集』26：153-168.
岩崎典子（2002）「日本語能力簡易試験（SPOT）の得点とACTFL口頭能力測定（OPI）のレベルの関係について」『日本語教育』114：100-105.
伊豫谷登士翁（2007）「方法としての移民―移動から場をとらえる―」伊豫谷登士翁編『移動から場所を問う―現代移民研究の課題―』有信堂、pp. 3-23.
ヴィゴツキー、L. S.（1934［2001］）『新訳版・思考と言語』（柴田義松訳）新読書社
OECD編（2007）『移民の子どもと学力―社会的背景が学習にどんな影響を与えるのか―〈OECD-PISA2003年調査　移民生徒の国際比較報告書〉』（斎藤里美監訳、木下江美、布川あゆみ訳）明石書店
太田晴雄（2000）『ニューカマーの子どもと日本の学校』国際書院
太田裕子（2007）「多文化社会に生きる子どもへの「異文化間言語学習」の意味―オーストラリアにおける「内容」をめぐる議論から―」『早稲田日本語教育学』1：81-93.
岡崎敏雄（1989）『日本語教育の教材―分析・使用・作成―』アルク
岡崎敏雄（2002）「学習言語能力をどう測るか―TOAMの開発：言語習得と保持の観点から―」『多言語環境にある子どもの言語能力の評価』（日本語教育ブックレット1）、国立国語研究所、pp. 46-59.
岡本夏木（1982）『子どもとことば』岩波書店
小川貴士（2001）「日本語学習者の日本文化把握の変化と日本事情教育への試論」『21世紀の「日本事情」』3：4-14.くろしお出版
小川貴士編（2007）『日本語教育のフロンティア―学習者主体と協働―』くろしお出版
尾関史（2007）「主体的な自己実現を目指す年少者日本語教育に向けて―ある外国人児童への日本語支援からの気づき―」『早稲田日本語教育学』1：11-23.
尾関史・川上郁雄（2010）「「移動する子ども」として成長した大学生の複数言語能力に関する語り―自らの言語能力をどう意識し、自己形成するのか―」細川英雄・西山教行編『複言語・複文化主義とは何か―ヨーロッパの理念・状況から日本における受容・文脈化へ―』くろしお出

版、pp. 80-92.
尾関史・川上郁雄（2009）「「移動する子ども」として成長した大学生の複数言語能力に関する「語り」の分析」リテラシーズ研究会2009研究集会、早稲田大学（2009年9月18日）
片岡裕子（2008）「アメリカにいる日本の子どもたち」佐藤郡衛・片岡裕子編『アメリカで育つ日本の子どもたち―バイリンガルの光と影―』明石書店、pp. 48-67.
川上郁雄（1991）「在日ベトナム人子弟の言語生活と言語教育」『日本語教育』73：154-166.
川上郁雄（1999）「「日本事情」教育における文化の問題」21世紀の日本事情編集委員会編『21世紀の「日本事情」』創刊号：16-26、くろしお出版.
川上郁雄（2001）『越境する家族―在日ベトナム系住民の生活世界―』明石書店
川上郁雄（2003）「年少者日本語教育における「日本語能力測定」に関する観点と方法」『早稲田大学日本語教育研究』2：1-16.
川上郁雄（2004a）「年少者日本語教育実践の観点―「個別化」「文脈化」「統合化」―」『早稲田大学日本語研究』12：1-12.
川上郁雄（2004b）「書評　関口知子著『在日日系ブラジル人の子どもたち―異文化間に育つ子どものアイデンティティ形成』―」『異文化間教育』19：114-117.
川上郁雄（2005a）「言語能力観から日本語教育のあり方を考える」リテラシーズ研究会編『リテラシーズ1―ことば・文化・社会の日本語教育へ―』くろしお出版、pp. 3-18.
川上郁雄（2005b）「JSLバンドスケールを使った言語能力の把握―年少者日本語教育の実践研究として―」『2005年日本語教育学会春季大会予稿集』pp. 143-148.
川上郁雄（2006a）「越境する家族―在豪ベトナム系住民と在日ベトナム系住民の比較研究―」小泉潤二・栗本英世編『〈日本〉を越えて―トランスナショナリティ研究4』（大阪大学21世紀COEプログラム「インターフェイスの人文学」報告書）、pp. 80-104.
川上郁雄（2006b）「高校レベルのJSL生徒の日本語能力の実態とその背景にあるもの―「JSLバンドスケール」による調査を踏まえて―」『2006年日本語教育学会春季大会予稿集』pp. 103-108.
川上郁雄（2007a）「「ことばと文化」という課題―日本語教育学的語りと文化

人類学的語りの節合―」『早稲田大学日本語教育研究センター紀要』20：3-18.

川上郁雄（2007b）「「移動する子どもたち」と言語教育―ことば、文化、社会を視野に」佐々木倫子他編『変貌する言語教育―多言語・多文化社会のリテラシーズとは何か』くろしお出版、pp. 85-106.

川上郁雄（2007c）「日本語能力の把握から実践への道すじ―「JSLバンドスケール」の意義と有効性―」年少者言語教育国際研究集会委員会編『国際研究集会「移動する子どもたち」の言語教育―ESLとJSLの教育実践から―』プロシーディング、pp. 166-187.

川上郁雄（2008a）「「移動する子どもたち」のプロフィシェンシーを考える―JSLバンドスケールから見える「ことばの力」とは何か―」鎌田修・嶋田和子・迫田久美子編『プロフィシェンシーを育てる―真の日本語能力をめざして―』凡人社、pp. 90-107.

川上郁雄（2008b）「実践と「教材」はどう結びつくのか―年少者日本語教育における「実践的教材論」の試み―」リテラシーズ研究会編『WEB版リテラシーズ』5（2）：10-19.

川上郁雄（2008c）「日本語指導を必要とする外国人児童生徒の現状と課題―平成19年度調査報告―」目黒区教育委員会、目黒区国際理解教育推進協議会編『目黒区の国際理解教育―第17集―文部科学省平成19年度「帰国・外国人児童生徒受入促進事業」指定報告書』目黒区教育委員会、pp. 21-30.

川上郁雄（2009a）「移民の子どもへの英語教育とマルチカルチュラリズム」早稲田大学オーストラリア研究所編『オーストラリア研究―日本の多文化社会への提言―』オセアニア出版社、pp. 65-88.

川上郁雄（2009b）「主体性の年少者日本語教育を考える」川上郁雄編『「移動する子どもたち」の考える力とリテラシー―主体性の年少者日本語教育学―』明石書店、pp. 12-37.

川上郁雄（2009c）「Children Crossing Borders：CCBを考える―子どもにとって日本語は母語か第二言語か継承語か―」JSAA-ICJLE 2009（2009年度豪州日本研究学会・日本語教育国際大会）ニューサウスウェールズ大学・シドニー大学（2009年7月14日）

川上郁雄（2009d）「年少者日本語教育における「支援」と「連携」を考える視点とは何か―「JSLバンドスケール」による実践研究をもとに―」『早稲田日本語研究』18：1-11.

川上郁雄（2009e）「リテラシーはどこにあるのか」リテラシーズ研究会編『リテラシーズ 4 ―ことば・文化・社会の日本語教育へ―』くろしお出版、pp. 182-188.

川上郁雄（2010）「「移動する子どもたち」のことばの教育学とは何か」『ジャーナル「移動する子どもたち」―ことばの教育を創発する―』1：1-21. http://www.gsjal.jp/children/journal.html （2010年11月15日取得）

川上郁雄編（2006）『「移動する子どもたち」と日本語教育―日本語を母語としない子どものことばの教育を考える―』明石書店

川上郁雄編（2009a）『「移動する子どもたち」の考える力とリテラシー―主体性の年少者日本語教育学―』明石書店

川上郁雄編（2009b）『海の向こうの「移動する子どもたち」と日本語教育―動態性の年少者日本語教育学―』明石書店

川上郁雄編（2010）『私も「移動する子ども」だった―異なる言語の間で育った子どもたちのライフストーリー―』くろしお出版

川上郁雄・池上摩希子（2006）.「年少者日本語教育の歴史と展望」『早稲田日本語教育の歴史と展望』早稲田大学大学院日本語教育研究科、pp. 47-73.

川上郁雄・石井恵理子・池上摩希子・齋藤ひろみ・野山広（2004）「年少者日本語教育学の構築へ向けて―『日本語指導が必要な子どもたち』を問い直す―」『2004年日本語教育学会春季大会予稿集』pp. 273-284.

川上郁雄・石井恵理子・池上摩希子・齋藤ひろみ・野山広編（2009）『「移動する子どもたち」のことばの教育を創造する―ESL 教育と JSL 教育の共振―』ココ出版

川上郁雄・市瀬智紀（2004）「宮城県における日本語指導の必要な児童生徒に関するアンケート調査」『日本語指導の必要な児童生徒に関する教育方法と教材開発の研究』（平成13-15年度科学研究費補助金萌芽研究・研究成果報告書・研究代表者：川上郁雄・課題番号：13878046）

川上郁雄・尾関史・太田裕子（2011）「「移動する子どもたち」は大学で日本語をどのように学んでいるのか―複数言語環境で成長した留学生・大学生の日本語ライフストーリーをもとに―」『早稲田教育評論』25（1）（印刷中）

川上郁雄・髙橋理恵（2006）「JSL 児童の日本語能力の把握から実践への道すじ―新宿区立大久保小学校の実践をもとに―」『日本語教育』128：24

-35.

川上郁雄・中川智子・河上加苗（2009）「教育委員会と大学の協働的実践ネットワークの構築―年少者『日本語教育コーディネーター』の役割を視点に―」『早稲田日本語教育学』4：1-14.

河上加苗（2006a）「「知らない」「わからない」のストラテジー―書くことへの試み―」早稲田大学大学院日本語教育研究科・年少者日本語教育研究室編『年少者日本語教育実践研究』6：29-37.

河上加苗（2006b）「総合型体験学習を通じて動き出す学び―「早稲田モデル」におけるJSL児童の取り出し指導を考える―」早稲田大学大学院日本語教育研究科・年少者日本語教育研究室編『年少者日本語教育実践研究』7：10-23.

河上加苗（2008）「年少者日本語教育実践の動態性―「子どもの実態」と「実践者の問題意識」から実践を考える―」早稲田大学大学院日本語教育研究科提出修士論文（未公刊）

川上さくら（2010）『年少者日本語教育に求められるコーディネーターの役割―ことばの課題への意識化を促す：三重県鈴鹿市の事例分析から―』早稲田大学大学院日本語教育研究科提出修士論文（未公刊）

河野理恵（1999）「「異文化コミュニケーション」としての「日本事情」―エスノメソドロジーからの示唆―」『21世紀の「日本事情」』創刊号：40-53. くろしお出版

河野理恵（2000）「"戦略"的「日本文化」非存在説―「日本事情」教育における「文化」のとらえ方をめぐって―」『21世紀の「日本事情」』2：4-15. くろしお出版

鯨岡峻（2006）『ひとがひとをわかるということ―間主観性と相互主体性―』ミネルヴァ書房

倉八順子（2006）「第二言語習得に関わる不安と動機づけ」『講座・日本語教育学　第3巻　言語学習の心理』スリーエーネットワーク、pp. 77-94.

クラムシュ、クレア（2007）「異文化リテラシーとコミュニケーション能力」佐々木倫子他編『変貌する言語教育―多言語・多文化のリテラシーとは何か―』くろしお出版、pp. 2-26.

小泉潤二・栗本英世（2006）「はじめに―本報告書について―」小泉潤二・栗本英世編『〈日本〉を越えて―トランスナショナリティ研究4』（大阪大学21世紀COEプログラム「インターフェイスの人文学」報告書）、pp. 3-7.

古賀和恵・古屋憲章（2009）「子どもたちに必要な「ことばの力」とは何か―年少者日本語教育と国語教育の言語能力観から見えてくるもの―」川上郁雄編『「移動する子どもたち」の考える力とリテラシー―主体性の年少者日本語教育学―』明石書店、pp. 237-256.

児島　明（2006）『ニューカマーの子どもと学校文化―日系ブラジル人生徒の教育エスノグラフィー―』勁草書房

齋藤ひろみ（2005）「「子どもたちのことばを育む」授業作り―教師と研究者による実践研究の取り組み―」『日本語教育』126：35-44.

齋藤ひろみ（2009）「「学習に参加するためのことばの力」を育む―文部科学省開発「JSLカリキュラム」の方法論とその実践事例から―」川上郁雄・石井恵理子・池上摩希子・齋藤ひろみ・野山広編『「移動する子どもたち」のことばの教育を創造する―ESL教育とJSL教育の共振―』ココ出版、pp. 184-226.

齋藤恵（2006a）「年少者日本語教育におけるスキャフォールディングの意味―あるJSL生徒の日本語支援における学びの記録から―」川上郁雄編（2006）『「移動する子どもたち」と日本語教育―日本語を母語としない子どもへのことばの教育を考える』明石書店、pp. 161-189.

齋藤恵（2006b）「JSL児童生徒の成長における「audibility」と「行為主体性」の意味―子どもの成長を支援する言語教育のために―」『リテラシーズ2』くろしお出版、pp. 113-128.

佐伯胖（1993）「訳者あとがき―LLPと教育の間で―」ジーン・レイヴ＆エティエンヌ・ウェンガー『状況に埋め込まれた学習―正統的周辺参加―』（佐伯胖訳）産業図書、pp. 183-191.

佐伯胖（1995a）「文化的実践への参加としての学習」佐伯胖・藤田英典・佐藤学編『学びへの誘い』東京大学出版会、pp. 1-48.

佐伯胖（1995b）「「学び」をどう学ぶか」佐伯胖・藤田英典・佐藤学編『学びへの誘い』東京大学出版会、pp. 165-188.

佐伯胖（1995c）『『わかる』ということの意味［新版］子どもと教育』岩波書店

佐伯胖（1996）「「学び合う」学びへ―「学び」の関係論的組み替え―」佐伯胖・藤田英典・佐藤学編『学び合う共同体』東京大学出版会、pp. 145-162.

佐伯胖（1998）「学習の「転移」から学ぶ―転移の心理学から心理学の転移へ―」佐伯胖・宮崎清孝・佐藤学・石黒広昭編『心理学と教育実践の間

で』東京大学出版会、pp. 157-203.
佐久間孝正（2006）『外国人の子どもの不就学―異文化に開かれた教育とは―』勁草書房
佐々木倫子（2003）「3代で消えないJHLとは？―日系移民の日本語継承―」母語・継承語・バイリンガル研究会HP（http://www.mhb.jp/2003/08/：2010年4月30日取得）
佐々木倫子・細川英雄・砂川裕一・川上郁雄・門倉正美・牲川波都季編（2007）『変貌する言語教育―多言語・多文化のリテラシーとは何か―』くろしお出版
佐藤郡衛（2001）『国際理解教育―多文化共生社会の学校づくり』明石書店
佐藤郡衛（2002）「子どもに対する評価をどう考えるか」『多言語環境にある子どもの言語能力の評価』（日本語教育ブックレット1）、国立国語研究所、pp. 7-23.
佐藤郡衛（2007）『東アジア地域における海外子女教育の新展開に関する研究』（平成16年度～平成18年度科学研究費補助金成果報告書・課題番号16530540・研究代表者　佐藤郡衛）
佐藤郡衛（2008）「「第三の文化」をもつ子どもの育成に向けて―子どもたちをいかに支えるか―」佐藤郡衛・片岡裕子編『アメリカで育つ日本の子どもたち―バイリンガルの光と影―』明石書店、pp. 218-228.
佐藤郡衛・齋藤ひろみ・髙木光太郎（2005）『外国人児童の「教科と日本語シリーズ」小学校JSLカリキュラム「解説」』スリーエーネットワーク
佐藤学（1995）「言葉と出会うこと―経験と絆の創出へ―」佐伯胖・藤田英典・佐藤学編『言葉という絆』東京大学出版会、pp. 251-267.
佐藤洋子（1985）「日本語教育における「文化」の扱い方」『講座　日本語教育』第21分冊、早稲田大学語学教育研究所、pp. 63-77.
ザラト、ジュヌヴィエーヴ（2007）「「文化リテラシー」とは何か―異文化能力の評価をめぐるヨーロッパの議論から―」佐々木倫子他編『変貌する言語教育―多言語・多文化のリテラシーとは何か―』くろしお出版、pp. 116-140.
志水宏吉（2006）「学校文化とエスニシティー―ニューカマー外国人への教育支援をめぐって―」小泉潤二・栗本英世編『〈日本〉を越えて―トランスナショナリティ研究4』（大阪大学21世紀COEプログラム「インターフェイスの人文学」報告書）、pp. 126-148.
志水宏吉・清水睦美編（2001）『ニューカマーと教育―学校文化とエスニシテ

ィの葛藤をめぐってー』明石書店
牲川波都季（2000）「剥ぎ取りからはじまる「日本事情」」『21世紀の「日本事情」』2：28-39．くろしお出版
関口知子（2003）『在日日系ブラジル人の子どもたち―異文化間に育つ子どものアイデンティティ形成―』明石書店
田辺繁治（2002）「日常的実践のエスノグラフィー―語り・コミュニティ・アイデンティティ―」田辺繁治・松田素二編『日常的実践のエスノグラフィー―語り・コミュニティ・アイデンティティ―』世界思想社、pp. 1-38.
田辺繁治・松田素二編（2002）『日常的実践のエスノグラフィー―語り・コミュニティ・アイデンティティ―』世界思想社
東京外国語大学留学生日本語教育センター編（1998）『外国人児童生徒のための日本語指導　第1分冊―カリキュラム・ガイドラインと評価―』ぎょうせい
中島和子（2001）「子どもを対象とした活用法」『ACTFL-OPI入門』アルク、pp. 152-169.
中島和子（2002）「バイリンガル児の言語能力評価の観点―会話能力テストOBC開発を中心に―」『多言語環境にある子どもの言語能力の評価』（日本語教育ブックレット1）、国立国語研究所、pp. 26-44.
中島和子（2003）「JHLの枠組みと課題―JSL/JFLとどう違うか―」母語・継承語・バイリンガル研究会HP（http://www.mhb.jp/2003/08/：2010年4月30日取得）
中島和子・桶谷仁美・鈴木美和子（1994）「年少者のための会話力テスト開発」『日本語教育』83：40-58.
中島和子／ロザナ・ヌナス（2001）「日本語獲得と継承語喪失のダイナミクス―日本の小・中学校のポルトガル語話者の実態を踏まえて」http://www.colorado.edu/ealld/atj/ATJ/seminar2001/nakajima.html
波平恵美子（1999）『暮らしの中の文化人類学・平成版』出窓社
日本語教育学会編（2005）『新版日本語教育事典』大修館書店
日本語教育政策・マスタープラン研究会編（2010）『日本語教育で作る社会―私たちの見取り図―』ココ出版
縫部義憲（1999）『入国児童のための日本語教育』スリーエーネットワーク
縫部義憲（2001）『日本語教師のための外国語教育学―ホリスティック・アプ

ローチとカリキュラム・デザイン―』風間書房
根本牧・屋代瑛子・遠藤宏子（1995）『ひろこさんのたのしいにほんご１』凡人社
野元菊雄（1974）「ブラジルの日本語教育」『日本語教育』24：15-20.
野山広（2000）「地域社会における年少者への日本語教育の現状と課題」山本雅代編『日本のバイリンガル教育』明石書店、pp. 165-212.
野山広（2006）「言語学習環境の整備と自主学習能力の育成―協調的学習活動の展開へ向けて―」『2006年度日本語教育学会春季大会予稿集』pp. 281-284.
野山広（2008）「地域日本語学習支援の現場から見えてくること」『第７回日本語教育国際研究大会』予稿集１、pp. 91-94、釜山外国語大学
野山広・三宅なほみ・池上摩希子・石井恵理子（2006）「多言語環境下にある子どもの「学習能力」―年少者日本語教育学の観点から―」『2006年度日本語教育学会春季大会予稿集』pp. 273-284.
細川英雄（2002）『日本語教育は何をめざすか―言語文化活動の理論と実践―』明石書店
細川英雄（2003）「「個の文化」再論：日本語教育における言語文化教育の意味と課題」『21世紀の「日本事情」』５：36-51. くろしお出版
細川英雄（2005）「実践研究とは何か―「私はどのような教室をめざすのか」という問い―」『日本語教育』126：４-14.
細川英雄（2007）「日本語教育学がめざすもの―言語活動環境設計論による教育パラダイム転換とその意味―」『日本語教育』132：79-88.
波多野誼余夫編（1980）『自己学習能力を育てる―学校の新しい役割―』東京大学出版会
バックマン、ライル. F（1990［1997］）『言語テスト法の基礎』（池田央・大友賢二監訳）みくに出版
原尻英樹（2005）『マイノリティの教育人類学―日本定住コリアン研究から異文化間教育の理念に向けて―』新幹社
平高史也・春原直美・熊谷晃・野山広編（2008）『共生―ナガノの挑戦―民・官・学協働外国籍住民学習支援』信濃毎日新聞社
ベーカー、コリン（1993［1996］）『バイリンガル教育と第二言語習得』（岡秀夫訳編）　大修館書店
牧野成一（1991）「ACTFLの外国語能力基準およびそれに基づく会話能力テストの理念と問題」『世界の日本語教育』１：15-32. 国際交流基金日

本語国際センター

牧野成一・鎌田修・山内博之・齊藤眞理子・荻原稚佳子・伊藤とく美・池崎美代子・中島和子 (2001)『ACTFL-OPI入門』アルク

松本一子 (2003)「地域の教育資源をどう活かすか―愛知県下の事例を中心に」教育総研・多文化共生教育研究委員会『「多文化」化の中での就学・学習権の保障』国民教育文化総合研究所、pp. 39-46.

間橋理加 (2006)「「JSLバンドスケール」を使った在籍クラスと日本語指導の連携による教科指導―小学校高学年JSL児童の場合―」川上郁雄編『「移動する子どもたち」と日本語教育―日本語を母語としない子どもへのことばの教育を考える―』明石書店、pp. 190-207.

水井健次 (2008)「提言「外国人児童生徒の急増に対応する日本語指導のシステム構築による受入体制の整備」」(文部科学省全国市町村教育委員会研究協議会第1ブロック口頭発表資料)

箕浦康子 (1984)『子どもの異文化体験―人格形成過程の心理人類学的研究』思索社

箕浦康子 (2003)『子どもの異文化体験―人格形成過程の心理人類学的研究―増補改訂版』新思索社

箕浦康子 (2006)「親の海外在住と子ども―在外日本人児童と在日インターナショナルスクールの調査から―」小泉潤二・栗本英世編『〈日本〉を越えて―トランスナショナリティ研究4』(大阪大学21世紀COEプログラム「インターフェイスの人文学」報告書)、pp. 149-169.

宮崎里司・川上郁雄・細川英雄 (2005)『新時代の日本語教育をめざして―早稲田から世界へ発信―』明治書院

宮島喬・太田晴雄編 (2005)『外国人の子どもと日本の教育―不就学問題と多文化共生の課題―』東京大学出版会

目黒区教育委員会・目黒区国際理解教育推進協議会 (2007)『目黒区の国際理解教育―国際社会を生きる子どもの育成―』第16集

森沢小百合 (2006)「JSL児童の「読む」力と「自己有能感」の育成を目指した日本語教育支援」川上郁雄編 (2006)『「移動する子どもたち」と日本語教育―日本語を母語としない子どもへのことばの教育を考える―』明石書店、pp. 75-99.

文部科学省 (2003)『学校教育におけるJSLカリキュラムの開発について(小学校編)(最終報告書)』文部科学省

文部科学省 (2007)『学校教育におけるJSLカリキュラムの開発(中学校編)』

　　　　文部科学省
文部省（1992）『にほんごをまなぼう』ぎょうせい．
山田初（2004）「"読む・書く"動機への一歩作り」『年少者日本語教育実践研究』3：65-77．早稲田大学大学院日本語教育研究科・年少者日本語教育研究室
山田初（2005a）「文字へ親しむ指導―"書く"活動へ繋げるために―」『年少者日本語教育実践研究』4：52-61．早稲田大学大学院日本語教育研究科・年少者日本語教育研究室
山田初（2005b）「「漢字カルタ」を使用した漢字指導―"書く"活動へ繋げるために―」『年少者日本語教育実践研究』5：62-72．早稲田大学大学院日本語教育研究科・年少者日本語教育研究室
横山紀子・木田真理・久保田美子（2002）「日本語能力試験とOPIによる運用力分析―言語知識と運用力との関係を探る―」『日本語教育』113：43-52．
米勢治子・尾崎明人（2005）「日本語ボランティア養成の課題―14年間の講座内容の変遷を事例として―」『2005年日本語教育学会春季大会予稿集』pp. 83-88．
ロビアンコ、ジョセフ（2007）「新時代、世界の子どもたち、第三の場所」佐々木倫子・細川英雄・砂川裕一・門倉正美・川上郁雄・牲川波都季編『変貌する言語教育―多言語・多文化社会のリテラシーズとは何か―』くろしお出版、pp. 56-84．
我妻洋・米山俊直（1967）『偏見の構造―日本人の人種観―』日本放送出版協会
早稲田大学大学院日本語教育研究科・年少者日本語教育研究室編（2003～2010）『年少者日本語教育実践研究』1～15
Anderson, B. (1991) *Imagined Communities: Reflections on the Origin and Spread of Nationalism*, revised edition, London: Verso Editions and NLB.（B. アンダーソン、1997『増補　想像の共同体―ナショナリズムの起源と流行―』白石さや・白石隆訳、NTT出版）
Appadurai, A. (1996) *Modernity at Large: Cultural Dimensions of Globalization*, Minneapolis: University of Minnesota Press.（A. アパデュライ、2004『さまよえる近代―グローバル化の文化研究―』門田健一訳、平凡社）
Bachman, L. F. & Palmer, A. S. (1996) *Language Testing in Practice*,

Oxford: Oxford University Press.（L. F. バックマン、A. S. パーマー，2000『〈実践〉言語テスト作成法』大友賢二／ランドルフ・スラッシャー監訳、大修館書店）

Bhabha, H. K.（1994）*The Location of Culture*, London and New York: Routledge.（H. K. バーバ，2005『文化の場所―ポストコロニアリズムの位相―』本橋哲也・正木恒夫・外岡尚美・阪元留美訳、法政大学出版局）

Bourdieu, P（1991）*Language and Symbolic Power*, Cambridge, MA: Harvard University Press.

Canale, M.（1983）Communicative competence to communicative language pedagogy. In Richards, J. & Schmidt, R.（eds.）, *Language and Communication*, pp. 2-25, London: Longman.

Castles, S. & Miller, M. J.（1993）*The Age of Migration: International Population Movements in the Modern World*, London: Macmillan（S. カースルズ、M. J. ミラー，1996『国際移民の時代』関根政美・関根薫訳、名古屋大学出版会）

Castles, S. & Miller, M. J.（2009）*The Age of Migration: International Population Movements in the Modern World*, Fourth Edition, UK: Palgrave Macmillan.

Chomsky, N.（1965）*Aspect of the Theory of Syntax*. Cambridge. Mass: MIT Press.

Clifford, J.（1988）*The Predicament of Culture: Twentieth-Century Ethnography, Literature, and Art*, Cambridge, MA: Harvard University Press.（J. クリフォード，2003『文化の窮状―二十世紀の民族誌、文学、芸術―』太田好信・慶田勝彦・清水展・浜本満・古谷嘉章・星埜守之訳、人文書院）

Clifford, J. & Marcus, G. E.（eds.）（1986）*Writing Culture: The Poetics and Politics of Ethnography*, Berkeley: University of California Press.（J. クリフォード、G. E. マーカス，1996『文化を書く』春日直樹・足羽与志子・橋本和也・多和田裕司・西川麦子・和邇悦子訳、紀伊国屋書店）

Cope. B. & Kalantzis, M.（2000）*Multiliteracies: Literacy Learning and the Design of Social Futures*, London & New York: Routledge.

Council of Europe（2001）*Common European Framework of Reference for*

Languages: Learning, Teaching, Assessment, UK: Cambridge University Press.（2004『外国語教育Ⅱ　外国語の学習、教授、評価のためのヨーロッパ共通参照枠』吉島茂・大橋理枝他訳、朝日出版社）

Crozet, C., & Liddicoat A. J. (2000). Teaching culture as an integrated part of language: Implications for the aims, approaches and pedagogies of language teaching. In A. J. Liddicoat & C. Crozet (eds.) *Teaching Languages, Teaching Cultures*. Melbourne: Language Australia Ltd.

Cummins, J. (1984) *Bilingualism and Special Education: Issues in Assessment and Pedagogy*. Clevedon, England: Multilingual Matters.

Cummins, J. & Swain, M. (1986) *Bilingualism in Education: Aspects of Theory, Research and Practice*. New York: Addison Wesley Longman.

de Charms, R. (1976) *Enhancing Motivation: Change in the Classroom*, Irvington Publishers（R. ド・シャーム，1980『やる気を育てる教室―内発的動機づけ理論の実践―』佐伯胖訳、金子書房）

Eidse, F. & Sichel, N. (eds.) (2004) *Unrooted Childhoods: Memories of Growing up Global*, Boston: Nicholas Brealey Publishing.

Hammond, J. (2001) Scaffolding and language. In Hammond, J. (ed.) *Scaffolding: Teaching and Learning in Language and Literacy Education*, Sydney: Primary English Teaching Association, pp. 15-30.

Halliday, M. A. K. (1994) *An introduction to functional grammar* (2nd. Ed.) London: Edward Arnold Ltd.（M. A. K. ハリデー，2001『機能文法概説―ハリデー理論への誘い―』山口登・筧壽雄訳、くろしお出版）

Horwitz, E. (1987) Surveying Student Beliefs about Language Learning. In A. Wenden & J. Rubin (eds.) *Learner Strategies in Language Learning*, pp. 119-129, Englewood Cliffs, NJ: Prentice Hall.

Kramsch, C. (1993) *Context and Culture in Language Education*. Oxford, Oxford University Press.

Kramsch, C. (1998) Teaching along the cultural faultline. In Paige, R. M. Lange, D. L., & Yershova Y. A. (eds.) *Culture as the Core: Interdisciplinary Perspectives on Culture Teaching and Learning in the Second Language Curriculum*, pp. 19-35, Minneapolis: CARLA,

University of Minnesota.
Lavenda, R. H. & Schultz, E. A. (2009) *Core Concepts in Cultural Anthropology*, Fourth Edition, New York: McGraw-Hill Companies.
Lave, J. & Wenger, E. (1991) *Situated Learning: Legitimate Peripheral Participation*, Cambridge University Press. (J. レイブ、E. ウェンガー，1993『状況に埋め込まれた学習―正統的周辺参加―』佐伯胖訳、産業図書)
Liddicoat, A. J. (2002) Static and dynamic views of culture and intercultural language acquisition, *Babel*, 36 (3): 4-11.
Lo Bianco, J., Crozet, C. & Liddicoat. A. J. (eds.) (1999) *Striving for the Third Place-Intercultural Competence through Language Education*, Melbourne, Australia: Language.
MaKay, P. (ed.) (2007) *Assessing, Monitoring and Understanding English as a Second Language in Schools: The NLLIA ESL Bandscales Version 2*, Brisbane: Queensland University of Technology and Independent Schools Queensland.
Oxford, R. L. (1990) *Language Learning Strategies: What Every Teacher Should Know*, New York: Newbury House. (R. L. オックスフォード，1994『言語学習ストラテジー―外国語教師が知っておかなければならないこと―』宍戸通庸・伴紀子訳、凡人社)
Parreñas, R. S. (2005) *Children of Global Migration: Transnational Families and Gendered Woes*, California: Stanford University Press.
Pascoe, R. (2006) *Raising Global Nomads: Parenting Abroad in an On-Demand World*. Vancouver: Expatriate Press.
Pollock, D. C. & Van Reken, R. E. (1999) *The Third Culture Kid Experience -Growing up Among Worlds*, Maine: Intercultural Press.
Rosaldo, R. (1993) *Culture and Truth: The Remaking of Social Analysis*, Boston: Beacon Press. (R. ロサルド，1998『文化と真実―社会分析の再構築―』椎名美智訳、日本エディタースクール出版部)
Scarcella, R. C. & Oxford, R. L. (1992) *The Tapestry of Language Learning: The Individual in the Communicative Classroom*, Massachusetts: Heinle & Heinle Publishers. (R. C. スカーセラ、R. L. オックスフォード，1997『第2言語習得の理論と実践―タペストリー・アプローチ―』牧野高吉訳・監修／菅原永一ほか訳、松柏社)

Scarino, A. (2007a) Discussion paper 2: The challenge in developing learning programmes in intercultural language learning. Intercultural language teaching and learning in practice. Retrieved November 15, 2010, from http://www.iltlp.unisa.edu.au/doclibpapers/iltlp_paper2.pdf

Scarino, A. (2007b) Discussion paper 6: Assessing intercultural language learning. Intercultural language teaching and learning in practice. Retrieved November 15, 2010, from http://www.iltlp.unisa.edu.au/doclibpapers/iltlp_paper6.pdf

Scovel, T. (1978) The Effect of Affect on Foreign Language Learning: A Review of the Anxiety Research, *Language Learning* 28: 129-149.

The National Languages and Literacy Institute of Australia (1993) *ESL Development: Language and Literacy in School*. (Project Co-ordinator: Penny McKay).

索　引

A

ACTFL ……………………………50
BICS………………………………62
CALP……………………………62, 98
CEFR ……………………………23
ESL スケール……………………99
ESL バンドスケール……………99
ILL ………………………………157
intercultural speaker……………158
JSL…………………………………ii
JSL カリキュラム ………115-116
JSL バンドスケール………34, 56, 130
JSL バンドスケールの目的 ……71
Oral Proficiency Interview（OPI）…50
PISA ……………………………97
third culture kids（TCK）………92, 177

あ

アイデンティティ………25, 171, 176, 210
アイデンティティ・クライシス………26
アイデンティティ形成……………96, 182
アイデンティティ論………………94
アイヌ……………………………155
異種言語混交……………………204
異種混淆性………………………204
位置性……………………………204
「移動する子ども」…………………i
「移動する子ども」学……………199
「移動する子どもたち」（Children Crossing Borders：CCB）………100
「移動する時代」………………105, 154
稲垣佳世子…………………………77
異文化間言語教育………………157
異文化間能力………………………31
「異文化対応性」（interculturality）…157
異文化対応能力…………………157
『移民の子どもと学力』……………97
移民の時代…………………………3
インターアクション能力 …………31
インターナショナル・スクール………155
インドシナ難民……………………155, 178
ヴィゴツキー……………………43
エスニシティ……………………178, 183
エスニック集団…………………183
エスノグラフィー………………203
オーストラリアの ESL 教育……98
オーディオ・リンガル・アプローチ…30

か

会話テスト OBC…………………51
会話力テスト……………………50
学習認知言語能力………………62
加算的バイリンガリズム………100
学校文化…………………………178
帰国子女……………………………16
教育支援システム………………147
教育社会学…………………178-179
教育人類学………………………177, 180
教員研修…………………………198
教員養成…………………………198
教材論不在の教材開発…………107
協働的把握…………………………44
近代国民国家の教育……………155
鯨岡峻……………………………81
継承日本語教育…………………155
言語知識…………………………188
言語テスト…………………………32
言語能力観…………………………23
言語能力記述文……………………23
減算的バイリンガリズム………100
構造的知識…………………………99
行動中心主義………………………23
国語教育…………………………155
国民概念…………………………155, 167
ことばと文化……………………200

「ことばの教育」の「動態性」……………105
ことばのストラテジー………………182
「子ども移民教育計画」………………98
子ども観不在の教材開発……………108
子どもの主体………………………102
個の文化……………………………206
個別化………………………………39
コミュニカティブ・アプローチ………31
コミュニケーション能力……………29, 31
語用論的知識…………………………99

さ

再帰性の日本語教育学………………216
在日コリアン……………………155, 181
在日中国系住民………………………155
在日日系ブラジル人……………95, 177
佐伯胖………………………………79
支援…………………………………185
「支援」と「連携」の実質化…………195
「思考を支えることばの力」…………115
自己学習能力…………………………77
自己形成……………………………217
実践研究………………………210-211, 217
実践コミュニティ……………………209
実践的教材…………………………125
実践的教材論………………………126
実践論不在の教材開発……………108
社会学………………………………179
社会文化的能力………………………31
主観的な言語能力意識………………20
主体育成……………………………106
主体性………………………………210
主体性の日本語教育学………………216
主体性の年少者日本語教育…………106
主体性の年少者日本語教育学………104
状況論的アプローチ…………………210
診断的評価…………………………115
心理人類学…………………………180
人類学的観点………………………180
スキャフォールディング………43, 89, 125
ステレオタイプ………………………207

生活言語能力…………………………62
正統的周辺参加…………………79, 209
全体論的アプローチ…………………202
「双原因性感覚」………………………80
相互構成の関係……………………211
相互構成の関係性………102, 104-105, 212
相互構築の関係性……………26, 105, 217
相互主体性……………………………81
相互主体的な関係……………………81
「相互主体的な関係性」………………90
想像の共同体……………………155, 167

た

体系機能言語学………………………62
「第三の場所」(the third place)……157
第三文化の子どもたち………………177
第二言語習得研究……………………18
第二言語能力モデル……………35, 63
多声性………………………………204
脱全体………………………………204
脱中心………………………………204
ダブル・リミテッド…………………175
多様性………………………………204
中国帰国者…………………………155
ディアスポラ………………………204
同化主義的言語教育………………156
東京都目黒区…………………130, 133
統合化………………………………42
動態性の日本語教育学………………216
動態性の年少者日本語教育…………106
独立達成傾向…………………………77
「トランスナショナリティ」研究……171

な

「内発的動機づけ」……………………78
「二言語相互依存の仮説」……54, 64, 100
日常的実践………………209, 211, 216
日系ブラジル人……………………178
日本語教育学的エスノグラフィー…213
日本語教育学的語り………199, 204, 210
日本語教育コーディネーター……129-130

日本語教育コーディネーターの専門性
　　　　　　　　　　　　　……136-137
日本語教育支援システム………130-131
日本語教育の法制化………………129
日本語ボランティア………………197
日本人学校…………………………155
日本人補習授業校…………………155
ニューカマー………………………178
認識の問題…………………………159
ネットワーク………………………129
年少者日本語教育学的視点………148
年少者用OPI ………………………50

　　　　　　　は

ハイブリッド………………………204
波多野誼余夫 ………………………77
発達の最近接領域 ……………43, 189
ハビトゥス…………………………209
ハリデーの体系機能言語学 ………98
ファシリテーター……………136, 185
不安感…………………………17-18
複言語主義 …………………………23
複言語能力…………………………105
複数言語能力…………………………9
複数言語能力意識……………………9
複数視点 ……………………………45
複文化主義 …………………………23
複文化能力…………………………105
文化化…………………………177, 181
文化人類学的課題…………………182
文化人類学的語り………199, 201, 208
『文化の窮状』……………………204
文化論………………………………206

『文化を書く』……………………203
分析概念………………………………7
分析概念としての「移動する子ども」
　　　　　　　　　　　　……6, 154
文脈化 ………………………………40
ヘテログロシア……………………204
母語教育……………………………156
ポストコロニアリズム……………203
ポストモダニズム…………………202
ポストモダン人類学…………204, 207
母文化教育…………………………156

　　　　　　　ま

学びの動態性………………………100
「学ぶ力」…………………………115
三重県鈴鹿市………………………130
三重県鈴鹿市「日本語教育支援システム」
　　　　　　　　　　　　………148
３つの特性（動態性、非均質性、相互作
用性）………………………66, 102, 104
民族学校……………………………155
民族誌的現在………………………203
民族的アイデンティティ…………156
メタ言語能力………………………119
メタ認知力…………………………119

　　　　　　　や

やりとりする力 ……………………99
ヨーロッパ言語共通参照枠 ………23
「４技能」測定テスト……………48

　　　　　　　ら

連携…………………………………185

川上　郁雄（かわかみ　いくお）

早稲田大学大学院日本語教育研究科・教授
1990年大阪大学大学院文学研究科博士課程単位取得。博士（文学）。オーストラリア・クイーンズランド州教育省日本語教育アドバイザー、宮城教育大学教授などを経て、現職。専門は日本語教育、文化人類学。
難民・移民研究、年少者日本語教育をフィールドに、「移動」と「ことば」を視点にした新しい「移動する子ども」学を提唱している。文部科学省「JSLカリキュラム」開発委員、同省「定住外国人の子どもの教育等に関する政策懇談会」委員を務める。
編著書に、『越境する家族―在日ベトナム系住民の生活世界』『「移動する子どもたち」と日本語教育―日本語を母語としない子どもへのことばの教育を考える―』『「移動する子どもたち」の考える力とリテラシー――主体性の年少者日本語教育学―』『海の向こうの「移動する子どもたち」と日本語教育―動態性の年少者日本語教育学―』（ともに明石書店）、『移民の子どもたちの言語教育―オーストラリアの英語学校で学ぶ子どもたち』（オセアニア出版社）、『私も「移動する子ども」だった―異なる言語の間で育った子どもたちのライフストーリー―』『「移動する子ども」という記憶と力―ことばとアイデンティティ―』『日本語を学ぶ／複言語で育つ―子どものことばを考えるワークブック―』（ともにくろしお出版）など。

「移動する子どもたち」の
ことばの教育学

発行	2011年2月10日　初版第1刷発行 2020年1月20日　初版第3刷発行
著者	川上郁雄
装丁	桂川　潤
発行所	株式会社　くろしお出版 〒102-0084 東京都千代田区二番町4-3 TEL 03-6261-2867　FAX 03-6261-2879 http://www.9640.jp
印刷所	シナノ書籍印刷

© Ikuo Kawakami 2011, Printed in Japan
ISBN 978-4-87424-511-8　C0080

●乱丁・落丁はお取り替えいたします。本書の無断転載・複製を禁じます。